# 新时代工程项目管理
# 创新与实践研究

XINSHIDAI GONGCHENG XIANGMU GUANLI
CHUANGXIN YU SHIJIAN YANJIU

林远忠　郭少冉◎著

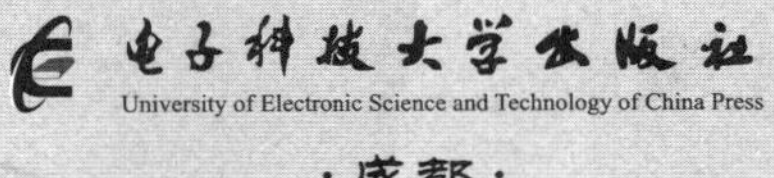
电子科技大学出版社
University of Electronic Science and Technology of China Press
·成都·

**图书在版编目（CIP）数据**

新时代工程项目管理创新与实践研究 / 林远忠，郭少冉著. — 成都：电子科技大学出版社，2020.10

ISBN 978-7-5647-8432-4

Ⅰ. ①新… Ⅱ. ①林… ②郭… Ⅲ. ①工程项目管理－研究 Ⅳ. ①F284

中国版本图书馆CIP数据核字(2020)第218732号

**新时代工程项目管理创新与实践研究**

**林远忠　郭少冉　著**

策划编辑　李述娜　杜　倩

责任编辑　李　倩

出版发行　电子科技大学出版社

成都市一环路东一段159号电子信息产业大厦九楼　邮编　610051

主　　页　www.uestcp.com.cn

服务电话　028-83203399

邮购电话　028-83201495

印　　刷　石家庄汇展印刷有限公司

成品尺寸　170 mm × 240 mm

印　　张　14.25

字　　数　270千字

版　　次　2020年10月第1版

印　　次　2020年10月第1次印刷

书　　号　ISBN 978-7-5647-8432-4

定　　价　88.00元

# 前言

社会与经济的高速发展，要求项目管理者必须是具有多领域知识、战略眼光及高超管理技巧的复合型人才，但这既取决于项目管理人员的日常积累，也取决于项目管理人员对工程项目管理理论与方法的理解和掌握。

在新时代，工程项目作为非常典型的项目类型之一，普遍存在于我们的生活之中，并产生着重要的影响。从最初的潜意识管理到经验型的项目管理，从近代项目管理技术的发展到现代以人为本的柔性管理，工程项目管理具有工程技术科学、经济学、管理学、社会学、数理科学等诸多学科交叉的特点，并且管理的范围越来越广，管理的理念也不断变化，对管理者的专业能力及综合管理能力的要求越来越高。随着我国工程项目管理体制的不断完善，以及与国际惯例接轨，项目管理向着专业化、规范化的方向发展，工程项目管理学科在工程项目管理改革实践的基础上逐步形成了自身的理论体系，成为一门极具活力的新兴学科。

本书是一本工程项目管理方面的学术著作，由新时代工程项目管理基本概述、工程项目的决策管理、工程项目投资与成本控制创新管理、绿色生态理念下的施工与技术的创新管理、工程项目的质量控制管理、新时代数字化工程项目管理方法创新与应用等部分组成。全书以工程项目管理为研究对象，分析新时期工程项目管理的一些创新技术及其在实际项目工程中的应用，并对未来工程项目管理的发展方向做出构想，对工程项目管理、建设工程方面的从业者和学习者具有学习与参考价值。

在撰写本书的过程中，作者参考了大量国内外有关工程项目管理的文献资料，并对其中一些专家学者的研究成果进行了引用，这里表示最诚挚的谢意。由于时间较为仓促，加之作者水平有限，书中难免存在一些疏漏与不妥之处，恳请广大读者提出宝贵的意见和建议，以便日后更好地完善此书。

著者

2020 年 8 月

# 目录

# 第一章　新时代工程项目管理概述

## 第一节　工程项目管理的概念与内容

### 一、项目管理的概念

项目管理可定义为通过项目经理和项目组织的努力，运用系统理论和方法对项目及其资源进行计划、组织、协调、控制，以实现项目特定目标的管理方法体系。项目管理是一种特别适用于责任重大、关系复杂、时间紧迫、资源有限的一次性任务的管理方法体系。

项目管理的定义包含了以下五个要点。

#### （一）项目管理的对象和目的

项目管理的对象是项目，即一系列任务。“一系列”在此有着独特的含义，它强调项目管理的对象——项目是由一系列任务组成的整体系统，而不是这个整体的一个部分或几个部分。项目管理的目的是通过运用科学的项目管理方法，更好地实现项目目标。

#### （二）项目管理是一种管理方法体系

项目管理是一种已被公认的管理模式。项目管理从其诞生之日起至今，一直就是一种管理项目的科学方法，但并不是唯一的方法。在项目管理诞生之前，人们用其他方法管理了无数的项目，就是在今天，也有许多项目并没有采用项目管理的方法体系进行管理。项目管理不是一次任意的管理过程，而是在长期实践和研究的基础上总结的理论方法。应用项目管理，必须按项目管理方法体系的基本要求去做。不按项目管理的模式去管理项目，虽然不能否认是管理了项目，但也不能承认其采用了项目管理。

项目管理作为一种管理方法体系，在不同国家、不同行业及它自身的不同发展阶段，无论在结构、内容上，还是在技术、手段上，都有一定的区别。但它最基本的内容，也就是上述定义中所规定的那些内容，是相对固定的，且已成为一种公认的专业知识体系。

### （三）项目管理运用系统理论与系统思想

项目在实施过程中，实现项目目标的责任和权力往往被集中到一个人（项目经理）或一个小组身上，由于项目任务是由不同的人执行的，所以项目管理要求把这些任务和人员集中到一起，把他们当作一个整体对待，最终实现整体目标，因此，管理者需要以系统的观点来管理项目。

### （四）项目管理的职能

项目管理的职能与其他管理的职能是一致的，即是对组织的资源进行计划、组织、协调、控制。资源是指项目所在的组织中可得的、为项目所需要的那些资源，包括人员、资金、技术、设备等。在项目管理中，时间是一种特殊的资源。

### （五）项目管理职能主要由项目经理执行

在一般规模的项目中，项目管理由项目经理带领少数专职项目管理人员完成，项目组织中的其他人员，包括技术人员与非技术人员负责完成项目任务，并接受管理。如果项目规模很小，那么项目组织内可以只有一个专职管理人员，即项目经理。如果项目规模大，项目管理的基本权力和责任仍属于项目经理，只是更多的具体工作会分给其他管理人员，项目组织内的专职管理队伍也会更大，甚至会组成一个与完成项目任务的人员相对分离的项目管理机构。

## 二、工程项目管理的目标和内容

### （一）工程项目管理的目标

工程项目管理的基本目标是在限定的时间内，在一定的资源条件下，以尽可能快的进度、尽可能低的费用，圆满地完成项目任务。具体来说，这一基本目标包括质量目标、工期目标和费用目标等，它们共同构成项目管理的目标体系。

工程项目管理的这三个目标通常由项目任务书、技术设计和计划文件、合同文件等具体规定。在项目管理实践中，这三个目标相互联系并相互制约。

（1）虽然三个目标共同构成项目管理的目标系统，但某一目标的变化必然引起另两个目标的变化。例如，过于追求缩短工期，必然会影响项目的质量，并增加成本。

（2）工程项目管理必须保证三个目标之间结构关系的均衡性和合理性，

任何强调最短工期、最低费用、最高质量的做法都是片面的。三个目标的均衡性和合理性不仅体现在项目总体上，也体现在项目的各个单元上。工程项目管理的内在关系结构必须合理。

### （二）工程项目管理的工作内容

工程项目管理的目标是通过项目管理工作实现的。为了实现项目目标，必须对项目全过程的各个方面进行管理。按实施项目的全过程来划分，工程项目管理的工作内容可分为以下几类。

（1）工程项目目标设计，包括项目定义及可行性研究。

（2）工程项目的计划管理，包括项目的实施方案及总体计划、工期计划、成本（投资）计划、资源计划及它们的优化。

（3）工程项目的系统分析，包括项目的外部系统（环境）分析和项目的内容系统（项目结构）分析等。

（4）工程项目的信息管理，包括项目信息系统的建立、文档管理等。

（5）工程项目的组织管理，包括项目组织机构设置、人员组成、各方面工作与职责的分配、项目业务工作条例的制订等。

（6）工程项目的实施控制，包括进度控制、成本（投资）控制、质量控制、风险控制、变更管理等。

（7）项目后工作，包括项目验收、移交、运行准备、项目后评估等。项目后评估即对项目进行总结，研究目标实现的程度、存在的问题等。

## 三、工程项目管理的系统结构

在工程项目管理过程中，一切的管理工作都是为了成功完成一个项目而进行的。要成功完成项目，就必须有全面的项目管理。项目管理的全面性主要体现在以下几个方面。

（1）项目管理工作过程，包括预测、决策、计划、控制、反馈等，全面的项目管理应实现各过程的圆满交接。

（2）由于项目本身是一个复杂的系统，它由许多子项、分项构成，因此全面的项目管理必须包括全体项目管理对象。

（3）全面的项目管理应包括全部的项目管理工作的任务，这些任务包括工期、费用、质量（技术）、安全、合同、资源、组织和信息等的管理。

在工程项目管理实践中，忽略任何方面都可能导致项目的失败。一个完整的项目管理系统必须将项目的各职能工作、参加单位、项目活动、实施阶段等融合成一个完整有序的整体。

## 四、工程项目建设的各方

### （一）政府

在工程项目建设的过程中，政府的主要职责是监督参与项目建设的各方，使其严格按照中央政府及地方政府制定的法律、法规、质量标准、安全规范进行工程建设。该监督职能贯穿整个工程项目建设。对于大型基础设施项目及公益事业项目，政府往往是该项目的投资人，除履行上述监督职能外，还必须完成业主的项目管理工作，并按照国民经济发展计划确定项目建设规模、建设标准、开工时间等，完成其对国民经济的宏观调控。

### （二）业主

业主是工程项目的发起人，其主要职责是：提出项目设想，做出投资决策，筹措项目所需的全部资金（带资承包除外），选定咨询工程师，按合同规定的条件向承包商支付工程费用等。业主可以是政府部门、社团法人、地方政府、国有企业、股份公司、私人组织或个人。

### （三）承包商

承包商通常是指承担工程施工及设备采购工作的团体、公司、个人或者联合体。大型的工程承包公司在工程项目建设过程中可作为总承包单位与业主签订总承包合同，承担整个工程项目的施工任务。总承包单位既可以自行完成全部的工程施工，也可以把其中的某些部分转包给其他分包商。同咨询行业一样，承包行业也存在很多专业承包商及小型承包商。专业承包商往往在某些专业领域具有特长，在其专业领域内具有大型承包商所不具备的优势。从数量上看，在建筑业中占大多数的还是小型企业，例如，在英国，大部分的建筑企业员工人数在 15 人以下，但不足公司总人数 1% 的大型建筑企业能完成建筑行业总工作量的 70%；从宏观上看，大小并存、专业分工的局面有利于提高工程项目建设的效率。

### （四）咨询工程师与工程咨询公司

咨询工程师是以从事工程咨询业务为职业的工程技术人员和其他专业（如经济、管理等）人员的统称。咨询工程师最初于 19 世纪 30 年代出现在施工行业中，他们拥有实践经验，掌握专业知识和技能。他们既不是实业家，也不是商人，而是独立地提供咨询服务的专家。咨询工程师的最主要特征就在于其独立性，他们的实践活动不应存在商业倾向性，他们与设备制造厂商、材料供应厂商和施工承包商之间只有执行合同时的约束关系，没有任何的隶属关系。在发达国家，咨询工程师除工程师资格登记外，往往还须在他们工作的地方进行

"专业咨询工程师"注册登记。绝大多数咨询工程师以公司的形式开展工作，因此"咨询工程师"一词在很多场合也指工程咨询公司。

工程咨询公司是具有独立法人地位的经营实体，是服务型企业，其形式和规模多种多样。其基本业务是向客户（包括需要使用咨询服务的各种企事业单位、政府机构等）提供有偿的专业咨询服务。

#### （五）金融机构

金融是指货币资金的融通，分为直接金融和间接金融。前者是指没有金融机构介入的资金融通方式，后者是指通过金融机构进行的资金融通方式。

金融机构是指专门从事货币信用活动的中介组织，以银行为主体的金融机构体系的形成是商品经济发展的必然产物。

我国的金融机构按其地位和功能大致可分为四大类：第一类是货币当局，也叫中央银行，即中国人民银行；第二类是银行，包括政策性银行、商业银行；第三类是非银行金融机构；第四类是在境内开办的外资、侨资、中外合资金融机构。

### 五、工程项目管理的类型

#### （一）业主方的项目管理（OPM）

业主方的项目管理是全过程的，包括项目实施阶段的各个环节，主要有组织协调，合同管理、信息管理，投资、质量、进度三大目标控制等，人们通俗地将其概括为一协调二管理三控制。

由于工程项目的实施是一次性的任务，因此业主自行进行项目管理往往有很大的局限性。例如，在技术和管理方面缺乏配套的力量，即使配备了管理团队，没有连续的工程任务也不是经济的。在计划经济体制下，每个建设单位都建立一个筹建处或基建处来进行工程建设，这不符合市场经济条件下资源的优化配置和动态管理要求，也不利于建设经验的积累和应用。在市场经济体制下，发达的咨询服务业可以为业主提供项目管理服务，这就是工程监理。监理单位可以接受工程业主的委托，为其提供全过程监理服务。建设监理也可以向前延伸到项目投资决策阶段，包括立项策划和可行性研究等。

#### （二）设计方的项目管理（DPM）

设计方的项目管理是指设计单位受业主委托承担工程项目的设计任务后，根据设计合同所规定的工作目标及责任、义务，对建设项目设计阶段的工作所进行的自我管理。设计单位通过设计项目管理，对建设项目的实施在技术和经济上进行全面而详尽的安排，引进先进技术，形成设计图纸和说明书，并在实施过程中进行监督和验收。设计项目管理包括设计投标或比选方案、签订设计合同、准备设计条件、编制与实施设计计划、验收与归档设计文件、总结设计工作、建设实施中的设计控制与监督、竣工验收等。由此可见，设计项目管理不是局限于工程设计阶段，而是延伸到了施工阶段的竣工验收阶段。

（三）工程建设总承包方的项目管理（GCPM）

在设计施工总承包的情况下，业主在项目决策之后，通过招标择优选定总承包单位，由其全面负责工程项目的实施，直至最终交付使用功能和质量标准符合合同文件规定的工程标的物。因此，总承包方的项目管理是贯穿项目实施全过程的全面管理，既包括设计阶段，也包括施工安装阶段。其性质和目的是全面履行工程总承包合同，以实现企业承建工程的经营方针和目标，取得预期经营效益。显然，总承包方必须在合同条件的约束下，依靠自身的技术和管理优势或实力，通过优化设计及施工方案，在规定的时间内，按质按量地全面完成工程项目的承建任务。从交易的角度来看，项目业主是买方，总承包单位是卖方，两者的地位和利益是不同的。

（四）施工方的项目管理（CPM）

施工单位通过投标取得工程施工承包合同，并以施工合同所规定的工程范围组织项目管理，简称施工项目管理。完整的施工项目应该指施工总承包的项目，既包括其中的土建工程施工，又包括建筑设备工程施工、安装，最终成功地形成具有独立使用功能的建筑产品。从工程项目系统分析的角度看，分项工程、分部工程是构成工程项目的子系统。按子系统定义项目，既有其特定的约束条件和目标要求，也是一次性的任务。因此，在工程项目按专业、按部位分解发包的情况下，承包方可以把按承包合同规定的局部施工任务作为项目管理的对象，这是广义的施工企业的项目管理。

目前，我国建筑施工企业的项目管理是指施工企业为履行工程承包合同，落实企业生产经营方针目标，在项目经理责任制的条件下，依靠企业技术和管理的综合实力，对工程施工全过程进行计划、组织、指挥、协调和监督控制的系统管理活动。项目经理的责任目标体系包括工程施工质量（quality）、成本（cost）、工期（duration）、安全和现场标准化（safety），简称QCDS目标体系。显然，这一目标体系既和建设项目的目标相联系，又带有很强的施工企业项目管理的自主性特征。

（五）物资供应方的项目管理（SPM）

从建设项目管理的系统分析角度看，建设物资供应工作也是工程项目实施的一个子系统，它有明确的任务、目标、制约条件，项目实施子系统之间亦存在内在联系。因此，制造厂、供应商同样可以将加工、生产、制造和供应合同所规定的对象作为项目进行目标管理和控制，以适应建设项目目标控制的要求。

## 第二节　工程项目的概念与内容

### 一、项目的概念

何谓项目，目前在国际上还未形成一个统一、权威的定义，以下仅介绍几种较具代表性的观点。

**（一）美国项目管理协会（PMI）的观点**

美国项目管理协会在其《项目管理知识体系指南》（*A Guide to the Project Management Body of Knowledge*）中称，项目是用来创建唯一性的产品或服务的临时性努力。唯一性是指任何产品或服务以一些显著的方式区别于其他任何相类似的产品或服务。临时性是指每一个项目都有明确的开始和结束。

**（二）英国项目管理协会（APM）的观点**

项目是为了在规定的时间、费用和性能参数下满足特定的目标而由个人或组织所进行的，具有规定的开始和结束日期、相互协调的独特的活动集合。这个定义由英国项目管理协会（APM）提出，后被确定为英国国家标准（BS），并被国际标准化组织（ISO）采用（后形成质量管理——项目管理的质量指南ISO10006）。

**（三）美国专家约翰·宾的观点**

美国专家约翰·宾（John Ben）提出的、在我国被广泛引用的观点是："项目是要在一定时间、预算规定范围内，达到预定质量水平的一项一次性任务。"

**（四）美国《管理手册》作者的观点**

美国《管理手册》的作者认为，项目是有明确的目标、时间规划和预算约束的复杂活动，其特征包括以下几方面。

（1）项目是为达到一定的目标，有明确的时间和预算约束的复杂活动，这种活动需要多方面的协作才能实现。

（2）项目是一项独特的、不是完全重复以前的活动。

（3）项目有确定的寿命期，通常包括六个阶段，即构想、评价、设计、开发或建造、应用及后评价。

综上所述，有关项目定义的表述形式虽有所不同，但其本质内容基本相同，区别仅在于对具体特征的认识。在这里，我们给出项目的定义：项目是指在一定约束条件下，具有特定目标的一次性事业（或任务）。它包含以下三层含义：项目是一项有待完成的任务，有特定的环境与要求；项目是在一定的组织机构内，利用有限资源（人力、物力、财力等），在规定的时间内完成任务；任务要满足一定性能、质量、数量、技术指标等要求。

项目包括许多内容，可以是建设一项工程，如建造一栋大楼、一座饭店、一座工厂、一座电站、一条铁路，也可以是完成某项科研课题，或研制一项设备，甚至是写一篇论文。这些都是一个项目，都有一定的时间、质量要求，也都是一次性任务。

## 二、项目的特征

项目作为被管理的对象，具有以下主要特征。

### （一）项目具有一定的约束条件

凡是项目，都有一定的约束条件，项目只有满足约束条件才能成功完成。因此，约束条件是项目目标完成的前提。在一般情况下，项目的约束条件为限定的质量、时间和投资，通常将其称作项目的三大目标。对一个项目而言，这些目标应是具体的、可检查的，实现目标的措施也应是明确的、可操作的。因此，合理、科学地制订项目的约束条件，对保证项目的成功完成十分重要。

### （二）项目的单件性或一次性

这是项目的最主要特征。所谓单件性或一次性，是指就任务本身和最终完成结果而言，没有与这项任务完全相同的另一项任务。例如，一项工程的建设或一项新产品的研制，不同于其他工业产品的批量性，也不同于其他生产过程的重复性。又如，一项新的管理办法的制订，不同于其他管理工作如财务管理的重复性和经常性等。只有认识项目的一次性，才能有针对性地根据项目的特殊情况和要求进行科学、有效的管理。

### （三）项目具有生命周期

项目的单件性和一次性决定了每个项目都具有生命周期。任何项目都有其产生时间、发展时间和结束时间，在不同阶段都有特定的任务、程序和工作内容。了解掌握项目的生命周期，就可以有效地对项目实施科学的管理和控制。成功的项目管理是对项目全过程的有效管理，是对整个项目生命周期的有效管理。

只有同时具备上述三项特征的任务才称得上项目。与此相对应，大批量、重复进行、目标不明确、局部性的任务，不能称作项目。

## 三、工程项目的概念及特点

### （一）工程项目的概念

工程项目是最常见、最典型的项目类型。它是投资项目中最重要的一类，是一种既有投资行为又有建设行为的项目的决策与实施活动。

一般来讲，投资与建设是分不开的。投资是项目建设的起点，没有投资就不可能进行建设，而没有建设行为，投资的目的也无法实现。所以，建设过程实质上是投资的决策和实施过程，是投资目的的实现过程，是把投入的货币转换为实物资产的经济活动过程。

当然，投资的内涵要比建设的内涵宽广得多。在某些情况下，投资与建设是可以分开的，也就是有投资行为但不一定需要建设行为，就可以实现投资的目的，但本书不讨论这方面的内容。我们所要研究的主要是既有投资行为又有建设行为的项目的决策与实施活动。

总之，工程项目是指为达到预期的目标，投入一定的资本，在一定的约束条件下，经过决策与实施的必要程序而形成固定资产的一次性事业。

从管理角度看，一个工程项目应是在一个总体设计及总概算的范围内，由一个或者若干个互有联系的单项工程组成的，实行统一核算、统一管理的投资建设工程。

### （二）工程项目的特点

#### 1. 目标的明确性

任何工程项目都具有明确的建设目标，包括宏观目标和微观目标。政府有关部门主要审核项目的宏观经济效果、社会效果和环境效果。企业则较多关注项目的盈利等财务目标。

#### 2. 目标的约束性

工程项目要受到多方面条件的约束。

（1）时间约束，即工程要有合理的工期时限。

（2）资源约束，即工程要在一定的人力、财力、物力条件下完成。

（3）质量约束，即工程要达到预期的生产能力、技术水平、产品等级的要求。

（4）空间约束，即工程要在一定的施工空间范围内，通过科学合理的方法来组织完成。

3. 影响的长期性

工程项目一般建设周期长，投资回收期长，工程寿命周期长，工程质量影响面大，作用时间长。

4. 一次性和不可逆性

工程项目建设地点一经确定，项目建成不可移动。同时，设计的单一性、施工的单件性，使工程项目不同于一般商品的批量生产，一旦建成，要想改变非常困难。

5. 管理的复杂性

工程项目的内部存在许多结合部，使得参加建设的各单位之间的沟通、协调困难重重，这是项目管理的薄弱环节，也是工程实施中容易出现事故和质量问题的地方。

6. 投资的风险性

由于工程项目建设是一次性的，建设过程中各种不确定因素很多，因此，投资的风险性很大。

## 四、工程项目的分类

按划分的标准不同，工程项目有不同的分类方法。

### （一）按投资的再生产性质划分

按投资的再生产性质划分，工程项目可分为基本建设项目和更新改造项目，基本建设项目又可细分为新建、扩建、改建、迁建、重建等项目，更新改造项目又可细分为技术改造项目、技术引进项目等。

（1）新建项目是指从无到有、“平地起家”的项目，即在原有固定资产为零的基础上投资建设的项目。按国家规定，若建设项目原有基础很小，扩大建设规模后，其新增固定资产的价值超过原有固定资产价值三倍以上的，也当作新建工程项目。

（2）扩建项目是指企业、事业单位在原有的基础上投资扩大建设的项目。如在企业原场地范围内或其他地点为扩大原有产品的生产能力或增加新产品的生产能力而建设的主要生产车间、独立的生产线或总厂下的分厂，事业单位和行政单位增建的业务用房（如办公楼、病房、门诊部）等。

（3）改建项目是指企业、事业单位对原有设施、工艺条件进行改造的项目。我国规定，企业为消除各工序或各车间之间生产能力的不平衡而增建或扩建的、不直接增加本企业主要产品生产能力的车间为改建项目。现有企业、事业、行政单位增加或扩建部分辅助工程和生活设施（如职工宿舍、食堂、浴室等），并不增加本单位主要效益的，也为改建工程。

（4）迁建项目是指原有企业、事业单位，为改变生产力布局，迁移到另地建设的项目。不论建设项目是企业原来的还是扩大的，都属于迁建项目。

（5）重建项目是指因自然灾害、战争等原因，原有企业、事业单位已建成的固定资产的全部或部分报废，又投资重新建设的项目。尚未建成投产的项目，因自然灾害损坏而重建的，仍按原项目看待，不属于重建项目。

（6）技术改造项目是指企业采用先进的技术、工艺、设备和管理方法，为增加产品品种、提高产品质量、扩大生产能力、降低生产成本、改善劳动条件而投资建设的改造工程。

（7）技术引进项目是技术改造项目的一种，少数是新建项目，主要特点是由国外引进专利、技术许可和先进设备等，再配合国内投资建设的工程。

### （二）按建设规模划分

按建设规模（设计生产能力或投资规模）划分，工程项目可分为大、中、小型项目。

（1）工业项目按设计生产能力规模或总投资额来确定大、中、小型项目。生产单一产品的项目，按产品的设计能力划分；生产多种产品的项目，按主要产品的设计能力划分；生产品种繁多、难以按生产能力划分的项目，按投资总额划分。对改扩建、改造项目，按项目增加的设计生产能力或所需投资额划分。

（2）非工业项目可分为大中型和小型两种，均按项目的经济效益或总投资额划分。

### （三）按建设阶段划分

按建设阶段划分，项目可分为以下七种。

（1）预备项目（投资前期项目）或筹建项目。

（2）新开工项目。

（3）施工项目。

（4）续建项目。

（5）投产项目。

（6）收尾项目。

（7）停建项目。

### （四）按投资建设的用途划分

按投资建设的用途划分，工程项目可分为以下两类。

（1）生产性建设项目，即用于物质产品生产的建设项目，如工业项目、运输项目、农田水利项目、能源项目。

（2）非生产性建设项目，指满足人们物质文化生活需要的项目，可分为经营性项目和非经营性项目。

**（五）按资金来源划分**

按资金来源分类，工程项目可分为以下六类。

（1）国家预算拨款项目。

（2）国家拨款项目。

（3）银行贷款项目。

（4）企业联合投资项目。

（5）企业自筹项目。

（6）利用外资项目。

## 五、工程项目的构成分解

工程项目可分为单项工程、单位工程、分部工程和分项工程。

**（一）单项工程**

单项工程一般是指有独立设计文件，建成后可以独立发挥生产能力或效益的一组配套齐全的工程项目。从施工的角度看，单项工程就是一个独立的系统，它在工程项目总体施工部署和管理目标的指导下，形成自身的项目管理方案和目标，按其投资和质量的要求，如期建成交付生产和使用。

单项工程是项目的组成部分。一个建设项目有时可以仅包括一个单项工程，也可以包括许多单项工程。生产性建设项目的单项工程，一般是指能独立生产的车间，包括厂房的建设、设备的安装，以及设备、工具、器具、仪器的购置等。非生产性建设项目的单项工程指直接用于满足人民物质和文化生活福利需要的建设，如一所学校的办公楼、教学楼、图书馆、食堂、宿舍等。

单项工程的施工条件往往具有相对的独立性，一般单独组织施工和竣工验收。单项工程体现了建设项目的主要建设内容，是新增生产能力或工程效益的基础。

**（二）分项工程**

分项工程是分部工程的组成部分，一般是按工种划分，也是形成建筑产品基本构件的施工过程，如钢筋工程、模板工程、混凝土工程、砌砖工程、木门窗制作工程等。分项工程是建筑施工生产活动的基础，也是计量工程用工用料和机构台班消耗的基本单元，同时还是工程质量形成的直接过程。分项工程既有其作业活动的独立性，又有相互联系、相互制约的整体性。

**（三）单位工程**

单位工程是单项工程的组成部分，一般是指不能独立发挥生产能力，但具有独立设计图纸和独立施工条件的工程，通常指一个单体建筑物或构筑物。对民用住宅工程而言，可能包括一栋以上同类设计、位置相邻、同时施工的房屋建筑工程，或一栋主体建筑及其附带辅助建筑物。

一个单位工程往往不能单独形成生产能力或发挥工程效益，只有在几个有机联系、互为配套的单位工程全部建成竣工后才能提供生产功能和使用功能。例如，民用建筑物单位工程必须与室外各单位工程构成一个单项工程系统；工业车间厂房必须与工业设备安装单位工程及室外各单位工程配套完成，形成一个单项工程才能具有生产能力。

**（四）分部工程**

分部工程是建筑物按单位工程的部位划分的，即单位工程的进一步分解。一般工业与民用建筑工程可划分为基础工程、主体工程（或墙体工程）、地面与楼面工程、装修工程、屋面工程等，其相应的建筑设备安装工程由建筑采暖工程与煤气工程、建筑电气安装工程、通风与空调工程、电梯安装工程等组成。

## 六、工程项目的生命周期

**（一）工程项目生命周期的概念**

工程项目生命周期，又称寿命周期，是指一个建设项目由筹划立项开始，直到项目竣工投产，收回投资，达到预期投资目标的整个过程。这一过程的结束往往是另一个新项目的开始，是一个循环过程。

项目周期理论是发达国家和世界银行总结出的一套科学的阶段划分理论和管理理论与方法，大大减少了投资决策的失误和风险。例如，世界银行的任何一个贷款项目都要经过项目选定、项目准备、项目评估、项目谈判、项目执行和项目总结评价六个阶段的项目周期，从而保证世界银行在各国的投资项目具有较高的成功率。

我国根据工程项目自身的运动规律和管理需要，将工程项目周期划分为三个时期：投资前期、投资建设期和生产运行期。其中，投资前期分为四个阶段，即投资机会选择——选择项目，项目建议书拟写——立项，项目可行性研究，以及项目评估与决策；投资建设期分为六个阶段，即项目选址、项目设计、年度建设计划制订、施工准备与施工、生产准备，以及竣工验收与交付使用；生产运行期可分为三个阶段，即项目后评价、实现生产经营目标、资金回收与增值。

### （二）工程项目各个时期的工作任务

#### 1. 投资前期

投资前期指从投资意向形成到项目评估决策这一时期的中心任务，是对工程项目进行科学论证和决策，以及项目管理的关键时期。项目的成立与否、规模大小、产品的市场前景、资金来源和利用方式、技术与设备选择等重大问题，都要在这一阶段确定，它是项目的研究决策时期，该时期分为下列四个阶段。

（1）投资机会选择。投资机会选择即选定项目，是对项目内容进行粗略描述和概括，目的是确定投资领域和方向。

（2）项目建议书拟写——立项。项目建议书是投资机会研究的具体化，它以书面形式叙述项目建设的理由和依据。

（3）项目可行性研究——项目决策的依据。可行性研究是投资前的关键环节，要对项目进行科学、客观、详细的研究论证，提出可行性研究报告，作为项目评估和决策的依据。

（4）项目评估与决策。项目评估是对可行性研究报告的真实性、可靠性进行的评价，是项目决策的最后依据。

#### 2. 投资建设期

投资建设期是指项目决策后，从项目选址到项目竣工验收与交付使用这一时期。这一时期的主要任务是通过投资项目的建设，使之成为现实，一般要形成固定资产。投资建设期包括下列六个阶段。

（1）项目选址。从宏观上，要考虑国家及地区的发展规划、产业布局、产业之间的关联状况、地区产业的集聚程度，以及城市建设规划和环境保护等因素；从项目自身需要看，不仅要考虑厂址的自然状况，如土地资源、地质、水文、气候、交通运输等条件，还要考虑原材料供应、燃料动力供应等条件。项目的选址对项目的建设和投产后的生产经营活动会产生重大影响。

（2）项目设计。工程项目一般要下达设计任务书，根据设计任务书进行初步设计和施工图设计。初步设计是项目可行性研究的继续和深化，施工图设计是建设施工的依据。

（3）年度建设计划制订。一般来说，工程项目要跨年度实施，因此，通常以年为单位制订建设计划。

（4）施工准备与施工。施工准备的主要内容有设备和建筑材料的订货与采购，根据施工图纸、施工组织设计和施工图进行预算，组织建筑工程的招标，征地、拆迁等工作。施工是把项目设计图纸变成实物的关键环节，为保证施工的顺利进行和施工质量，在正式开工之前，要认真审查施工的准备工作和施工条件，然后提出开工报告，经主管部门批准，才能动工。工程施工结束后，要进行竣工验收。

（5）生产准备。为使工程项目建成投产后能正常运转并达到设计水平，必须在竣工验收之前做好各项生产准备工作。生产准备工作主要包括按进度计划培训管理人员和生产工人；组织人员进行设备的安装、调试；使相关工作人员熟悉生产工艺流程和操作。

（6）竣工验收与交付使用。竣工验收的目的是保证工程项目建成后能达到设计要求的各项技术经济指标。竣工验收一般是先进行单项工程交工验收，然后进行全部工程整体验收，验收合格后办理固定资产交付使用和转账手续。

**3. 生产运行期**

项目交付使用之后就进入生产运行时期，经过生产运行可实现项目的生产经营目标，归还贷款，收回投资，并使资金增值，以使再生产能够继续进行，这一时期包括下列工作。

（1）项目后评价。项目后评价是在经过一段时间的生产运行之后，对项目的立项决策、设计、竣工、验收、生产运营过程进行总结评价，以便总结经验，解决遗留问题，提高工程项目的决策水平和投资效果。

（2）实现生产经营目标。其中包括尽快生产出合格的产品，并达到设计所规定的生产能力（通常称为达产），按计划实现年利润指标。这里最重要的是做好产品的市场开发。

（3）资金回收与增值。项目能否按计划归还贷款、收回投资并达到资金增值的目的，是项目建设的根本出发点。

## 第三节　我国当前工程项目建设管理体制

各国根据各自建筑业发展的具体情况实践着相应的工程项目管理模式。同样，我国也根据目前国内建筑业发展的实际情况，参照国际惯例，确定了工程建设管理体制的主要内容。

## 一、项目法人责任制

原国家计划委员会于1996年发布了《关于实行建设项目法人责任制的暂行规定》，为建立投资约束机制，规范项目法人行为，明确其责、权、利，提高建设水平和投资效益，规定国有单位基本建设大中型项目在建设阶段必须组建项目法人。项目法人责任制度是指按《中华人民共和国公司法》的规定设立有限责任公司形式，设立项目法人，由项目法人对项目的策划、决策、资金筹措、建设实施、生产经营、债务偿还和资产的保值增值等实行全过程负责的制度。

### （一）项目法人的设立

项目建议书被批准后，应由项目的投资方派代表组成项目法人筹备组，具体负责项目法人的筹建工作。在申报项目可行性研究报告时，需同时提出项目法人的组建方案，否则，可行性研究报告不予批准。在项目可行性研究报告被批准后，要正式成立项目法人，确保项目资本金按时到位，及时办理公司设立登记。重点工程的公司章程报国家发展和改革委员会（简称发改委）备案，其他项目的公司章程按隶属关系分别报有关部门和地方发改委备案。

由原有企业负责建设的大中型基建项目，需设立子公司的，要重新设立项目法人；只设立分公司或分厂的，原企业法人即是项目法人，原企业法人应向分公司或分厂派遣专职管理人员，实行专项考核。

### （二）项目法人的组织形式和职责

#### 1. 董事会的职权

建设项目的董事会的职权包括：负责筹措建设资金；审核、上报项目初步设计和概算文件；审核、上报年度投资计划，落实年度资金；提出项目开工报告；研究解决建设过程中出现的重大问题；负责提出项目竣工验收报告；审定偿还债务计划和生产经营方针，并负责按时偿还债务；聘任或解聘项目总经理，并根据总经理的提名聘任或解聘其他高级管理人员。

#### 2. 组织形式

国有独资公司设立董事会，由投资方负责组建。国有控股或参股的有限责任公司、股份有限公司设立股东大会、董事会、监事会。在建设期间，至少应有一名董事常驻建设项目，进行现场管理。董事会应建立例会制度，讨论项目的重大事宜，对资金支出进行严格管理，以决议形式予以确认。

### 3. 项目总经理的职权

项目总经理具体行使的职权包括：组织编制项目初步设计文件；对项目工艺流程、设备选型、建设标准、总图布置提出意见，提交董事会审查；组织工程设计、施工监理、施工队伍和设备材料采购的招标工作；编制和确定招标方案、标底和评标标准；评选和确定投标、中标单位，实施国际招标的项目，按现行规定办理；编制并组织实施项目年度投资计划、用款计划、建设年度计划；编制项目财务预算、决算；编制并组织实施归还贷款和其他债务计划；组织实施工程建设，负责控制工程投资、工期和质量；在项目建设过程中，在批准的概算范围内对单项工程的设计进行局部调整（凡引起生产性质、能力、产品品种和标准变化的设计调整及概算调整，需经董事会决定并报原审批单位批准）；根据董事会授权处理项目实施中的重大紧急事件，并及时向董事会报告；负责生产准备工作，培训有关人员；负责组织项目试生产和单项工程预验收；拟订生产经营计划、企业内部机构设置、劳动定员定额方案及工资福利方案；组织项目后评价，提供项目后评价报告；按时向有关部门报送项目建设、生产信息和统计资料；提请董事会聘任或解聘项目高级管理人员。

### （三）考核和奖罚

对项目法人考核奖罚的主要方式有以下几种。

（1）项目董事会负责对总经理进行定期考核，各投资方对董事会成员进行定期考核。

（2）国务院各有关部门、各地发改委负责对有关项目进行考核，主要考核固定资产投资与建设的法律、法规执行情况；国家年度投资计划和批准设计文件的执行情况；概算控制、资金使用和工程组织管理情况；工程质量、工期和安全的控制情况；生产能力和国有资产的投资效益情况；土地、环境保护和国有资源利用情况；精神文明建设情况；其他需要考核的情况。

（3）凡应实行项目法人责任制而没有实行的建设项目，投资计划管理部门不准批准开工，也不予安排投资计划。

（4）建立对董事长、总经理的任职和离职的审计制度。

## 二、项目资本金制度

项目资本金制度是指在项目的总投资（固定资产投资与铺底流动资金之和）中，除项目法人从银行或资金市场筹措的债务性资金外，还必须拥有一定比例的资本金。项目资本金是指在投资项目的总投资中，由投资者认缴的出资额，对投资项目来说是非债务性资金，项目法人不承担这部分资金的任何利息和债务。投资者可按其出资的比例依法享有所有者权益，也可转让其出资，但不得以任何方式抽回。

《国务院关于加强固定资产投资项目资本金管理的通》（国发〔2019〕26号）规定：适当调整基础设施项目最低资本金比例，港口、沿海及内河航运项目，项目最低资本金比例由25%调整为20%。机场项目最低资本金比例维持25%不变，其他基础设施项目维持20%不变。其中，公路（含政府收费公路）、铁路、城建、物流、生态环保、社会民生等领域的补短板基础设施项目，在投资回报机制明确、收益可靠、风险可控的前提下，可以适当降低项目最低资本金比例，但下调不得超过5个百分点。实行审批制的项目，审批部门可以明确项目单位按此规定合理确定的投资项目资本金比例。实行核准或备案制的项目，项目单位与金融机构可以按此规定自主调整投资项目资本金比例。法律、行政法规和国务院对有关投资项目资本金比例另有规定的，从其规定。

对于各种经营性投资项目，必须先落实项目资本金才能进行建设。个体和私营企业的经营性投资项目参照执行，公益性投资项目不实行资本金制度。实行资本金制度的投资项目，在可行性研究报告中要就资本金筹措情况做出详细说明，包括出资方、出资方式、资本金来源及数额、资本金认缴进度等有关内容。上报可行性研究报告时须附有各出资方承诺出资的文件，以实物、工业产权、非专利技术、土地使用权作价出资的，还须附有资产评估证明等有关材料。

### 三、工程招投标制度

为了在工程建设领域引入竞争机制，择优选择勘察单位、设计单位、施工单位及材料设备供应单位，需要实行工程招标投标制度。《中华人民共和国招标投标法》对招标范围和规模标准、招标方式和程序、招标投标活动的监督等内容做出了相应的规定。

《中华人民共和国招标投标法》规定：在我国境内进行大型基础设施、公用事业等关系社会公共利益、公众安全的项目，全部或者部分使用国有资金投资或国家融资的项目，使用国际组织或者外国政府贷款、援助资金的项目（包括项目的勘察、设计、施工、监理及与工程建设有关的重要设备、材料等的采购）必须进行招标。招标投标活动应当遵循公开、公平、公正和诚实信用的原则。依法必须进行招标的项目，其招标投标活动不受地区或者部门的限制。任何单位和个人不得违法限制或者排斥本地区、本系统以外的法人或其他组织参加投标，不得以任何方式非法干涉招标投标活动。

### 四、工程监理制度

所谓工程监理，就是监理的执行者，依据建设行业法规和技术标准，综合运用法律、经济、行政和技术手段，对工程建设参与者的行为及其责、权、利进行必要的协调与约束，保障工程建设井然有序、顺利进行，达到工程建设的好、快、省，取得最佳投资效益的目的。建设监理的基本框架是“两个层次一个体系”。两个层次是指政府建设监理、社会建设监理，一个体系是指通过合同管理和信息管理形成建设工程的投资、进度、质量的协调控制体系。从工作性质、内容及作用来看，目前我国推行的工程监理制度与国外为业主所进行的项目管理咨询相似，但又有较大区别。发达国家的项目管理咨询服务一般包括设计准备阶段、设计阶段、施工阶段、投产前准备阶段和保修阶段，每个阶段都要进行成本控制、进度控制、质量控制、合同管理、信息管理和组织协调六个方面的工作。按最初设想，我国的工程监理包括建设前期的投资决策咨询阶段、设计阶段、招标投标阶段和施工阶段，监理的主要内容是控制工程建设的投资、进度（工期）和质量，进行工程建设合同管理，协调有关单位的关系。但实践中，由于种种原因，目前工程监理主要在施工阶段，而且重在施工质量控制。为此，今后应加大工程监理的力度，拓展工程监理的范围，遵照《中华人民共和国建筑法》，将政府投资的工程建设项目列为强制监理的工程范围。另外，还应加强监理工程师培训、注册、执业管理，提高监理队伍的素质和技能水平。

### 五、合同管理制度

为了使勘察、设计、施工、材料设备供应单位及监理单位、项目管理单位等依法履行各自的责任和义务，在工程建设中必须实行合同管理制度。严格推行工程项目的合同管理制度是企业走向国内外市场的重要途径，也是在工程项目实施中处理好各种关系的基础。

合同管理制度的基本内容：建设工程的勘察、设计、施工、材料设备采购和建设工程监理都要依法订立合同；各类合同都要有明确的质量要求、履约担保和违约处罚条款；违约方要承担相应的法律责任。

### 六、政府对工程项目的监督管理

政府对工程项目的监督管理实行分级管理。国务院建设行政主管部门对全国的建设工程实施统一监督管理，国务院铁路、交通、水利等有关部门按国务院规定的职责分工，负责对全国相关专业建设工程进行监督管理。县级以上地方人民政府建设行政主管部门对本行政区域内的建设工程实施监督管理。县级以上地方人民政府的交通、水利等有关部门在各自职责范围内，负责本行政区域内的相关专业建设工程的监督管理。

政府有关主管部门不直接参与工程项目的建设过程，而是通过法律和行政手段对项目的实施过程与相关活动实施监督管理。由于建筑产品所具有的特殊性，政府对工程项目的实施过程的控制和管理比其他行业的产品生产都更为严格，且贯穿项目实施的各个阶段。

我国政府对工程项目的监督管理包括对项目的决策阶段和实施阶段的监督管理。按照我国政府部门的职能划分，项目的决策阶段大体上由计划、规划、土地管理、环保和公安（消防）等部门负责；项目实施阶段主要由建设主管部门负责。政府有关部门代表国家行使或委托专门机构行使职能，依照法律法规、标准等，运用审查、许可、检查、监督和强制执行等手段，实现对工程项目的监督管理。下面分别详细介绍。

### （一）政府对工程项目决策阶段的监督管理

政府对工程项目决策阶段的监督管理主要是实行工程项目的决策审批制度。根据《国务院关于投资体制改革的决定》（国发〔2004〕20号），政府投资项目和非政府投资项目分别实行审批制、核准制或备案制。

#### 1. 政府投资项目

对于政府投资项目，项目建议书按要求编制完成后，应根据建设规模和限额划分分别报送有关部门审批。项目建议书经批准后，可以进行详细的可行性研究报告的编写。可行性研究报告经批准，项目正式立项。

对于采用直接投资和资本金注入方式的政府投资项目，政府需要从投资决策的角度审批项目建议书和可行性研究报告，除特殊情况外，不再审批开工报告，同时要严格审批其初步设计和概算。

对于采用投资补助、转贷和贷款贴息方式的政府投资项目，政府只审批资金申请报告。

政府投资项目一般要经过符合资质要求的咨询中介机构的评估论证，特别重大的项目还应实行专家评议制度。国家将逐步实行政府投资项目公示制度，以广泛听取各方面的意见和建议。

#### 2. 非政府投资项目

对于企业不使用政府资金投资建设的项目，一律不再实行审批制，而是根据不同情况实行核准制或登记备案制，企业不需要编制项目建议书而可直接

编制项目可行性研究报告。

（1）核准制。企业投资建设《政府核准的投资项目目录》（以下简称《目录》）中的项目时，只需向政府提交项目申请报告，不再经过批准项目建议书、可行性研究报告和开工报告的程序。政府对企业提交的项目申请报告，主要从维护经济安全、合理开发利用资源、保护生态环境、优化布局、保障公共利益、防止出现垄断等方面进行核准。对于外商投资项目，政府还要从市场准入、资本项目管理等方面进行核准。

（2）备案制。国家对《目录》以外的企业投资项目实行备案制，除国家另有规定外，由企业按照属地原则向地方政府投资主管部门备案。备案制的具体实施办法由省级人民政府自行制订。国务院投资主管部门要对备案工作加强指导和监督，防止以备案的名义进行变相审批。为扩大大型企业集团的投资决策权，已基本建立现代企业制度的特大型企业集团投资建设《目录》中的项目，可以按项目单独申报核准，也可编制长期发展建设规划。规划经国务院或国务院投资主管部门批准后，规划中属于《目录》中的项目不再另行申报核准，只需办理备案手续。企业要及时向国务院有关部门报告规划执行和项目建设的情况。

### （二）政府对工程项目实施阶段的监督管理

政府对工程项目实施阶段的监督管理涉及工程项目实施的各个阶段，主要有以下几个方面。

#### 1. 施工图审查

施工图（施工图设计文件的简称）审查是指国务院建设行政主管部门和省、自治区、直辖市人民政府建设行政主管部门委托依法认定的设计审查机构，根据国家法律、法规、技术标准与规范，对施工图进行结构安全和强制性标准、规范执行情况等进行独立审查。施工图审查是政府主管部门对工程勘察设计质量进行监督管理的重要环节。

建设单位应当将施工图报送建设行政主管部门，由建设行政主管部门委托有关审查机构进行审查。施工图的审查内容包括：建筑物的稳定性、安全性审查，如地基基础和主体结构是否安全、可靠；是否符合消防、节能、环保、抗震、卫生和人防等有关强制性标准、规范；施工图是否达到规定的深度要求；是否损害公众利益；等等。

对于审查不合格的项目，由审查机构提出书面意见，将施工图退回建设单位，并由原设计单位修改后重新送审。对于审查合格的项目，建设行政主管部门向建设单位发出施工图审查批准书。施工图一经审查批准，不得擅自修改。如遇特殊情况需要进行涉及审查主要内容的修改，须重新报请原审批部门，由原审批部门委托审查机构审查后再批准实施。

### 2. 从业资格管理

从事建筑活动的建筑施工企业、勘察单位、设计单位和工程监理单位等，按照其拥有的注册资本、专业技术人员、技术装备和已完成的建筑工程业绩等资质条件，划分为不同的资质等级，经资质审查合格，取得相应等级的资质证书后，方可在其资质等级许可的范围内从事建筑活动。

以建筑业企业资质为例，根据自 2007 年 9 月 1 日实施的《建筑业企业资质管理规定》（建设部令第 159 号），建筑业企业资质分为施工总承包、专业承包和劳务分包三个序列。施工总承包序列企业资质设特级、一级、二级和三级等四个等级，分为房屋建筑、公路、铁路、港口与航道、水利水电、电力、矿山、冶炼、化工石油、市政公用、通信、机电安装工程等 14 个资质类别。特级施工总承包企业的资质标准包括企业资信能力、企业主要管理人员和专业技术人员要求、科技进步水平、代表工程业绩等方面。专业承包序列企业资质设二至三个等级，分为地基与基础、土石方、建筑幕墙工程等 60 个资质类别。劳务分包序列企业资质设一至两个等级，分为木工作业、砌筑、抹灰作业等 13 个资质类别。

从事建筑活动的专业技术人员，应当依法取得相应的执业资格证书，并在执业资格证书许可的范围内从事建筑活动。例如，根据《国务院关于取消第二批行政审批项目和改变一批行政审批项目管理方式的决定》（国发〔2003〕5 号）的规定，过渡期（2008 年 2 月 27 日）满后，大、中型工程项目施工的项目经理必须由取得建造师注册证书的人员担任。

### 3. 施工许可制度

建筑工程施工许可制度是建设行政主管部门根据建设单位的申请，依法对建筑工程所应具备的施工条件进行审查，对符合规定条件的，准许该建筑工程施工，并颁发施工许可证的一种制度。

《中华人民共和国建筑法》规定：建筑工程在开工前，建设单位应当按照国家有关规定向工程所在地县级以上人民政府建设行政主管部门申请领取施工许可证。国务院建设行政主管部门确定的限额以下的小型工程和按照国务院规定的权限与程序批准开工报告的建筑工程，不需领取施工许可证。

工程项目施工许可制度的具体内容包括：施工许可证的申领时间、申领程序、工程范围、审批权限及施工许可证与开工报告之间的关系；申请施工许可证的条件和颁发施工许可证的时间规定；施工许可证的有效时间和延期的规

定；领取施工许可证的建筑工程中止施工和恢复施工的有关规定；取得开工报告的建筑工程不能按期开工或中止施工及开工报告有效期的规定。

4. 工程质量监督

为加强对工程质量的管理，《中华人民共和国建筑法》及《建设工程质量管理条例》明确政府行政主管部门设立专门机构对建设工程质量行使监督职能，其目的是保证工程质量、保证工程的使用安全及保证环境质量。各级政府质量监督机构对建设工程质量实行监督的依据是国家、地方和各专业建设管理部门颁发的法律、法规及各类规范和强制性标准。其监督的职能包括两大方面：一是监督工程建设的各方主体（包括建设单位、施工单位、材料设备供应单位、设计勘察单位和监理单位等）的质量行为是否符合国家法律法规及各项制度的规定，并查处违法违规行为和质量事故；二是监督检查工程实体的施工质量，尤其是地基基础、主体结构、专业设备安装等涉及结构安全和使用功能的施工质量。

在工程项目开工前，政府质量监督机构在受理建设工程质量监督的申报手续时，对建设单位提供的文件资料进行审查，审查合格方可签发有关质量监督文件。同时支持召开项目参与各方参加的首次监督会议，公布监督方案，提出监督要求，并进行第一次监督检查。监督检查的主要内容为工程项目质量控制系统及各施工方的质量保证体系是否已经建立，以及完善的程度如何。

在工程项目施工期间，政府质量监督机构按照监督方案对工程项目施工情况进行不定期的检查，并在基础和结构阶段每月安排监督检查。检查内容为各工程参与方的质量行为及质量责任制的履行情况、工程实体质量和质量保证资料的状况。对工程项目结构主要部位（如桩基、基础、主体结构等），除了常规检查，还要在分部工程验收时，要求建设单位将施工、设计、监理、建设单位签的质量验收证明在验收后3天内报监督机构备案。对施工过程中发生的质量问题、质量事故进行查处；对查实的质量问题签发“质量问题整改通知单”或“局部暂停施工指令单”；对问题严重的单位发出“临时收缴资质证书通知书”等。

在工程项目竣工验收阶段，政府质量监督机构做好竣工验收前的质量复查，参与竣工验收会议，编制单位工程质量监督报告，并建立建设工程质量监督档案，经监督机构负责人签字后归档，按规定年限保存。

5. 工程质量保修制度

《建设工程质量管理条例》第三十九条规定，建设工程实行质量保修制度。建设工程承包单位在向建设单位提交工程竣工验收报告时，应向建设单位出具工程质量保修书，质量保修书中应明确建设工程保修范围、保修期限和保修责任等。《建设工程质量管理条例》第四十条规定，在正常使用条件下，建设工程的最低保修期限为：基础设施工程、房屋建筑工程的地基基础工程和主体结构工程，为设计文件规定的该工程的合理使用年限；屋面防水工程、有防水要求的卫生间、房间和外墙面的防渗漏，为 5 年；供热与供冷系统，为 2 个采暖期、供冷期；电气管线、给排水管道、设备安装和装修工程，为 2 年；其他项目的保修期由发包方与承包方约定。建设工程的保修期自竣工验收合格之日起计算。

《建设工程质量保证金管理暂行办法》规定，质量保证金（保修金）是指发包人与承包人在建设工程承包合同中约定，从应付的工程款中预留，用以保证承包人在缺陷责任期内对建设工程出现的缺陷进行维修的资金。缺陷责任期一般为六个月、十二个月或二十四个月，具体可由发包、承包双方在合同中约定，缺陷责任期从工程通过竣工验收之日起计。缺陷责任期内，由承包人原因造成的缺陷，承包人应负责维修，并承担鉴定及维修费用。如某承包人不维修也不承担费用，发包人可按合同约定扣除质量保证金，并由承包人承担违约责任。承包人维修并承担相应费用后，不免除对工程的一般损失赔偿责任。由他人原因造成的缺陷，发包人负责组织维修，承包人不承担费用，且发包人不得从质量保证金中扣除费用。缺陷责任期内，承包人认真履行合同约定的责任，到期后，承包人向发包人申请返还保证金。

**6. 安全监察制度**

安全监察制度是指国家法律、法规授权的行政部门代表政府对企业的生产过程实施职业安全卫生监察，以政府的名义，运用国家权力对生产单位在履行职业安全卫生职责和执行职业安全卫生政策、法律、法规和标准的情况依法进行监督、检举和惩戒的制度。安全监察具有特殊的法律地位。执行机构设在行政部门，设置原则、管理体制、职责、权限、监察人员任免均由国家法律、法规确定。

职业安全卫生监察机构的监察活动是从国家整体利益出发，依据法律、法规对政府和法律负责，既不受行业部门或其他部门的限制，也不受用人单位的约束。职业安全卫生监察机构对违反职业安全卫生法律、法规、标准的行为，有权采取行政措施，并具有一定的强制特点。这是因为它是以国家的法律、法规为后盾的，任何单位或个人必须服从，以保证法律的实施，维护法律的尊严。

## 七、建设工程监理制

### （一）建设工程监理制的产生

从中华人民共和国成立至 20 世纪 80 年代，我国固定资产投资基本上由国家统一安排计划（包括具体的项目计划），由国家统一财政拨款。当时，我国建设工程的管理基本上采用两种形式：对于一般建设工程，由建设单位自己组成筹建机构，自行管理；对于重大建设工程，则从与该工程相关的单位抽调人员组成工程建设指挥部，由指挥部进行管理。20 世纪 80 年代以后，国家在建筑业领域采取了投资有偿使用（即“拨改贷”）、投资包干责任制、投资主体多元化、工程招标投标制等一系列重大改革措施，传统的建设工程管理形式已经难以适应我国经济发展和改革开放新形势的要求。

“鲁布革冲击波”给我国的建设领域带来了国际化的工程项目管理模式。1984 年 11 月，正式开工的鲁布革水电站引水隧洞工程是我国改革开放后工程建设中第一个利用世界银行贷款并按世界银行规定进行国际竞争性招标和项目管理的国家重点工程，其通过“工程师单位”成功实行了国际通行的、业主方的项目管理，取得了投资省、进度快、质量好的经济效益，可谓是我国实行建设工程监理的第一工程。

1988 年 7 月，原建设部颁发的《关于开展建设监理工作的通知》标志着我国建设工程监理制开始试点。1998 年 3 月施行的《中华人民共和国建筑法》以国家法律的形式明确规定：国家推行建设工程监理制度，从而建设工程监理制度在全国范围内进入全面推行阶段。建设工程监理制度的实行是我国工程建设领域管理体制的重大改革，目的在于提高建设工程的投资效益和社会效益。建设工程监理制取代了陈旧的工程项目管理模式，使得建设单位的工程项目管理走上了专业化、社会化的道路。

### （二）建设工程监理的概念及性质

#### 1. 建设工程监理的概念

所谓建设工程监理，是指具有相应资质的工程监理企业，接受建设单位的委托和授权，承担项目管理工作，并代表建设单位对承建单位的建设行为进行监督管理的专业化管理服务活动。

建设工程监理不同于建设行政主管部门的监督管理，也不同于总承包单位对分包单位的监督管理，而是特指具有相应资质的工程监理企业开展的，对承建单位的监督管理。工程监理企业并不是建设单位的代理人，建设单位拥有工程建设中重大问题的决策权，工程监理企业可以向建设单位提出适当建议，但不能越俎代庖。同时，工程监理企业亦不是承建单位的保证人，工程监理企业主要通过规划、控制、协调等来监督管理承建单位的建设行为，最大限度地避免和制止其不当建设行为，并不保证项目计划目标的一定实现。

建设单位与其委托的工程监理企业应当订立书面建设工程委托监理合同，明确对工程监理企业的委托和授权。工程监理企业还应依据国家现行的有关法律法规、部门规章和标准规范及有关的建设工程合同和工程建设文件（也称项目审批文件）等开展监理业务，最终目的是协助建设单位在计划的时间内将建设工程建成并投入使用。

#### 2. 建设工程监理的性质

（1）服务性。建设工程监理是业主方的项目管理，因而工程监理企业只为建设单位服务。监理人员运用自己的专业知识、技能和经验，借助必要的试验、检测手段，为建设单位提供管理服务和技术服务。

（2）科学性。科学性是由建设工程监理的服务性质决定的，不仅要求从事工程监理工作的专业人士——监理工程师掌握工程监理科学的思想、组织、方法和手段，还要求工程监理企业建立健全的管理制度，运用现代化的管理手段，增强组织管理能力。

（3）独立性。在委托监理的工程中，工程监理企业与承建单位不得有隶属关系和其他利害关系，应及时成立项目监理机构，项目监理机构应按照自己的工作计划、流程、方法，独立判断、开展监理工作。

（4）公正性。公正性是监理行业能够长期生存和发展的基本职业道德准则。《建设工程监理规范》（GB/T 50319—2013）要求工程监理企业公正、独立、自主地开展监理工作。尤其是当建设单位和承建单位发生利益冲突或者矛盾时，工程监理企业应实事求是，以法律法规、标准规范和有关合同为准绳，在维护建设单位的合法权益时，不损害承建单位的合法权益。

### （三）建设工程监理的范围和任务

#### 1. 建设工程监理的范围

建设工程监理可以适用于工程建设的投资决策阶段和实施阶段（即建设全过程监理），但鉴于经验、监理人员的素质等多种原因，目前主要是在施工阶段开展监理工作。

根据 2000 年国务院发布的《建设工程质量管理条例》和 2001 年原建设部发布的《建设工程监理范围和规模标准规定》，下列建设工程必须实行监理：（1）国家重点建设工程；（2）项目总投资在 3 000 万元以上的大中型公用事业工程；（3）成片开发建设的、建筑面积在 5 万 $m^2$ 以上的住宅小区工程，高层住宅及地基、结构复杂的多层住宅；（4）利用外国政府或者国际组织贷款、援助资金建设的工程；（5）国家规定必须实行监理的其他工程，如项目总投资在3 000万元以上的基础设施项目及学校、影剧院、体育场馆等项目。

**2. 建设工程监理的工作任务、**

可以用“三控制、三管理、一组织协调”来概括，即：（1）建设工程质量控制；（2）建设工程投资控制；（3）建设工程进度控制；（4）建设工程安全生产管理；（5）建设工程合同管理；（6）建设工程信息管理；（7）建设工程组织协调。

值得注意的是，2004年2月1日起施行的《建设工程安全生产管理条例》中明确规定：“工程监理单位和监理工程师应当按照法律、法规和工程建设强制性标准实施监理，并对建设工程安全生产承担监理责任。”

《建设工程安全生产管理条例》第五十七条规定“违反本条例的规定，工程监理单位有下列行为之一的，责令限期改正；逾期未改正的，责令停业整顿，并处10万元以上30万元以下的罚款；情节严重的，降低资质等级，直至吊销资质证书；造成重大安全事故，构成犯罪的，对直接责任人员，依照刑法有关规定追究刑事责任；造成损失的，依法承担赔偿责任：（一）未对施工组织设计中的安全技术措施或者专项施工方案进行审查的；（二）发现安全事故隐患未及时要求施工单位整改或者暂时停止施工的；（三）施工单位拒不整改或者不停止施工，未及时向有关主管部门报告的；（四）未依照法律、法规和工程建设强制性标准实施监理的。”

**（四）建设工程监理的实施程序**

工程监理企业与建设单位签订建设工程委托监理合同后，应按以下程序开展监理工作：（1）企业法定代表人任命总监理工程师，成立项目监理机构；（2）总监理工程师主持编制建设工程监理规划，经工程监理企业技术负责人审批后报建设单位；（3）中型及以上或专业性较强的工程项目，由专业监理工程师编制建设工程监理实施细则，报总监理工程师审批；（4）项目监理机构规范化地开展监理工作；（5）建设工程施工完成后，项目监理机构组织竣工预验收，预验收通过后，参与建设单位组织的工程竣工验收，并签署监理意见；（6）建设工程监理工作完成后，项目监理机构将监理文件档案资料向工程监理企业移交，再由工程监理企业向建设单位移交；（7）项目监理机构一方面向建设单位提交工程竣工总结，重点总结对委托监理合同的履行情况，另一方面向工程监理企业总结监理工作的经验和存在的不足。

### （五）建设工程监理的工作文件

建设工程监理的工作文件是指监理单位投标时编制的监理大纲、委托监理合同签订以后编制的监理规划和监理实施细则。

#### 1. 监理大纲

监理大纲又称监理方案，是监理投标书的核心，是工程监理企业为承揽监理业务而编写的监理方案性文件。建设单位在招标时往往以监理大纲所反映的工程监理企业的管理水平作为评标的重要内容。一旦中标，监理大纲即成为项目监理机构编制监理规划的依据之一。监理大纲一般由拟选定的总监理工程师主持，工程监理企业的经营部门和技术部门人员参与编制。监理大纲的内容应根据监理招标文件的要求而定，主要包括以下内容：（1）拟派往项目监理机构的监理人员情况介绍，尤其应重点介绍拟选定总监理工程师的情况，这往往决定着承揽监理业务的成败；（2）拟采用的监理方案，具体包括项目监理机构的方案、建设工程三大目标的具体控制方案、工程建设各种合同的管理方案、项目监理机构在监理过程中进行组织协调的方案等；（3）明确将提供给业主的阶段性监理文件，这将有助于满足业主掌握工程建设过程的需要，有利于监理单位顺利承揽监理业务。

#### 2. 监理规划

监理规划是用来指导项目监理机构全面开展监理工作的纲领性文件。就施工阶段的监理工作而言，监理规划应在签订委托监理合同及收到设计文件后开始编制，由项目总监理工程师主持、专业监理工程师参与，根据委托监理合同，在监理大纲的基础上，结合工程的具体情况，广泛收集工程信息和资料进行制订，完成后必须经工程监理单位技术负责人审核批准，并应在召开第一次工地会议前报送建设单位。

根据《建设工程监理规范》的规定，监理规划应包括以下主要内容：（1）工程项目概况；（2）监理工作范围；（3）监理工作内容；（4）监理工作目标；（5）监理工作依据；（6）项目监理机构的组织形式；（7）项目监理机构的人员配备计划；（8）项目监理机构的人员岗位职责；（9）监理工作程序；（10）监理工作方法及措施；（11）监理工作制度；（12）监理设施。

在监理工作实施过程中，如实际情况或条件发生重大变化而需要调整监理规划，应由总监理工程师组织专业监理工程师研究修改，按原报审程序经过批准后报建设单位。

3. 监理实施细则

对中型及以上或专业性较强的工程项目，应由项目监理机构的专业监理工程师编制监理实施细则，经总监理工程师审批。监理实施细则应符合监理规划的要求，并结合工程项目的专业特点，做到详细具体、具有可操作性。

编制监理实施细则的依据除已批准的监理规划外，还有与专业工程相关的标准、设计文件和技术资料，施工企业编制的、经总监理工程师审批的施工组织设计等。监理实施细则应主要包括下列内容：(1)专业工程的特点；(2)监理工作的流程；(3)监理工作的控制要点及目标值；(4)监理工作的方法及措施。

在监理工作实施过程中，监理实施细则应根据实际情况进行补充、修改和完善。

(六)建设工程监理的发展趋势

为了使我国的建设工程监理取得预期效果，在工程建设领域发挥积极作用，应从以下几个方面发展监理事业：(1)加强法制建设，走法制化的道路；(2)以市场需求为导向，向全方位、全过程监理发展；(3)适应市场需求，优化工程监理企业结构；(4)加强培训工作，不断提高从业人员素质；(5)与国际惯例接轨，走向世界。

## 八、代建制

### (一)代建制的产生背景

政府投资项目(国外称为 government project 或 public project)一般是指为了适应和推动国民经济或区域经济的发展，满足社会的文化、生活需要，以及出于政治、国防等因素的考虑，由政府通过财政投资、发行国债或地方财政债券，向证券市场或资本市场融资，利用外国政府赠款、国家财政担保的国内外金融组织贷款及行政事业性收入等方式独资或合资兴建的固定资产投资项目。政府投资项目按照建设项目的性质分为经营性项目和非经营性项目。

过去，我国政府投资项目基本上是由使用单位通过组建临时基建班子(如基建办、工程建设指挥部等)进行建设管理。这样，政府投资建设项目的投资主体是政府，而基建办或指挥部一类的非法人机构无须承担筹措和运作资金的责任。在整个建设实施过程中，没有一个相应的部门或机构代表政府来履行、管理和监督责任，故而政府投资项目的传统管理模式的弊端是很突出的：缺乏强有力的投资风险约束机制，项目“三超”(超投资、超规模、超工期)现象非常突出；项目管理缺乏完善的组织形式，项目建设管理资源配置不合理；工程目标难以实现，工期质量难以保证；招投标不规范；工程项目监督不力，违法乱纪现象时有发生。

1993年，厦门市在深化工程建设管理体制改革的过程中，通过招标或直接委托等方式，将一些基础设施和社会公益性的政府投资项目委托给一些有实力的专业公司，由这些公司代替业主对项目实施建设。1999年初，上海浦东咨询公司受原上海市计委委托，全过程代理建设上海市收教收治综合基地项目，开始了上海市财政投资项目以“代建制”形式委托中介机构进行建设的试点工作。2002年以后，北京、宁波、深圳、重庆等地开始了“代建制”的试点工作。

### （二）代建制的主要特点

代建制较现行的工程总承包、项目融资建设等模式有所不同，具有自身的特点。

#### 1. 非经营性政府投资项目实施代建制

例如,《武汉市非经营性政府投资项目实行代建制管理办法（试行）》（武政〔2005〕7号）规定市级政府投资占总投资50%以上，并且城建、交通基础设施类项目总投资在2 000万元以上（含2 000万元），其他（含园林、绿化）项目总投资在500万元以上（含500万元）的非经营性政府投资项目，实行代建制。非经营性政府投资项目包括:（1）机关、人民团体的办公业务用房及培训教育用房;（2）教育、科技、文化、卫生、体育、民政、劳动保障及广播电视等社会事业项目;（3）刑事拘留所、行政拘留所、戒毒所、监狱、消防设施、法院审判用房、检察院技术侦察用房等政法设施;（4）非经营性的环境保护、水利、农业、林业、城建、交通等基础设施项目;（5）其他非经营性公用事业项目。

#### 2. 代建单位一般通过招标方式产生

政府投资代建项目的代建单位一般应通过招标确定，而不应指定。例如，《武汉市非经营性政府投资项目实行代建制管理办法（试行）》（武政〔2005〕7号）规定，责任单位应当根据《中华人民共和国招标投标法》等文件中的有关规定，通过招标方式选择代建单位。有下列情形之一不适于招标的，由市建设行政主管部门审核，报市人民政府批准，可以直接委托代建单位:（1）抢险救灾项目;（2）涉及国家安全、保密的项目;（3）因技术、工程质量等特殊要求不宜招标的项目。

#### 3. 非经营性政府投资项目利益相关主体三分开

非经营性政府投资项目利益方主要是投资人、代建单位和使用人，代建制模式将三方分开，促使政府投资工程投资、建设、管理、使用的职能分离，通过专业化项目管理最终达到控制投资、提高投资效益和管理水平的目的。

**4. 代建单位的收益来自代建管理费和工程项目投资节余奖励**

代建制采取经济合同监督制，代建单位的收益体现在两个方面：一方面，在招标投标中确定的代建单位的管理费。目前，关于代建服务的取费标准国家尚无统一规定。另一方面，项目建成竣工验收，并经竣工财务决算审核批准后，如决算投资比合同约定投资有节余，代建单位可享受分成奖励。

**5. 代建制具有较为严谨的风险控制模式**

这一特点主要体现在对代建单位责任赔偿的规定和履约保函的要求。有的地方规定，代建单位需提供项目投资额 10% ～ 50% 的履约保函，并对责任赔偿约定：如果代建单位在建设过程中擅自变更建设内容、扩大建设规模、提高建设标准，致使工程延长、投资增加或工程质量不合格，所造成的损失或投资增加额一律从代建单位的银行履约保函中补偿；履约保函金额不足的，相应扣减项目代建管理费；项目代建管理费不足的，由建设实施单位用自有资金支付，同时，该代建单位在一定时期内不得参与当地政府投资建设项目的代建单位投标。

### （三）代建制的实施方式

从工程项目的建设程序来分，代建制的实施方式分为全过程代建和两阶段代建。

**1. 全过程代建**

全过程代建即委托人根据批准的项目建议书，面向社会招标代建单位，由代建单位根据批准的项目建议书，从项目的可研报告开始介入，负责可研报告初步设计、建设实施直至竣工验收。

全过程代建的优点主要是有利于投资者、使用单位和代建单位三方的协调，有利于工程前后期的衔接。其缺点是：（1）签代建合同时，投资控制目标不易确定；（2）容易造成代建单位人为地在项目前期阶段扩大项目总投资；（3）如果项目本身还牵涉征地、拆迁等，易把此类因素造成的项目进展缓慢的风险集中到政府投资部门上来。

**2. 两阶段代建**

两阶段代建即将建设项目分为项目前期工作阶段代建和项目建设实施阶段代建。项目前期工作阶段代建是从编制项目建议书开始至项目施工总承包公司、监理公司通过招标方式确定为止，此阶段项目使用单位是主体，是法人，有决策权；项目建设实施阶段代建一般从申领项目开工证开始至项目施工保质期结束，此阶段代建单位拥有决策权。

两阶段代建的优点是:（1）便于调动项目使用单位积极性，加快项目的前期工作;（2）可操作性强，且专业化管理的程度较高。

其缺点主要是:（1）投资人需要协调的内容较多，前后期代建之间的衔接易出问题;（2）不利于项目工期、质量、投资的总体控制。

### （四）代建制的运行模式

目前，代建制在国内的具体运行模式比较有代表性的主要有“上海模式”“深圳模式”“北京模式”等。

#### 1.“上海模式”

“上海模式”即政府指定代建公司模式，在上海、广州、海南等地实行。如图 1-1 所示为“上海模式”的运行示意图，即由市政府组建或指定若干具备较强经济实力和技术实力的国有建设公司、投资公司或项目管理公司，对政府投资项目实行代理建设，按企业经营管理。

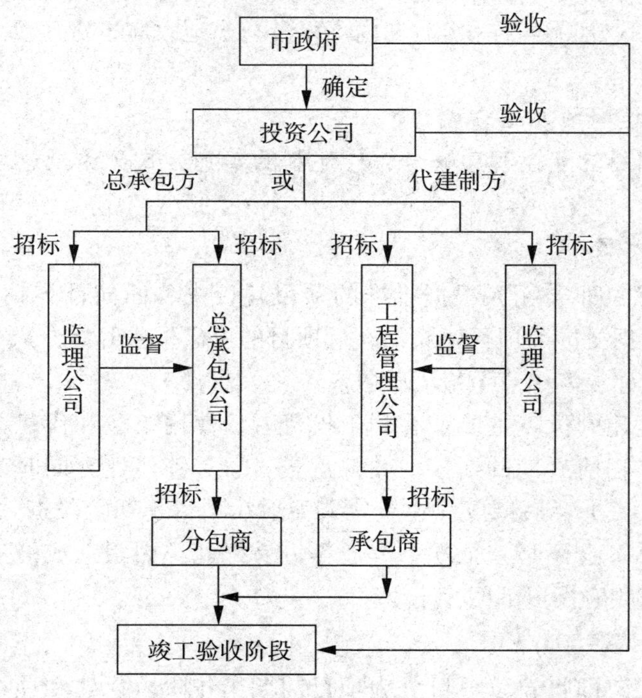


图 1-1 “上海模式”运行示意图

该模式的主要优点是:（1）通过选择代建单位，可以达到防止公共工程

招标中的腐败行为和对公共工程建设进行专业化管理的目的；（2）政府意愿可以较好地通过项目代建单位实现；（3）通过市场化运作，代建单位积极性高；（4）有利于代建单位对资金的控制。

其主要缺点是：（1）具有垄断性，易出现政府把关不严，代建单位与使用单位串通，造成概算不科学，不利于市场竞争；（2）合同约束力不强；（3）使用单位不是合同当事人，难以发挥使用单位的积极性，甚至使用单位不予协助、配合，增加工程建设中的困难。

**2.“深圳模式”**

“深圳模式”即政府专业管理机构模式，在深圳、安徽、珠海等地实行。如图1–2所示为“深圳模式”的运行示意图，即由市政府成立具有较强经济、技术实力的代建管理机构（如工务局），参照事业单位模式进行管理，对所有政府投资项目实行代理建设。

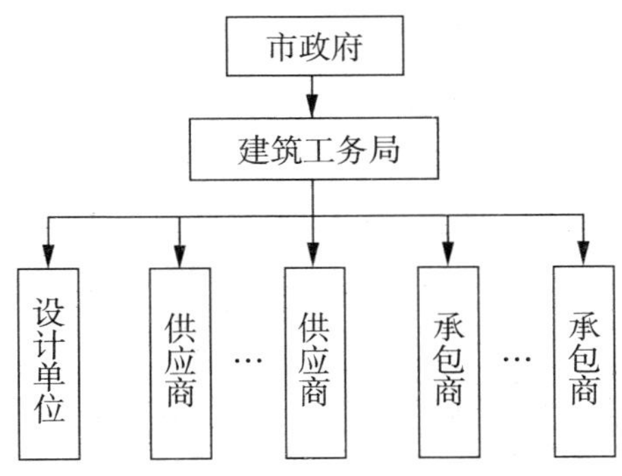


图1–2　“深圳模式”运行示意图

该模式的主要优点是：（1）以政府部门机构的身份出现，方便协调建设中的各种问题；（2）方便政府监督与管理；（3）代建管理费可以相对较低。

其主要缺点是：（1）没有完全解决政府角色混淆的问题，工务局集政府投资项目业主和管理者身份于一体，容易产生因“建、管”不分而带来的传统问题；（2）随着所管的政府投资工程的逐渐增多，工作人员压力大、责任重，机构人手少、办公经费短缺的状况随之出现；（3）激励约束机制不明，对职员缺乏激励效应，缺少内在约束机制，抗风险能力不足，缺乏超概预算行为的责任追究机制；（4）工程项目较多时，容易造成代建单位内部管理效率和水平的降低。

**3.“北京模式”**

“北京模式”即代建公司竞争模式，在北京、重庆等地实行。如图1–3所示为“北京模式”的运行示意图，即由市政府设立准入条件，按市场竞争原则，批准若干具有较强经济实力和技术实力、良好建设管理业绩并可承担投资风险的代建公司参与项目代建的竞争，通过公开招标选择代建单位。

该模式的主要优点是：（1）可以引入竞争机制，提高项目管理公司的专业化水平，与国际接轨；（2）可以节约资金；（3）不需要增设新的政府机构，避免了机构、职能重叠。

其主要缺点是：（1）市政府在监管上强度较大，并要求有较强的专业技术能力，政府部门工作量较大；（2）一些合理的变更通过行政审批手段较难实现；（3）此种模式有赖于成熟的市场机制，同时对原有制度的冲击较大，实行起来有较大的难度。

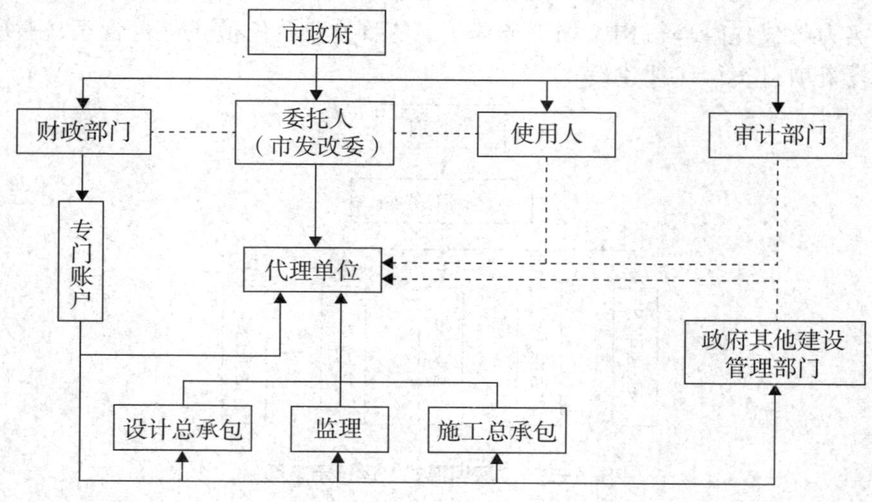


图 1-3 “北京模式”运行示意图

### （五）代建制的发展趋势

#### 1. 代建制已有成效

代建制在非经营性政府投资项目建设管理中的运用已经取得了明显成效，主要表现在以下方面：（1）实行代建制后，工程项目建设管理任务由专业化、常设性的代建单位承担，有利于提高投资项目管理的专业化水平；（2）充分发挥市场竞争作用，通过建立市场化的委托代理关系，将建设单位和代建单位的责任明确，从机制上避免“三超”现象的发生；（3）代建制的实施有效地将政府行政权力与市场行为分离，有助于遏制“权力寻租”行为。

**2. 代建制要健康、持续发展应注意的问题**

应该看到，目前的代建制在具体运行上还存在若干问题，代建制要健康、持续发展，应注意以下几个问题。

（1）“建设”和“使用”必须真正分离。实行代建制的目标之一就是要解决“建设、监管、使用”多位一体的矛盾，但在代建制的实施过程中，一些建设单位会对一些本属于代建单位的工作内容进行干预。这在一定程度上影响了代建单位对工程项目的管理，也影响了代建单位的积极性和主动性，进而影响到工程项目的顺利实施。

（2）明确对代建制进行监管的机构。在许多地方，由于对代建工作实施监管的具体部门不明确，因此无法对代建单位的招标投标、签订代建合同等工作实施必要的监管。而且，如果在项目具体实施的过程中出现问题，也无法及时发现和纠正，为将来工程项目的顺利实施埋下了隐患。

（3）明确代建制取费标准。目前，绝大多数地方在实施代建制的相关文件中没有明确的取费标准，导致各代建单位在投标中出现无序竞争的现象，使代建费一降再降。同时，由于没有担保、保险等相应的配套措施，很可能会将代建单位的低价竞争风险转嫁到工程项目上。

（4）代建单位的工程项目管理水平还需进一步提高。一方面表现在代建单位在工程项目管理上的人员配备不足；另一方面表现在部分项目管理人员素质和能力不够，在对于建筑功能的专业性要求较强的代建项目（如学校、医院等）中，代建单位缺乏专业人才的现象尤其突出。

# 第二章　工程项目的决策管理

## 第一节　工程项目的投资决策

### 一、工程项目投资决策的概念

决策，一般是指为了实现某一目标，根据客观情况，进行科学预测，通过正确的分析、计算及决策者的综合判断，对行动方案的选择所做出的决定。决策是整个项目管理过程中一个关键的组成部分，决策的正确与否直接关系到项目的成败。

工程项目投资决策是指投资决策中的微观决策，它不像宏观决策那样，是国家和地区对投资的总规模、方向、结构、布局等进行评价和决定，而是指投资主体（国家、地方政府、企业或个人）对拟建项目的必要性和可行性进行技术经济评价、对不同建设方案进行比较选择，以及对拟建项目的技术经济指标做出判断和决定的过程。

### 二、工程项目投资决策的原则

工程项目投资决策是对一个复杂的、多因素的投资系统进行逻辑分析和综合判断的过程。为保证投资决策成功，避免失误，在决策过程中，必须遵循下列原则。

#### （一）民主化决策原则

投资决策应避免单凭个人主观经验决策，而应广泛征求各方面的意见，在反复论证的基础上，由集体做出决策。民主决策是科学决策的前提和基础。

#### （二）科学化决策原则

投资决策要客观，要按科学的决策程序办事，要运用科学的决策方法。

为实现科学决策，应注意下列环节：

（1）确定投资目标；

（2）围绕预定目标拟订多个实施方案；

（3）在多个方案中进行比较选择；

（4）要预测方案实施过程中可能出现的变化并准备相应采取的应急措施，还要考虑到预定目标实现后的实际效果。

**（三）系统性决策原则**

系统性决策原则即要根据系统论的观点，全面考核与投资项目有关的各方面的信息。为此，要进行深入细致的调查研究，包括市场需求信息、生产供给信息、技术信息、政策信息、自然资源与经济社会基础条件等，还要考虑相关建设和同步建设、项目建设对原有产业结构的影响，项目的产品在市场上的竞争能力与发展潜力。

**（四）效益决策原则**

效益决策原则即要讲求项目总体效益最优、微观效益与宏观效益统一、近期效益与远期效益统一。

## 三、工程项目投资决策的程序

工程项目投资决策程序是指投资项目在决策过程中应遵循的客观规律与先后顺序。科学的决策必须建立在符合客观规律的决策程序的基础上，才能避免主观性和盲目性。工程项目投资决策一般要按下列程序进行。

**（一）调查研究，选择投资机会，确定投资目标**

决策的目的是研究如何行动才能达到预定的目标。因此，决策的首要任务就是确定一个正确的投资目标。目标从哪里来？这要靠在正确的经营思想指导下，通过周密的市场调查，掌握可靠的市场信息，寻找投资的机会，在此基础上确定投资目标。在确定投资目标时，应力求具体、明确，以便执行。

**（二）拟订可供选择的投资方案**

工程项目投资决策时，要研究投资目标和分析实现目标的环境条件，特别是其中的约束条件，这两者是不可分离的，要根据选定的目标和约束条件，拟订多个可行的备选方案，供比较选择。

**（三）评价优选方案**

工程项目投资决策要对各个备选方案进行技术、经济、社会等方面的分析、比较、评价，从中选出最佳方案。由于人们掌握信息的不完整性、知识的不完备性，不可能列出全部可行方案，因此，从有限的备选方案中选出的最佳方案，也只是一个最让人满意的方案，而不一定是最佳方案。

（四）选定方案进行决策

决策者根据自己的投资目标和价值观，选择自己最满意的方案，然后进行投资。

改革开放以来，我国借鉴世界银行和西方国家项目投资决策的成功经验，结合我国的实际情况，制定了一套适合我国国情的投资决策程序和审批制度，目的是减少和避免投资决策的失误，提高投资效果。

按照国家的有关规定，大中型基本建设项目投资前期的研究决策程序如下：投资机会研究与项目初选→编制并上报项目建议书，经批准立项→进行可行性研究，提交可行性研究报告→编制并上报设计任务书→项目评估和决策。

## 第二节　工程项目的可行性研究

按照批准的项目建议书，项目承办单位应委托有资格的设计机构或工程咨询单位，按照国家的有关规定进行项目的可行性研究。

### 一、可行性研究的含义

可行性研究（feasibility study，FS）是一种包括机会研究、初步可行性研究和可行性研究三个阶段的系统的投资决策分析研究方法，是项目投资决策前，对拟建项目的各个方面（工程、技术、经济、财务、生产、销售、环境、法律等）进行全面的、综合的调查研究，从技术的先进性、生产的可行性、建设的可能性、经济的合理性等方面出发，对备选方案进行比较评价，从中选出最佳方案的研究方法。

可行性研究要回答的问题有：为什么要进行这个项目？项目的建设条件是否具备？项目的产品或劳务市场的前景如何？项目的规模多大？项目厂址选在何处？项目所需要的各种原材料、燃料及动力供应条件怎样？项目采用的设备和工艺技术是否先进可靠？项目的筹资方式、融资渠道、盈利水平及风险程度如何？等等。在项目投资管理中，可行性研究是指在项目投资决策之前，调查、研究与拟建项目有关的自然、社会、经济和技术等资料，分析、比较可能的投资建设方案，预测、评价项目建成后的社会、经济效益，并在此基础上综合论证项目投资建设的必要性、财务上的盈利性、经济上的合理性、技术上的先进性和适用性，以及建设条件上的可能性和可行性，从而为投资决策提供科学依据的工作。可行性研究是项目决策的基础和依据，是科学地进行工程项目建设、提高经济效益的重要手段。

## 二、可行性研究的阶段划分

西方国家的可行性研究工作开展较早（1962 年），20 世纪 60 年代后，可行性研究发展成为投资决策前的一项必做工作。根据可行性研究深度的不同，可行性研究可分为机会研究、初步可行性研究和可行性研究三个阶段。

### （一）机会研究（opportunity study）阶段

机会研究是可行性研究的初始阶段，研究的主要目的是寻找投资机会。

### （二）初步可行性研究（pre–feasibility study）阶段

初步可行性研究的主要目的在于判断机会研究提出的投资方向是否正确，要解决的主要问题是：项目是否有前景；是否需要进行详细的可行性研究；有哪些关键性问题需要做辅助研究（如市场需求调查、关键新技术的试验、中间试验等）。

对工程项目来说，初步可行性研究所需的资料包括：初步的厂址选择；简单的生产工艺流程图；初步设备一览表；建筑物、构筑物的大致尺寸和形式；公用工程估计需要量；工程项目布置轮廓图等。

初步可行性研究虽然比机会研究在内容的深度和广度上进了一步，但仍不能满足项目决策的要求。另外，对决定项目取舍的关键问题可进行专题研究或辅助研究。专题研究和辅助研究既可与初步可行性研究同步进行，又可分开进行。

改建、扩建、技术改造等项目可直接进行初步可行性研究，而不做机会研究。初步可行性研究所提供的投资估算和成本费用测算结果，允许误差在 ± 20% 之内。

### （三）可行性研究（feasibility study）阶段

这是工程项目投资决策的关键阶段，该阶段要对工程项目进行技术经济综合分析，并对各方案进行比较，为工程项目建设提供技术、生产、经济、商业等方面的依据。可行性研究后，要得出明确的结论：可以推荐一个最佳方案，也可以列出几个供选择的方案，指出其利弊，由决策者决定，当然也可以得出“不可行”的结论。

在可行性研究阶段，除工艺技术已成熟的项目可以利用已建成类似项目的数据之外，一般要结合具体方案做详细的调研，收集有关的具体数据，因为它要求对拟建项目的投资和成本费用进行估算，精确度达到 ± 10% 以内。

综上所述，机会研究和初步可行性研究是为解决是否下决心进行工程项目建设提供科学依据，而可行性研究则是为如何进行工程项目建设提供科学依据。一般说来，要决定一个大中型项目，先要做机会研究，若有“可行”的结论，方可再做初步可行性研究。但是，这一程序并不是绝对的，主要看有关工程项目建设诸问题明朗的程度，对其把握性如何。如果把握性很大，那就可以越过机会研究和初步可行性研究阶段，直接进行可行性研究。

## 三、可行性研究的作用

可行性研究是确定建设项目之前具有决定性意义的工作。它一方面要充分研究建设条件，提出建设的可能性，另一方面要进行经济分析评价，提出建设的合理性。可行性研究的作用主要表现在以下几个方面。

### （一）为项目投资决策提供依据

一个项目的成功与否及效益如何，会受到社会、自然、经济、技术诸多不确定因素的影响，而项目的可行性研究有助于分析和认识这些因素，并依据分析论证的结果提出可靠或合理的建议，从而为项目的决策提供强有力的依据。

### （二）为项目设计、实施提供依据

可行性研究报告将对项目的建设方案、建设规模、厂址、工艺流程、主要设备和总图布置等做较为详细的说明。项目的可行性研究得到审批后，即可作为项目编制的依据。

只有经过项目可行性研究论证，被确定为技术可行、经济合理、效益显著、建设与生产条件具备的投资项目，项目单位才被允许着手组织落实各项投资项目的实施条件，为投资项目顺利实施做出保证。项目的可行性研究是项目实施的主要依据。

### （三）为项目向银行等金融机构申请贷款、筹集资金提供依据

银行是否给一个项目贷款融资，其依据是这个项目是否能按期足额归还贷款本息。银行只有在对贷款项目的可行性研究进行全面细致的分析评价之后，才能确认是否给予贷款。例如，世界银行等国际金融组织都以项目的可行性研究报告为项目申请贷款的先决条件。

### （四）为项目进行后评价提供依据

要对投资项目进行投资建设活动全过程的事后评价，就必须以项目的可行性研究作为参照物，并以其作为项目后评价的对照标准。项目可行性研究中有关效益分析的指标，无疑是项目后评价的重要依据。

### （五）为项目相关合同、协议的签订提供依据

项目的可行性研究是项目投资者与其他单位进行谈判，签订承包合同、设备订货合同、原材料供应合同、销售合同及技术引进合同等的重要依据。

### （六）为项目组织管理、机构设置、劳动定员提供依据

在项目的可行性研究报告中，一般须对项目组织机构的设置、项目的组织管理、劳动定员的配备方案及其培训、工程技术、管理人员的素质和数量要求等做出明确的说明，故项目的可行性研究可作为项目组织管理、机构设置及劳动定员的依据。

## 四、可行性研究的内容

项目可行性研究主要解决以下四个问题：一是项目建设的必要性；二是研究项目的技术方案及其可行性；三是研究项目生产建设的条件；四是进行财务和经济评价，解决项目建设的经济合理性。因此，可行性研究主要研究下列问题：市场研究与需求分析；产品方案与建设规模；建厂条件与厂址选择；工艺技术方案设计与分析；项目的环境保护与劳动安全；项目实施进度安排；投资估算与资金筹措；财务效益和社会效益评估等。

不同的项目，其具体研究内容不同。现分别介绍具有代表性的联合国工业发展组织（UNIDO）《工业可行性研究编制手册》规定的工业项目可行性研究报告的内容和原国家计委《关于建设项目进行可行性研究的试行管理办法》规定的工业可行性研究报告的内容。

### （一）联合国工业发展组织（UNIDO）《工业可行性研究手册》规定的工业项目可行性研究报告的内容

#### 1. 实施要点

实施要点即对各章节的所有主要研究成果的扼要叙述。

#### 2. 项目背景和历史

（1）项目的主持者。

（2）项目历史。

（3）已完成的研究和调查的费用。

#### 3. 市场和工厂的生产能力

（1）需求和市场

①对项目所涉及市场的现有规模和产品生产能力的估计，以往的增长情况的总结，今后增长情况的估计，当地的工业分布情况，其主要问题和前景产品的一般质量。

②以往进口及今后的趋势、数量和价格。

③该项目所涉及的行业在国民经济建设中的作用，与该行业有关的或为其指定的优先顺序和指标。

④目前需求的大致规模，过去需求的增长情况，主要决定因素和指标。

（2）销售预测和经销情况

①从现有的、潜在的角度，分析当地和国外生产者与供应者对该项目的竞争状况。

②市场的当地化。

③销售计划。

④产品和副产品年销售收益估计。

⑤推销和经销的年费用估计。

（3）生产计划

①产品。

②副产品。

③废弃物（废弃物处理的年费用估计）。

（4）工厂生产能力的确定

①可行的正常工厂生产能力。

②销售、工厂生产能力和原材料投入之间的数量关系。

（5）资源、原材料、燃料与公用设施条件

在建设工程中，要对投入品的大致需要量、现有的和潜在的供应情况，以及对当地和国外的原材料投入的费用做粗略估计。投入品主要包括以下方面。

①原料。

②经过加工的工业材料。

③部件。

④辅助材料。

⑤工厂用物资。

⑥公用设施，特别是电力设施。

（6）厂址选择

对厂址进行多方案的技术经济分析和比较，提出选择意见。厂址选择也包括对土地费用的估计。

（7）项目设计

①项目范围的初步确定。

②技术和设备。技术和设备包括依生产能力大小所能采用的技术和流程、当地和外国技术费用的粗略估计、拟用设备的粗略布置，以及按上述分类的设备投资费用的粗略估计。

③土建工程。土建工程的粗略布置、建筑物的安排、所要用的建筑材料的简略描述，包括场地整理和开发、建筑物和特殊的土建工程、户外工程，以及上述分类中的土建工程投资费用的粗略估算。

（8）工厂机构管理费用

①机构设置。机构设置包括生产、销售、行政、管理等机构的设置。

②管理费用估计。管理费用包括工厂管理的、行政管理的、财政等的费用。

（9）人力

①人力需要的估计，细分为工人和职员，又可分为各种主要技术类别。

②各类人力的每年所需费用的估计，包括关于工资和薪金的管理费用。

（10）制订实施时间安排及费用

①大致的实施时间表。

②根据实施计划估计的实施费用。

（11）财务和经济估价

①总投资费用。总投资费用包括周转资金需要量的粗略估计、固定资产的估计、总投资费用。

②项目筹资。项目筹资包括预计的资本结构及预计需筹集的资金、利息。

③生产成本。生产成本是按固定和可变成本分类的各项生产成本的概括。

④财务评价（在上述估计值的基础上做出）。财务评价包括清偿期限、简单收益率、收支平衡点、内部收益率等。

⑤国民经济评价。国民经济评价包括：初步测试，包括项目换汇率和有效保护；利用估计的加权数和影子价格（外汇、劳力、资本）进行大致的成本利润分配；经济方面的工业多样化；创造就业机会的效果估计；外汇储备估计。

### （二）原国家计委《关于建设项目进行可行性研究的试行管理办法》规定的工业项目可行性研究报告的内容

#### 1. 总论

总论分为项目提出的背景和依据、投资者概况、项目概况、可行性研究报告编制依据和可行性研究内容四大部分。

（1）项目提出的背景和依据

项目提出的背景是指项目是在什么背景下提出的，包括宏观和微观两个方面，也就是项目实施的目的。

项目提出的依据是指项目是依据哪些文件成立的，一般包括项目建议书的批复、选址意见书及其他有关各级政府、政府各职能部门、投资者的批复文件和协议（或意向）等。

（2）投资者概况

投资者概况包括投资者的名称、法定地址、法定代表人、注册资本、资产和负债情况、经营范围和经营概况（近几年的收入、成本、利税等）、建设和管理拟建项目的经验等，用以考察投资者是否具备实施拟建项目的经济、技术实力。

（3）项目概况

项目概况包括项目的名称、性质、地址、法人代表、占地面积、建筑面积、覆盖率、容积率、建设内容、投资和收益情况等，以使有关部门和人员对拟建项目有充分的了解。

（4）可行性研究报告编制依据和可行性研究内容

可行性研究报告的编制依据一般包括有关部门颁布的关于可行性研究的内容和方法的规定、条例；关于技术标准和投资估算方法的规定；投资者已经进行的前期工作和办理的各种手续；市场调查研究资料；其他有关信息资料等。

可行性研究的内容一般包括市场、资源、技术、经济和社会等五大方面，具体地讲，包括项目建设必要性分析、市场产品研究、生产规模的确定、建设条件分析、技术条件分析、财务数据估算、财务效益分析、不确定性分析、社会效益评价、国民经济效益评价、结论与建议等。

**2. 项目建设必要性分析**

项目建设必要性分析从两方面进行，即宏观必要性分析和微观必要性分析。宏观必要性分析包括项目建设是否符合国民经济平衡发展和结构调整的需要；项目建设是否符合国家的产业政策。微观必要性分析包括项目产品是否符合市场的要求；项目建设是否符合地区或部门的发展规划；项目建设是否符合企业战略发展的要求，能否给企业带来效益。

**3. 产品市场分析与结论**

市场分析是指对项目产品供求关系的分析。通过科学的方法预测项目产品在一定时期的供给量和需求量，并对其进行定量分析和定性分析，最后得出结论，即项目产品是否有市场。

4. 生产规模的确定

首先分析决定拟建项目生产规模的因素，然后依据这些因素，用科学的方法确定项目的生产规模，并分析拟建项目的规模经济性。

5. 建设条件分析与结论

项目的建设条件主要有物质资源条件，即自然资源条件、原材料和动力条件；交通运输条件，主要指厂外的交通运输、工程地质和水文地质条件、厂址条件和环境保护条件等。建设条件分析主要是分析资源条件的可靠性，原材料供应的稳定性，燃料、动力供应和交通运输条件的保证性，厂址选择的合理性和环境保护的可行性。

结论是对建设条件总的评论，即：资源是否分配合理，是否得到充分和有效的利用；原材料来源渠道是否畅通，供应是否及时和稳定，价格是否基本合理；燃料和动力是否有保证，是否可以节约使用；交通是否便利，同步建设投资是否落实；厂址的选择是否有利于生产、销售，方便员工生活；“三废”治理有无相应的措施，能否满足有关部门的要求；工程地质和水文地质的资料是否可靠；等等。

6. 技术条件分析与结论

技术条件包括拟建项目所使用的技术、工艺和设备条件。技术分析包括技术的来源、水平；工艺分析包括工艺过程、工艺的可行性和可靠性；设备分析包括设备的询价、先进程度和可靠性。技术条件分析的结论是所用技术是否先进、适用、成熟，有无必要从国外引进；工艺是否科学合理，有无改进的可能；设备是否先进、可靠，是国内制造还是从国外引进。

7. 财务数据估算

财务数据是财务效益分析和国民经济效益分析的原始数据，是指在现行财税制度下，用现行价格计算的投资成本、产品成本费用、销售收入、销售税金及附加、利润及利润分配等。投资成本估算包括投资估算与资金筹措方案等；产品成本费用估算包括产品的生产成本和期间费用的估算；销售收入和销售税金及附加估算包括项目产品的销售收入、增值税、消费税、营业税、城建税、资源税和教育费附加的估算；利润及利润分配估算的内容包括所得税的计算及税后利润的分配比例和顺序安排等。

8. 财务效益分析

财务效益分析就是根据财务数据估算的资料，编制一系列表格，计算一系列技术经济指标，对拟建项目的财务效益进行分析和评价。评价指标有反映项目盈利能力和清偿能力的指标。反映项目盈利能力的指标包括动态指标和静态指标：动态指标包括财务内部收益率、财务净现值、动态投资回收期等；静态指标包括投资回收期（静态）、投资利润率、投资利税率、资本金利润率和资本金净利润率等。反映项目清偿能力的指标包括借款偿还期和“财务三率”，即资产负债率、流动比率和速动比率。

在进行财务效益分析时，可以对上述指标进行选择，可以计算出全部指标，也可以选择部分指标，但一般情况下，应包括财务内部收益率、投资回收期、借款偿还期（如果有建设投资借款的话）等指标，如果是出口或替代进口的拟建项目，财务效益分析还要求进行外汇效果分析，即计算财务外汇净现值、节汇成本或换汇成本等指标，用以反映项目的财务外汇效益。在财务效益分析中，计算出的评价指标要与有关标准或规定，或历史数据、经验数据等进行比较，以判断项目的盈利能力和清偿能力，从财务角度确定项目的可行性。

**9. 不确定性分析**

不确定性分析用来判断拟建项目风险的大小，或者用来考察拟建项目的抗风险能力。进行可行性研究，一般可进行盈亏平衡分析和敏感性分析，有时根据实际情况也会用概率分析方法。盈亏平衡分析是一种静态分析方法，主要是通过计算盈亏平衡时的产量和生产能力利用率来考察拟建项目适应市场变化的能力和抗风险能力；敏感性分析是通过对拟建项目经济效益影响比较大的因素（如产品价格、经营成本、建设投资、建设周期等）的变化给评价指标所带来的变化的分析，考察哪些因素对拟建项目经济效益影响最大。

**10. 社会效益分析**

社会效益分析是比国民经济效益分析更进一步的分析。它不但考虑经济增长因素，还考虑收入公平分配因素，它是站在整个社会的角度分析、评价投资项目对实现社会目标的贡献。

社会效益分析的关键是价格调整，即把效率影子价格调整为社会影子价格。社会影子价格 = 效率影子价格 + 收入分配影响，社会影子价格确定的关键又是分配权数的估算。分配权数包括积累和消费分配权数、地区之间的分配权数。另外，社会效益分析还要在社会折现率的基础上确定计算利率作为折现率。社会效益分析所用指标是社会内部收益率和社会净现值。

一般的拟建项目不要求进行社会效益分析，只是那些对社会公平分配影响很大的大型投资项目才要求进行社会效益分析。

### 11. 国民经济效益分析

国民经济效益分析是站在国民经济整体角度来考察和分析拟建项目的可行性。一般来说，凡是影响国民经济宏观布局、产业政策实施，或生产有关国计民生的产品的大中型投资项目，都要求进行国民经济效益分析。

国民经济效益分析的关键有两点：一是外部效果（外部效益、外部费用，也叫间接效益、间接费用）的鉴别和度量；二是对不合理的产物和投入物的现行价格进行调整，调整成影子价格。

### 12. 结论与建议

结论与建议由两部分组成：一是指出拟建项目是否可行或选定投资方案的结论性意见；二是问题和建议，主要是在前述分析、评价的基础上，针对项目遇到的问题，提出一些建设性意见和建议。如果这些问题不予以解决，项目是不可行的。拟建项目的问题可分为两大类：一类是在实施过程中无法解决的；另一类是在实施过程中通过努力可以解决的。这里讲的问题是指后一类，建议也是针对后一类问题提出的。

项目的问题和建议包括政策与体制方面。拟建项目的资源、经济等方面的分析和评价都与一定时期的政策和体制有关，如资源开发、投资、价格、税收等无不受制于国家的矿产资源开采政策、投资政策、价格政策和税务政策；项目产品的销售、物料投入的来源、厂址选择等无不受制于国家的经济管理体制。如果这些政策是灵活的、可以变通的，体制是可以改革的，可行性研究人员可在问题和建议中提出影响项目可行性的、政策与体制方面的冲突，并提出合理的改进意见。

项目的问题和建议还包括项目本身的问题和解决措施，如销售渠道的选择、资金的筹措、出口比例的确定、贷款的偿还方式等。

## 五、可行性研究的基本要求

可行性研究作为项目的一个重要阶段，不但能起到细化项目目标和承上启下的作用，而且其研究报告是项目决策的重要依据。只有可行性研究是正确且符合实际的，才可能做出正确的决策。它的要求包括以下方面。

可行性研究应详细、全面，将定性分析和定量分析相结合，用数据说话，多用图表表示分析依据和结果。人们常用的方法包括数学方法、运筹学方法、经济统计和技术经济分析方法等。

大量调查研究以第一手资料为依据，应客观地反映、分析问题，而不应带任何主观观点和其他意图。可行性研究的科学性常常是由调查的深度和广度决定的。项目的可行性研究应从市场、法律、经济、技术的角度来论证项目是否可行，而不应是只论证可行，或已决定上马该项目了，再找一些依据来证明决定的正确性。

无论是项目的构思，还是市场战略、产品方案、项目规模、技术措施、厂址的选择、时间安排、筹资方案等，都要进行多方案比较，应大胆地设想各种方案，进行精心的研究论证，按照既定目标对备选方案进行评估，以选择经济、合理的方案。通常来说，工程项目所采用的技术方案应是先进的，同时应是成熟且可行的；而研究开发项目则追求技术的新颖性与技术方案的创造性。

在可行性研究中，许多考虑是基于对将来情况的预测，而预测结果中包含着很大的不确定性。例如，项目的产品市场，项目的环境件，参加者的技术、经济、财务等各方面都可能有风险，所以要加强风险分析。

可行性研究的结果作为项目的一个中间研究和决策文件，在项目立项后应作为设计和计划的依据，在项目后评价中又是项目实施成果评价的依据。可行性研究报告经上级部门审查、评价和批准后，项目即可立项。这是项目生命期中最关键的一步。

## 六、可行性研究应遵循的原则

承担可行性研究的单位在可行性研究中应遵循以下原则。

### （一）科学性原则

科学性原则要求按客观规律办事，这是可行性研究工作必须遵循的基本原则，具体应做好以下方面的工作。

（1）用科学的方法和认真负责的态度来收集、分析和鉴别原始的数据与资料，以确保数据、资料的真实性和可靠性。

（2）每一项技术与经济指标都要有科学依据，都是经过认真分析计算得出的。

（3）可行性研究报告和结论不能掺杂任何主观成分。

### （二）客观性原则

客观性原则要求坚持从实际出发，实事求是。可行性研究要根据项目的要求和具体条件进行分析与论证，以得出可行或不可行的结论。

### （三）公正性原则

公正性原则要求在可行性研究工作中排除各种干扰，尊重事实，不弄虚作假，这样才能使可行性研究正确、公正，为项目投资决策提供可靠的依据。

目前，在可行性研究工作中确实存在不按科学规律办事，不尊重客观实际，为得到主管部门批准而任意编造数据，夸大有利条件，回避困难因素，故意提高效益指标等不良行为。虚假的可行性研究报告既危害国家，也损害投资者自己，是不可取的。项目建设单位应做好下列工作。

（1）提供准确真实的资料数据。例如，拟建地区的环境资料，企业投资的真实目的与要求，原单位的生产、工艺和技术资料等。

（2）委托有资格的机构进行可行性研究，并签订有关合同，明确研究的具体内容，如建设的意图、进度与质量要求、主要的技术、经济指标等。

（3）进行监督。合同签订后，建设单位应对可行性研究的进度、研究的质量不断地进行监督和检查。

## 七、可行性研究的机构

### （一）承担可行性研究工作的单位

承担可行性研究工作的单位必须是具有法人资格的咨询单位或设计单位，同时必须具备以下两个条件。

（1）承担可行性研究的单位必须经过国家有关机关的资质审定，取得承担可行性研究的资格。

（2）承担可行性研究工作的单位必须对可行性研究报告的质量负责。

未经资质审定确认的单位或个人不得承担可行性研究工作，如果有多个单位共同完成一项可行性研究工作，必须由一个单位负总责。

### （二）承担可行性研究的单位应遵循的基本原则

可行性研究工作在建设过程中和国民经济计划中有着极其重要的作用，这就要求承担这一工作的单位和个人以高度负责与严肃认真的态度对待工作，竭尽全力，确保工作质量和可行性研究报告的质量，确保每一个项目的提出和决策都能有充分的依据，保证不带有主观随意性或不受外力干扰。为此，可行性研究工作应严格遵循以下三个原则。

#### 1. 客观性原则

客观性原则就是要坚持从实际出发、实事求是。建设项目的可行性研究，要根据建设的要求与具体条件进行分析和论证，从而得出项目可行或不可行的结论。

（1）首先要求承担可行性研究的单位正确地认识各种建设条件。这些条件都是客观存在的，研究工作要排除主观臆想，要从实际出发。

（2）要实事求是地运用客观资料做出科学的决定和结论。

2. 科学性原则

这一原则要求按客观规律办事，这是可行性研究工作必须遵循的基本原则。遵循这一原则，要做到以下几点。

（1）要用科学的方法和认真的态度来收集、分析、鉴别原始的数据与资料，确保它们的真实性和可靠性。真实可靠的数据和资料是可行性研究的基础与出发点。

（2）每项技术与经济的决定都要有科学的依据，都是经过认真的分析、计算而得出的。

（3）可行性研究报告和结论必须是分析研究过程的合乎逻辑的结果，不掺杂任何主观成分。

3. 公正性原则

在建设项目可行性研究的工作中，应该把国家和人民的利益放在首位，决不偏袒任何单位或个人，不为任何利益或压力所动。实际上，只要能够坚持科学性、客观性原则，不弄虚作假，就能够保证可行性研究工作的正确和公正，从而为项目的投资决策提供可靠的依据。

### 八、可行性研究的工作程序

我国建设项目的可行性研究一般要经历以下工作程序。

#### （一）项目的投资者提出项目建议书和初步可行性研究报告

项目投资者必须根据国家经济发展的长远规划、经济建设的方针和技术经济政策，结合资源情况、建设布局等，在详细调查研究、收集资料、勘察建设地点、初步分析投资效果的基础上，提出需要进行可行性研究的项目建议书和初步可行性研究报告。

#### （二）进行可行性研究工作或委托有关单位进行可行性研究工作

当项目建议书经审定批准后，项目的投资建设者即可自行进行或委托具有研究资格的设计、咨询单位进行可行性研究工作。

#### （三）承接单位进行可行性研究工作

承接单位在承接可行性研究工作任务后，应与项目投资者紧密合作，按以下步骤开展工作。

1. 组建研究小组，制订研究计划

要讨论研究的范围，明确研究的界限和项目投资者的目标。

**2. 进行调查研究，收集有关资料**

项目可行性研究的精确性和可靠性不是取决于人们的主观愿望，而是取决于研究人员所占有的反映客观实际状况的经济信息资料的多寡及其质量的高低。因此，开展项目可行性研究，首先必须进行广泛调查，搜集实际的经济信息资料，并加以整理、验证。

**3. 取得可行性研究的研究依据**

项目可行性研究必须以各种有效的文件、协议为依据。就一般项目来说，必须取得下列文件、协议。

（1）国家建设方针、产业政策，国民经济长远发展规划，地区规划，行业规划等。

（2）经国家正式审定的资源报告、国土开发整治规划、河流流域规划、路网规划、工业基地开发规划。

（3）可靠的自然、地理、气象、地质、基础设施、交通运输、经济发展等基础资料。这些资料是可行性研究、厂址选择、项目设计和技术经济评价必不可少的资料。

（4）有关"三废"治理和环境保护的文件。

（5）有关的工程技术方面的标准、规范、指标等。这些工程技术的标准、规范、指标等都是项目设计的基本依据。

（6）国家公布或各部门掌握的用于项目评价的有关参数、数据和指标。项目可行性研究在进行财务评价和国民经济评价时，需要一套参数、数据和指标，如行业基准投资收益率、行业基准投资回收期、社会折现率、货物影子价格、劳动力影子价格、贸易费用率、影子汇率等。这些参数一般由国家公布实行，如国家没有统一规定，可以各部门掌握的为准。

**4. 进行方案设计与优选**

设计多份可供选择的方案，以便有效地获得最佳方案。随后进行详细讨论，项目投资者要做出非计量因素方面的判定，并确定协议项目的最后形式。

**5. 进行经济分析和评价**

对选出的方案进行更详细的编制，确定具体的范围，估算投资费用、经营费用和收益等，并进行项目的经济分析和评价。可行性研究报告选择的项目在技术上必须是可行的，建设进度是能达到的。估计的投资费用应包括所有的合理的未预见费用（如包括实施中的涨价备用费）。经济和财务分析必须说明项目在经济上是可接受的，资金是能筹措到的。敏感性分析则用来论证成本、价格或进度等发生变化时，可能给项目的经济效益带来的影响。

6. 编制可行性研究报告

可行性研究报告的结构和内容常常因项目的不同而有不同的要求，这些要求和涉及的步骤有助于项目的实施。

### （四）可行性研究报告的预审与复审

编制和上报的可行性研究报告，按项目大小应在预审前 1 ～ 3 个月交预审主持单位。

### （五）可行性研究报告的审批

项目可行性研究的工作程序如图 2-1 所示。

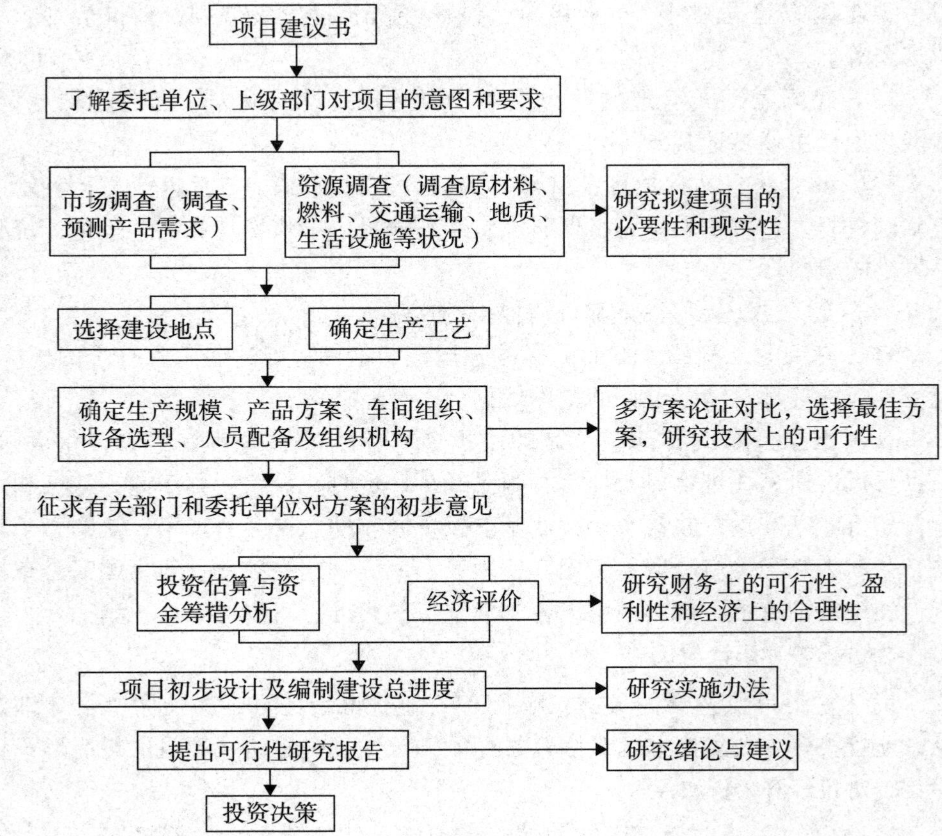

项目建议书
↓
了解委托单位、上级部门对项目的意图和要求
↓
市场调查（调查、预测产品需求） | 资源调查（调查原材料、燃料、交通运输、地质、生活设施等状况） → 研究拟建项目的必要性和现实性
↓
选择建设地点 | 确定生产工艺
↓
确定生产规模、产品方案、车间组织、设备选型、人员配备及组织机构 → 多方案论证对比，选择最佳方案，研究技术上的可行性
↓
征求有关部门和委托单位对方案的初步意见
↓
投资估算与资金筹措分析 | 经济评价 → 研究财务上的可行性、盈利性和经济上的合理性
↓
项目初步设计及编制建设总进度 → 研究实施办法
↓
提出可行性研究报告 → 研究绪论与建议
↓
投资决策

图 2-1　可行性研究的工作程序

# 第三节　工程项目的评估与决策

在可行性研究报告和设计任务书编制之后，项目的管理部门（中央、地方的计划部门）未做出决策之前，应由国家各级计划决策部门组织或委托有资格的工程咨询机构、贷款银行对可行性研究报告或设计任务书的可靠性、真实性进行评估，并提出项目评估报告。项目评估报告是审批项目设计任务书的依据。

项目管理部门按上述程序完成各项研究工作之后，计划决策部门再对可行性研究报告、设计任务书和项目评估报告做进一步审查（核），如认为项目可行，即批准该项目。设计任务书一经批准下达，项目即正式立项，至于项目何时纳入年度计划，何时动工实施，则由计划部门综合平衡之后确定。

## 一、项目评估的概念及评估的意义

项目评估是投资前期对工程项目进行的最后一项研究工作，也是建设项目必不可少的程序之一。项目评估由项目的审批部门委托专门评估机构及贷款银行，从全局出发，根据国民经济的发展规划，国家的有关政策、法律，对可行性研究报告或设计任务书提出的投资项目方案，就项目建设的必要性，技术、财务、经济的可行性等，进行多目标综合分析论证，对可行性研究报告或设计任务书所提供材料的可靠性、真实性进行全面审核，最后提出项目“可行”或“不可行”或“重新研究”的评估报告。

项目评估有十分重要的意义。首先，项目评估是项目决策的重要依据。项目评估虽然以可行性研究为基础，但由于立足点不同，考虑问题的角度不一致，项目评估往往可以弥补可行性研究不足或纠正其错误。其次，项目评估是干预工程项目招标投标的手段。通过项目评估，有关部门可以掌握项目的投资估算、筹资方式、贷款偿还能力、建设工期等重要数据，这些数据正是干预项目招标投标的依据。最后，项目评估是防范信贷风险的重要手段。我国工程建设项目的资金来源除预算拨款（公益性项目、基础设施项目）、项目业主自筹资金之外，大部分为银行贷款。因此，项目评估对银行防范信贷风险具有极为重要的意义。

根据项目评估的需要，项目评估分为项目主管部门评估、银行评估，另外，环保部门、劳动部门和消防安全部门等应对可行性研究的有关内容进行评估。不同部门评估的角度、立足点不同，其评估的侧重点也不一致。

### （一）贷款银行评估

根据国家现行规定，项目的贷款银行必须参与项目评估，非贷款银行的评估不能代替。参照世界银行的办法，一般从以下几个方面进行。

（1）审查项目在执行过程中是否有足够的资金保证。这就是说，贷款银行应评估除银行贷款外，国家规定的项目资本金来源是否已经落实，否则不予贷款。

（2）贷款银行应对项目是否有偿还本息及一切债务的能力做出评估。这项工作通过审核编制的预测资产负债表、损益表和现金流量表来进行。

（3）贷款银行应对项目的经济效益和投资回收年限做出评估。例如，农田灌溉项目需要审查项目是否可以从受益者那里收回项目投资及经营费用，若收费标准定得太低，就会影响项目的投资收益。

### （二）审批部门评估

通常意义的建设项目评估，指的是项目审批单位在审批项目之前，对拟建设目的可行性研究所做的再分析、再评价。按照有关规定，大中型项目由国家发改委委托中国国际工程咨询公司对项目的可行性研究报告进行评估。评估机构应根据国家有关规定，对可行性研究报告编制的依据，基本的原始数据资料，分析计算方法的真实性、可靠性和科学性进行审查，在分析审查的基础上提出评估报告。

在我国现行投资管理体制下，多数承担可行性研究的机构隶属于项目的主管部门，再加上其他因素的影响，可行性研究报告难免有一定的局限性。项目评估可以避免受主管部门和建设单位的影响，提高评估的客观性。

### （三）环境保护部门评估

按国家现行规定，那些对环境影响较大的建设项目，如排放大量污染物、废渣、废气、废水的基本建设项目，技术改造项目（如造纸、冶金、电镀、化工、纺织等行业），大规模开垦荒地、围海围湖造田和采伐森林的建设项目，应由环境研究机构就拟建项目做出环境影响评估报告。对小型基建项目和技改项目，也需要填报环境影响评估报告。

国家规定，各级环保部门负责本地区建设项目的环境保护措施的审查，要对建设项目“三同时”（治理“三废”的工程与主体工程要同时设计、同时施工、同时验收投产）措施的执行进行监督、审查，要提出环境保护的各项要求和措施，如防止污染的工艺流程及其预期的治理效果，对资源开发引起的生态变化、环境绿化设计、环境监测手段、环境保护措施的投资进行监督、审查。

## 三、项目评估与可行性研究的关系

项目评估实际是对可行性研究的再研究和再论证，但不是简单的重复，两者有共同点，也有区别。

两者的共同点是：它们都是对投资项目进行技术经济论证，以说明项目建设是否必要，技术上是否可行，经济上是否合理，因此采用的分析方法和指标体系也相同。

两者的区别有以下五个方面：第一，编制单位不同，项目评估是项目的审批单位委托评估机构和银行进行评估，比较超脱；第二，编制时间不同，项目评估是在项目可行性研究报告之后、项目审批单位设计任务书批准之前进行的，而可行性研究是在项目建议书批准之后进行的；第三，立足点不同，可行性研究往往从部门、建设单位的角度考虑问题，而项目评估则站在国家和银行的角度考虑问题；第四，研究的侧重点不同，可行性研究侧重于项目技术的先进性和建设条件的论证，而项目评估则侧重于经济效益和项目的偿还能力；第五，作用不同，可行性研究主要是为项目决策提供依据，而项目评估不仅为项目决策服务，还为银行决定是否贷款提供依据。

项目评估是在可行性研究报告的基础上进行的，其主要任务是综合评价投资项目建设的必要性、可行性和合理性，并对拟建项目的可行性研究报告提出评价意见，最终决定项目投资是否可行并选择满意的投资方案。由于对基础资料的占有程度、研究深度及可靠性程度等要求不同，项目评估与可行性研究存在一些不同点。它们之间的关系见表 2–1 所列。

表2–1　项目可行性研究的阶段划分及内容深度比较

| 研究阶段 | 主要任务 | 研究所需时间 | 投资估算的精确度（%） | 研究费用占总投资的比例（%） |
|---|---|---|---|---|
| 机会研究 | 寻找投资机会，选择项目 | 1 ～ 3 月 | ±30 | 0.2 ～ 1 |
| 初步可行性研究 | 筛选项目方案，初步估算投资 | 3 ～ 5 月 | ±20 | 0.25 ～ 1.25 |
| 可行性研究 | 对项目方案做深入的技术、经济论证，提出结论性建议，确定项目投资的可行性 | 小项目 0.5 ～ 1 年，大项目 1 ～ 2 年 | ±10 | 1 ～ 3<br>0.8 ～ 1 |

续 表

| 研究阶段 | 主要任务 | 研究所需时间 | 投资估算的精确度（%） | 研究费用占总投资的比例（%） |
|---|---|---|---|---|
| 评估与决策 | 提出项目评估报告，为投资决策提供最后的决策依据，决定项目取舍，选择最佳投资方案 | — | — | — |

## 四、项目评估的内容

项目的评估机构应遵循客观公正、实事求是的原则，认真科学地进行项目审查和评估。审查是基础，在审查的基础上才能进行科学的评估。

### （一）对可行性研究报告的审查

审查分为一般审查和详细审查。评估机构和银行在收到项目的可行性研究报告之后，进行一般性审查和核实，以判断可行性研究报告的编写程序和内容是否符合要求，数据资料是否齐全，编写报告的经济、技术人员是否具备资格，可行性研究报告是否客观、科学、公正地反映了项目的真实情况。

详细审查包括以下六个方面：第一，应对编制可行性研究报告的单位进行审查。可行性研究报告一般由主管部门或建设单位委托的设计部门或工程咨询单位编制，通常应先对编制单位的资格进行审定，未经资格认定的单位，不能承担可行性研究报告的编写任务。国家重点建设项目的可行性研究报告要由省级以上的设计机构编制。第二，应审查编写人员的任职资格及其签字盖章是否真实。第三，要审查拟建项目是否为重复建设项目，其产品有无销路。第四，应审查技术水平是否可靠，拟建项目的原材料供应有无可靠来源。第五，应对环境保护措施进行审查，对那些污染严重、破坏生态平衡、危害人民身心健康又无有效治理措施的项目，可以不必继续评估；还要审查厂址的环境情况、项目施工和投产后正常生产时对环境的影响及“三废”治理措施。第六，要对项目的经济效益进行审查，一方面要对投资、产品成本、价格、利息等指标和计算公式的正确性进行检查，另一方面要审核项目的财务评价和国民经济评价是否正确。

### （二）对可行性研究报告的评估

银行项目评估的内容包括企业资信评价、建设的必要性评估、建设条件评估、技术评估、企业经济效益评估、国民经济效益评估、不确定性评估、对有关政策和管理体制的建议，以及总评估和后评估等。

# 第三章　工程项目投资与成本控制创新管理

工程项目投资与成本控制是项目管理中的一个非常重要的方法，其目的是按照经济规律的要求，利用科学的管理方法和手段，通过对影响工程项目建设目标的因素识别和建设环境分析，达到对工程项目投资与成本目标的控制。本章重点介绍工程项目建设投资与成本的控制原理、原则、方法、对策及措施。

## 第一节　工程项目投资控制概述

### 一、工程项目投资控制的概念

工程项目投资控制是工程项目管理的重要组成部分。工程项目投资的有效控制是指为了实现投资目标，将投资尽可能地控制在既定范围内而进行的一系列工作。具体来说，就是在项目决策阶段、设计阶段、承发包阶段和建设实施阶段，把投资的发生控制在批准的投资限额以内，随时纠正发生的偏差，以保证项目投资管理目标的实现，有效使用人力、物力和财力，取得较好的投资效益和社会效益。

### 二、工程项目投资的构成

工程项目投资是指投资主体为获得预期收益或者为满足业主的功能和使用要求，在选定的建设项目上投入所需全部资金的经济行为。工程项目投资是工程项目建设阶段所需全部费用的总和，包括固定资产投资和流动资产投资。

#### （一）世界银行关于项目费用构成的规定

1978 年，世界银行、国际咨询工程师联合会对项目费用的构成做了统一规定，如图 3-1 所示。

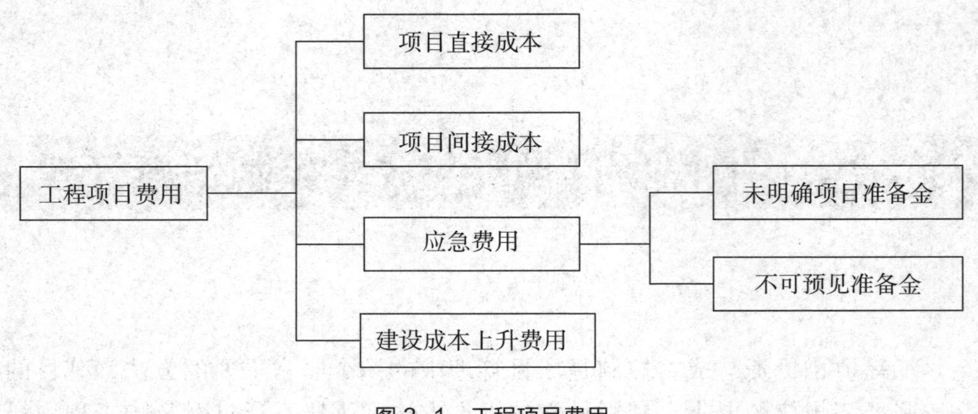


图 3-1　工程项目费用

1. 项目直接成本（direct cost）

项目直接成本包括土地征购费、特殊的场外设施费用、场地费用、工艺设备费、设备安装费、管道系统费、电气设备费、电气安装费、仪器仪表费、机械的绝缘和油漆费、工艺建筑费、服务性建筑费用、工厂普通公共设施费、车辆费及其他当地费用。

2. 项目间接成本（indirect cost）

项目间接成本包括项目管理费、开工试车费、业主的行政性费用、生产前费用（包括前期研究、勘测等）、运费和保险费、地方税等。

3. 应急费用（contingency cost）

应急费用包括未明确项目准备金和不可预见准备金。

未明确项目准备金用于在估算时不可能明确的潜在项目，包括那些在做费用估算时因为缺乏完整、准确和详细的资料而不能完全预见、注明的项目。

不可预见准备金为社会、经济变化时可能增加的费用估算。由于变化的发生具有不确定性，因此不可预见准备金不一定动用。它是一种储备金。

4. 建设成本上升费用

通常情况下，估算中使用的构成工资率、材料和设备价格基础的截止日期就是“估算日期”，因而必须对该日期或已知成本基础进行调整，以补偿直至工程结束时的未知价格增长。工程的主要组成部分的细目划分确定以后，就可确定每一个主要组成部分的增长率。这个增长率是根据已发布的国内和国际成本指数、公司记录为依据，并与实际供应商核对后判断确定的。根据确定的增长率和工程进度表中获得的每项活动的中点值，计算主要组成部分的成本上升值。

### （二）国内关于项目投资构成的规定

我国现行项目投资的构成如图 3–2 所示。

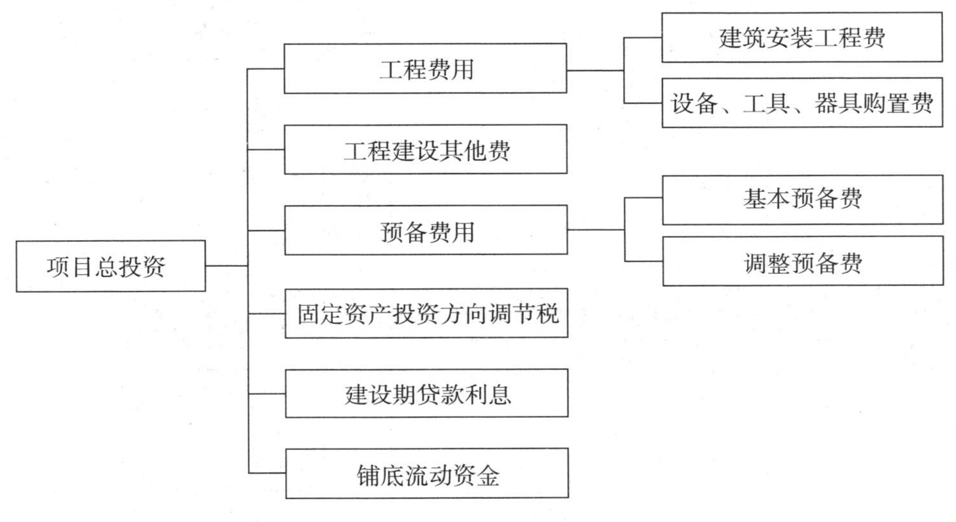


图 3–2　项目投资构成

**1. 工程费用**

工程费用包括建设安装工程费及设备、工具、器具购置费。

（1）建设安装工程费

建筑安装工程费是指用于建筑工程和安装工程的费用。建筑工程包括一般土建工程、采暖通风工程、电气照明工程、工业管道工程、特殊构筑物工程等。安装工程包括机械设备安装工程、电气设备安装工程、热力设备安装工程、化学工业设备安装工程等。建筑工程安装费用包括直接工程费、间接费、计划利润和税金。

（2）设备、工具、器具购置费

设备、工具、器具购置费是指为项目购买或自制达到固定资产标准的设备和新、扩建项目配置的首批工具、器具及生产家具，包括生产设备、辅助设备、“三废”治理设备、服务性设备等设备所需的费用。

**2. 工程建设其他费用**

工程建设其他费用是指从工程筹建起到工程竣工验收交付生产或使用的整个建设过程中，除建筑安装工程费用和设备、工具、器具购置费以外的，为保证工程建设顺利完成和交付使用后能够正常发挥效益或效能而发生的各项费用。工程建设其他费用内容较多，具体如图 3–3 所示。

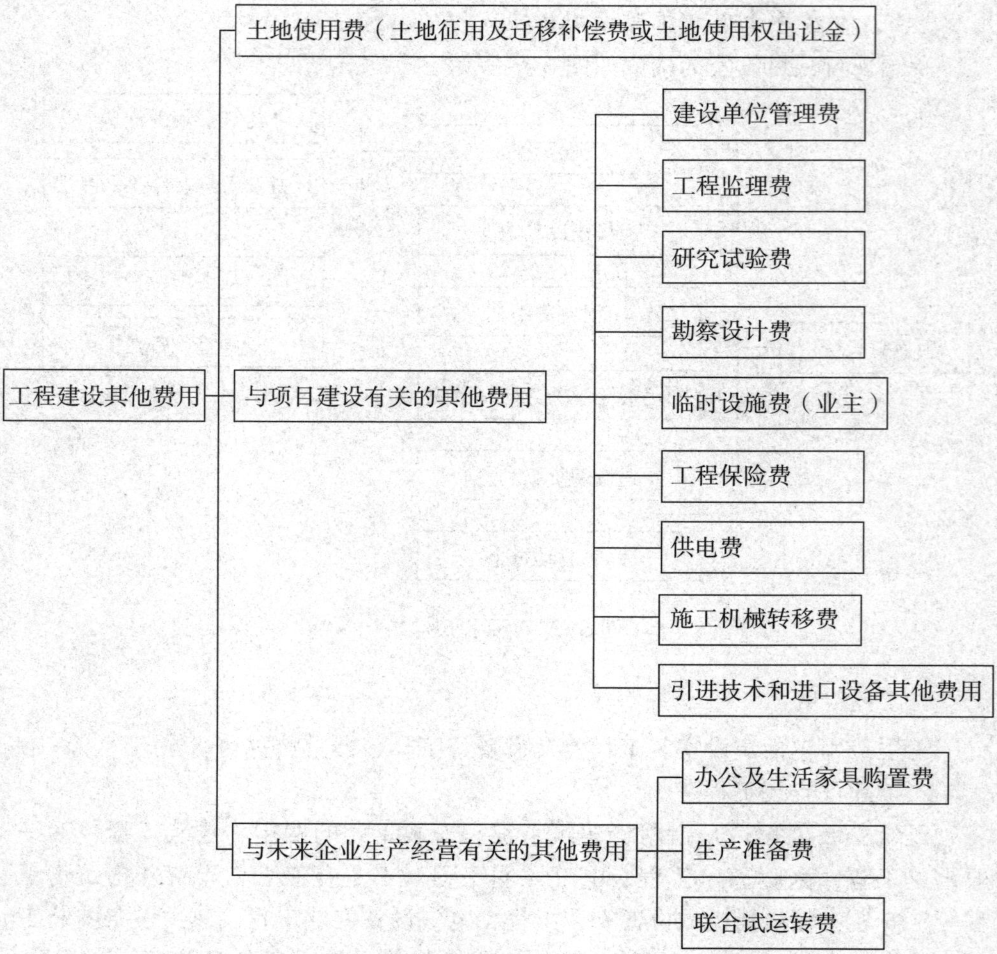

- 工程建设其他费用
  - 土地使用费（土地征用及迁移补偿费或土地使用权出让金）
  - 与项目建设有关的其他费用
    - 建设单位管理费
    - 工程监理费
    - 研究试验费
    - 勘察设计费
    - 临时设施费（业主）
    - 工程保险费
    - 供电费
    - 施工机械转移费
    - 引进技术和进口设备其他费用
  - 与未来企业生产经营有关的其他费用
    - 办公及生活家具购置费
    - 生产准备费
    - 联合试运转费

图 3-3　工程建设其他费的构成

### 3. 预备费

按我国现行规定，预备费包括基本预备费和调整预备费。

（1）基本预备费

基本预备费是指针对项目实施过程中可能发生、难以预料的支出而事先预留的费用，主要是指设计变更及施工过程中可能增加工程量的费用，具体包括以下内容。

①在批准的初步设计范围内，技术设计、施工图设计及施工过程中所增加的工程费用；设计变更、工程变更、材料代用、局部地基处理等增加的费用。

②一般自然灾害造成的损失和预防自然灾害所采取的措施费用。实行工程保险的工程项目费用应适当降低。

③竣工验收时，为鉴定工程质量，对隐蔽工程进行必要的挖掘及其修复的费用。

（2）调整预备费

调整预备费指项目在建设期内由于物价上涨、汇率变化等因素影响而需要增加的费用，包括人工、设备、材料、施工机械的价差费，建筑安装工程费及工程建设其他费用调整，利率、汇率调整等增加的费用。

**4. 固定资产投资方向调节税**

固定资产投资方向调节税是为了贯彻国家产业政策、控制投资规模、调整投资结构、加强重点建设、引导投资在地区和行业间的有效配置而开征的税收。需要说明的是，为扩大内需、鼓励投资，《中华人民共和国固定资产投资方向调节税暂行条例》① 规定，自 2000 年 1 月 1 日起新发生的投资额暂停征收固定资产投资方向调节税，但该税种目前并未取消。

**5. 建设期贷款利息**

建设期贷款利息是指投资项目在建设期间，固定资产投资借款的应计利息。建设期贷款利息应按借款要求和条件计算。国内银行借款按现行贷款利率计算，国外贷款利息按协议书或贷款意向书确定的利率，按复利计算。

**6. 铺底流动资金**

铺底流动资金是指项目建成后，在试运转阶段用以购买企业生产所需的原材料、燃料、动力等劳动对象，支付职工劳动报酬和其他费用的周转资金。

## 三、工程项目投资控制的原则

### （一）必须分阶段设置明确的投资控制目标

控制是为确保目标的实现，没有目标，控制也就失去了意义。目标的设置是很严肃的，并要有科学的依据。

工程项目建设过程是一个周期长、数量大的生产消费过程，建设者在一定时间内所拥有的知识、经验是有限的，不但常常受科学条件和技术条件的限制，而且受客观过程的发展及其表现程度的限制，因而在工程项目开始就设置一个科学的、一成不变的投资估算是很困难的。随着工程建设的实践、认识、

① 2012 年 11 月 9 日公布的《国务院关于修改和废止部分行政法规的决定》（国务院令第 628 号）废止了《中华人民共和国固定资产投资方向调节税暂行条例》。

再实践、再认识，投资控制目标一步步清晰、准确，从而形成设计概算、施工图预算、承包合同价等。也就是说，工程项目投资控制目标应是随着工程项目建设实践的不断深入而分阶段设置的。具体地说，投资估算应是设计方案选择和进行初步设计阶段的投资控制目标；设计概算应是进行技术设计和施工图设计阶段的投资控制目标；设计预算或建设安装工程承包合同价应是施工阶段控制建设安装工程投资的目标。有机联系的阶段目标相互制约、相互补充，前者控制后者，后者补充前者，共同组成项目投资控制的目标系统。

分阶段设置的投资控制目标既要有先进性，又要有实现的可能性，目标水平要能激发执行者的进取心和充分发挥他们的工作能力。

**（二）投资控制贯穿以设计阶段为重点的建设全过程**

项目投资控制贯穿项目建设全过程，这一点是毋庸置疑的，但是必须重点突出。如图 3-4 所示为不同建设阶段影响项目投资程度的坐标图。从该图可以看出，对项目投资影响最大的阶段是约占工程项目建设周期 1/4 的技术设计结束前的工作阶段。在初步设计阶段，影响项目投资的可能性为 75% ～ 95%；在技术设计阶段，影响项目投资的可能性为 35% ～ 75%；在施工图设计阶段，影响项目投资的可能性为 5% ～ 35%。很显然，项目投资控制的关键在于施工以前的投资决策和设计阶段，而在项目做出投资决策后，控制项目投资的关键就在于设计。要想有效控制工程项目投资，就要坚决把工作重点放在建设前期，尤其是抓住设计这个关键阶段。

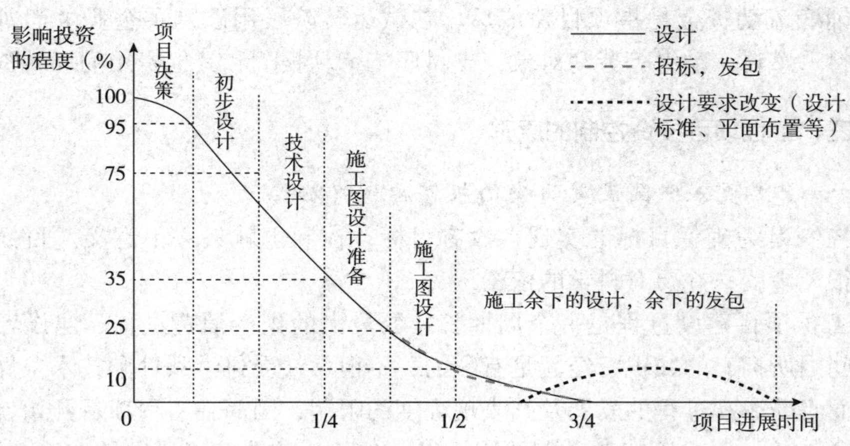


图 3-4　不同建设阶段影响项目投资程度的坐标图

### （三）采取主动控制，积极地影响投资决策

工程项目投资控制应主动采取措施，尽可能地缩小目标值与实际值的偏离。如果仅仅是机械地比较目标值与实际值，当实际值偏离目标值时，分析其产生偏差的原因，并确定下一步的对策，这种按部就班的被动控制虽然在建设中也有其存在的实际意义，但它不能使已产生的偏差消失，不能预防可能发生的偏差。所以，我们的项目投资控制应采取主动的、积极的控制方法，能动地去影响投资决策，影响设计、发包和施工。

### （四）遵循“最适合”原则，控制项目投资

传统的决策理论是建立在绝对逻辑基础上的一种封闭式决策模型，它把人看作具有“绝对理性的人”或“经济人”，在决策时，会本能地遵循最优化原则（即影响目标的各种因素的最有利的值）来选择方案。而由美国经济学家西蒙首创的现代决策理论的核心是“最适合”准则。他认为，在现实世界里，要采取客观的合理举动，哪怕接近客观合理性，是很困难的。因此，对决策人来说，最优化决策可能性很小，应该用“最适合”这个词来代替“最优化”。由工程项目的三大目标（工期、质量、投资）组成的目标系统，是一个相互制约、相互影响的统一体，其中任何一个目标的变化，势必会引起另外两个目标的变化，并受它们的影响和制约。项目建设一般不可能同时最优，即不能同时做到投资最省、工期最短、质量最高。为此，在工程项目建设中，有关人员应根据业主要求、建设的客观条件进行综合研究，确定一套切合实际的衡量准则，只要投资控制的方案符合这套衡量准则，取得令人满意的结果，投资控制就算达到预期目标。

### （五）技术与经济相结合是控制项目投资的有效手段

技术与经济的脱节，工程技术人员与财会、概算人员单纯从各自的角度出发，对工程进展中的各种关系处理不当，是难以有效地控制项目投资的原因。因此，在工程项目建设过程中，要把技术与经济有机结合，通过技术比较、经济分析和效果评价等，正确处理技术先进与经济合理之间的对立统一关系，力求在技术先进条件下的经济合理，在经济合理基础上的技术先进，以提高项目投资效益为目的，把控制项目投资观念渗透到专项设计和施工技术措施之中。

## 四、工程项目投资控制的特点

工程项目的投资控制是针对工程项目全过程的投资控制，是在满足项目质量、进度要求的基础上进行的投资控制，也是在满足业主对项目使用功能要

求基础上，使所需费用最省而进行的投资控制，其特点如下。

（一）动态性

工程项目的生产周期长、投资量大，生产过程总是处于不断变化的环境中，存在各种各样的干扰。例如，天气恶劣、设计不及时、工程量变更、设计变更、原材料价格上涨、突发事件等都会影响到工程投资的控制。所以不可能一开始就设置一个精确的、科学的、一成不变的控制目标，而必须在项目开始时设置项目计划投资额，在项目进行的过程中，随着现实情况的变化进行动态的投资控制。

（二）系统性

工程项目按总体进行设计和施工，建成后有完整的系统，整体进行生产并具有使用价值。所以，工程项目作为一个完整的整体，包含一个复杂的系统，包括项目主体工程、附属配套工程、设备安装工程、水暖安装工程、供水供电工程、环境保护工程等。因此，在配置生产要素，分配人力、财力、物力时，要追求最佳的投资效益，做到面面俱到、面面控制、整体优化。

（三）约束性

工程项目是在一个特定的环境中批准立项、建设实施、交付使用的，受到方方面面的影响。例如，原材料供应情况、建设用地的地质状况、天气因素、设计因素等都会影响到工程项目的投资控制。此外，工程项目有众多的利益相关者，如与承包商、分包商、材料供应商、勘察设计单位等有千丝万缕的关系，所以投资控制具有一定的约束性。

（四）全面性

工程项目的投资包括建筑安装工程费，设备、工具、器具购置费，工程建设其他费用、预备费、建设期贷款利息、铺底流动资金等，涉及的内容非常多。因此，在进行投资控制时，不能只控制建筑安装工程费，或者只控制设备、工具、器具购置费，而要着眼于全局，全方位、全面地控制工程中的各项费用。除此之外，对项目的投资控制不能只控制设计阶段或者施工阶段，因为建设项目的寿命指的是它的全寿命周期，包括建设项目从决策、勘察、设计、施工到竣工验收、运营投产、拆除报废的整个过程。因此，我们要着眼于项目的整个建设过程来进行投资控制，在控制时不仅要控制费用，还要控制最后费用发生的时间，从而满足资金使用计划的要求。

（五）科学性

工程项目要有一个确定的投资控制目标，同时随时监测对投资目标的实现产生影响的要素的实时数据，如工程规模、工期、质量、投资额、实际生产能力、效益指标、产品质量、数量等，因此，必须采用科学的投资控制方法才能完成控制目标。

（六）微观性

工程项目投资控制的微观性体现在建设项目组成部分的微观性和工程项目形成过程的微观性上。它与宏观的资产管理不同，不是控制项目在宏观上的投资方向、融资方式、投资结构等，而是对具体工程项目的投资额进行控制。一个建设项目划分至分项工程，因此对整个工程项目的投资控制实际就体现在对每一个分项工程的投资控制上。其次，一个工程项目的成型经历了可行性研究、设计、施工等阶段，而每个阶段又包含了许多更为细小的过程，因此，建设项目的投资控制应贯穿每一个形成过程的始终。基于此，一般将工程项目投资分解为若干个部分、若干个环节去进行控制，其后从每个部分、每个环节等细微部分着手，从而实现全方位、全过程的投资控制。

## 第二节　工程项目投资控制的具体方法

### 一、工程项目投资控制的内容

（一）决策阶段的投资控制

决策阶段是指项目建议书阶段、可行性研究阶段和设计任务书阶段。

在项目建议书阶段要进行投资估算和资金筹措设想。对打算利用外资的项目，应分析利用外资的可能性，初步测算偿还贷款的能力，还要对项目的经济效益和社会效益进行初步估计。

在可行性研究阶段，要在完成市场需求预测、厂址选择、工艺技术方案选择等可行性研究的基础上，对拟建项目的各种经济因素进行调查、研究、预测、计算及论证，运用定量分析及定性分析相结合、动态分析与静态分析相结合的方法，计算内部收益率、净现值率、投资利润等指标，完成财务评价；大中型项目还要利用影子价格、影子汇率、社会折现率等，进行国民经济评价，从而考察投资行为的宏观经济合理性。

在设计任务书中，要决定一个工程是否建设和怎么建设，并提出编制设计文件的依据。设计任务书阶段要估算出较准确的投资控制数额，作为建设期投资控制的最高限额。

### （二）设计阶段的投资控制

在投资和工程质量之间，工程质量是核心，投资的大小和质量的高低直接联系。因此，相关人员应在满足现行技术规范标准和业主要求的条件下，确定投资目标和工程质量的标准。

在初步设计阶段要提出设计要求，进行设计招标，选择设计单位并签订合同，审查初步设计和初步设计概算，以进行投资控制，投资目标应不突破决策阶段确定的投资估算。

在技术设计阶段，对重大技术问题进行进一步深化设计，将之作为施工图设计的依据，编制修正预算，修正投资控制额，投资目标应不突破初步设计阶段确定的概算。

在施工图设计阶段，要控制设计标准及主要参数，通过施工图预览审查，确定项目的造价，投资目标应不突破技术设计阶段确定的设计概算。

在设计阶段，投资控制的主要方法有以下几种：

（1）完善设计阶段投资控制的手段；

（2）应用价值工程原理和方法协调设计的目标关系；

（3）通过技术经济分析，确定影响工程造价的因素，提出降低造价的措施；

（4）采用优秀设计标准和推广标准设计；

（5）采用技术手段和方法进行优化设计等。

### （三）招标投标阶段的投资控制

施工招标阶段主要是编制、审查标底，编制、审核招标文件，与总承包单位签订发包合同等，以此进行投资控制。

### （四）施工阶段的投资控制

施工阶段是投资活动的物化过程，是真正的大量投资支出阶段。这个阶段投资控制的任务是按设计要求实施，使实际支出控制在施工图预算之内。施工图预算要控制在初步设计概算之内，因此，要减少设计变更，努力降低造价，竣工后做好结算和决算。当然，根据具体情况，允许对控制目标进行必要的调整，调整的目的是使控制目标始终处于符合实际情况的最佳状态。

施工阶段投资控制的任务主要包括：编制施工阶段投资控制详细的工作流程图和投资计划；建立、健全施工阶段投资控制的措施；监督施工过程中各方合同的履行情况；处理好施工过程中的索赔工作等。

## 二、工程项目投资控制的程序

项目投资控制的程序是将计划投资额（如设计任务书规定的限额、设计总概算等）作为项目投资控制的目标值，再与工程项目实施过程中的实际支出额进行比较，找出偏差值，并采取有效的调整措施加以控制（如图3–5所示）。在控制过程中，应注意及时、全面、准确地收集汇总支出额的实际值，并应定期将实际支出额与投资的阶段目标值相比较，然后根据比较分析的结果，采取相应的控制措施。

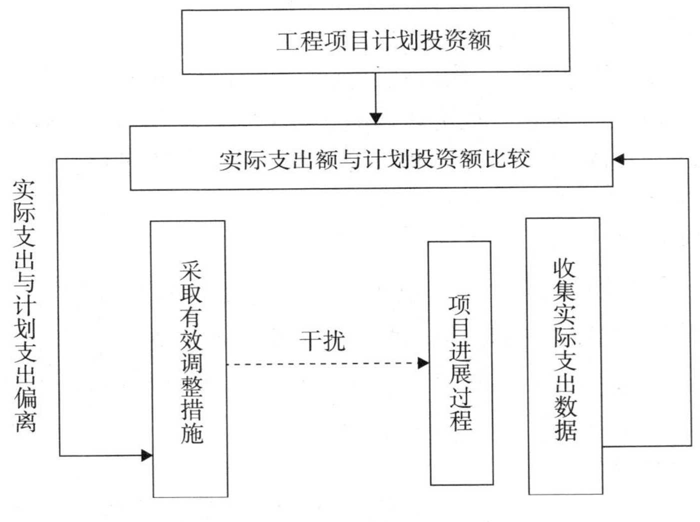


图3–5　项目投资控制过程

工程项目的费用管理过程包括资源计划、费用估算、费用计划和费用控制。

（1）资源计划，即确定完成项目的活动需要何种资源（人员、设备、材料）及各种资源的数量。

（2）费用估算，即估算完成项目各活动所需资源的费用。

（3）费用计划，即将总费用估算根据工作分解结构分配到各工作单元上去。

（4）费用控制，即在项目进展过程中，不断进行计划值与实际值的比较，发现偏差，分析偏差产生的原因，及时采取纠偏措施。

尽管在这里将这四个部分作为彼此有明确界限的单独部分来说明，但实际项目中它们可能会交叉重叠并相互影响。

## 三、工程项目投资的估算

费用估算就是编制一个为完成工程项目活动所必需的资源费用的近似估算。费用估算一般以货币单位来表示，以便进行项目内和项目间的比较。

### （一）工程项目投资估算的类型

工程项目的投资估算，因业主不同、目的不同及与估算有关资料的详细程度不同，估算的精确程度也各不相同。按照投资估算的精确程度的不同，一般将投资估算分为以下几种类型。

#### 1. 研究性估算

这种估算又称作评价估算、设计前估算。它是在初步流程图、主要设备和初步厂址确定之后进行的投资估算。这种估算所依据的资料较多，能比较准确地估算费用，通常用来表明一个项目是否可行，应用于可行性研究阶段的投资估算。它的可能误差为 ± 30%。

#### 2. 数量级估算

这种估算又称作比例估算、猜测估算。此阶段的投资估算是根据过去掌握的投资数据、费用资料和涨价因素等，采用综合比例法求得。这种估算一般应用于工程项目的机会研究阶段，通常用于判断一个项目是否还需做进一步的工作。它是应用于工程项目规划阶段的投资估算，它的可能误差超过 30%。

#### 3. 预算性估算

这种估算又称作初步估算、拨款估算、意图估算。它是在已有设备材料规格表、设备生产力、工厂总平面图、建筑物的大致尺寸等较充足资料的基础上进行的估算，通常用来确定一个项目是否可行。它应用于可行性研究阶段的投资估算，可能误差为 ± 20%。

#### 4. 详细估算

这种估算又称作投标估算、最终估算。它是根据完整的施工图纸、技术说明文件和设备材料清单等资料编制的估算。另外，这种估算还要考虑各种可能的工程变更，以及其他不可预见的事件对项目费用的影响。它主要用于工程项目招标、投标、签订合同和施工阶段的费用控制。这种估算应用于施工图预算，可能误差为 ± 5%。

#### 5. 确定性估算

这种估算又称作项目控制估算。它是根据实际图纸资料和已经掌握的比较完整的数据编制的估算，可用于工程项目的筹款、拨款及费用控制。根据这

类估算，可做出设计和施工的决定。它应用于初步设计阶段的概算，可能误差为±10%。

以上几种估算是由估算师从单纯依据知识和经验，按比率与比较的方法来确定项目的主要费用，进而根据拟建项目的部分或全部设计，计算工程量，并确定价格，最终计算出工程所需的总投资。因此，随着设计的深入和工程的进展，可能引起工程量计算误差的原因不断减少，意外费用也随之减少，因而估算的可靠性不断增加。同时，几种估算之间相互衔接，前者制约后者，后者补充前者，构成了投资估算由粗到细、由浅到深的过程。

### （二）工程项目投资估算的依据

#### 1. 资源计划

项目的资源计划明确了项目需要的资源情况，确定了项目各个部分需要的资源数量。

#### 2. 资源单价

为了计算项目的各种费用，估算人员必须知道每种资源的单价。在市场竞争激烈、价格瞬息万变的情况下，估算人员必须通过认真、周密的询价，确定和计算资源的合理单价。

#### 3. 项目数据库

项目费用估算大都是根据已建成的、性质类似的工程项目的数据来推荐，或者按一定的指标和定额来计算。但拟建项目在内容、规模、标准、技术等方面都与已有的同类项目存在一定的差异，而且由于工程项目所处的时间、地点的不同，技术条件、市场条件等都会发生很大的变化，所以项目数据库应对各自开发或承担的工程项目的主要数据进行系统的分类存储。

项目数据库的建立应注意：对已完工的具体项目情况应有足够的说明，而且对已完成的工程的费用数据库应按统一的要求和标准定义、存储，从而使各个项目可以通过统一的编码与项目数据库保持良好接口。这样，当利用项目数据库进行投资估算时，可以通过对拟建项目技术特征的描述，从项目数据库中选择尽可能相似的项目（可能不止一个）作为费用估算的参考对象。

#### 4. 时间估计

时间估计就是估计完成每一活动可能需要的工作时间。它将对项目投资估算中有关资料的附加费（即利息）的估算产生较大的影响。

### （三）工程项目投资估算的编制方法

投资估算的编制方法有许多，它们有各自适用的条件和范围，而且计算精度也各不相同。在实践中，估算人员应根据工程项目的性质、占有的资料和数据的具体情况及估算的精度要求，选择适宜的估算方法。

**1. 数量级、研究性、预算性估算的编制方法**

（1）扩大指标估算法

该方法适用于工程项目投资估算中对估算精度要求不太高的阶段，采用的指标是对大量积累的投资数据经科学系统分析后取得的。这种方法具体包括两种类型：单位生产能力估算法和生产规模指数估算法。

①单位生产能力估算法。该法是根据其他已建项目或其设备装置的投资额和生产能力，求出单位生产能力的投资额后，推导出拟建项目或其设备装置的投资。当拟建项目与已建项目的生产能力接近时，可认为生产能力与投资额呈线性关系，其计算公式为

$$C_2 = C_1 \times (Q_2 / Q_1) \times f \tag{3-1}$$

式中，$C_1$ 为已建项目或设备装置的投资额；

$C_2$ 为拟建项目或设备装置的投资额；

$Q_1$ 为已建项目或设备装置的生产能力；

$Q_2$ 为拟建项目或设备装置的生产能力；

$f$ 为综合调整系数。

这种方法的运用基于对项目之间生产能力和其他条件的分析比较。估算时，通常将工程项目分解为单项工程，分别套用类似单项工程的单位生产能力投资指标进行计算，汇总后便得到项目总投资。

②生产规模指数估算法。该法是利用已建项目的投资额或其设备装置的投资额，估算同类但生产规模不同的项目投资或其设备装置投资的方法。其计算公式为

$$C_2 = C_1 \times (Q_2 / Q_1)^n \times f \tag{3-2}$$

式中，$n$ 为生产规模指数，其他参数意义同式（3-1）。

使用这种方法时，生产规模指数 $n$ 的选取是一个关键。尽管这种方法有时亦称为 0.6 因子法，但实际上此指数的变化范围一般为 0.5 ～ 1。$n$ 的取值根据行业性质、工艺流程、建设水平、生产率的差异而不同。一般来说，靠增大设备或装置的尺寸扩大生产规模时，$n$ 取 0.67 ～ 0.7 ；靠增加相同的设备或装置的数量扩大生产规模时，$n$ 取 0.8 ～ 0.9 ；若已建类似项目或设备装置的规模相关不大，生产规模比值（$Q_2/Q_1$）在 0.5 ～ 2，则 $n$ 的取值近似于 1。另外，拟建项目与已建类似项目生产能力相差不宜超过 50 倍，一般以在 10 倍以内最佳。

（2）分项比例估算法

设备购置费用在工程项目投资中占有相当大的比重。根据统计分析，辅助生产设备、服务设施的装备水平与主体设备购置费用之间存在一定的比例关系。因此，在项目的前期研究中，在对主体设备或类似工程情况已有所了解的情况下，有经验的项目费用估算人员就可以采用比例估算的方法来估算总投资，而不必进行分项详细计算。较常用的方法有以下两种。

①按设备费用的百分比估算法，其计算方式有两种。

a. 以拟建项目或装置设备的购置费为基数，根据已建同类项目或装置的建筑安装工程费和其他费用等占设备价值的百分比，求出拟建项目相应的建筑安装工程费及其他有关费用，汇总即为项目或装置的投资。计算公式为

$$C = E(1 + f_1P_1 + f_2P_2 + f_3P_3) + I \tag{3-3}$$

式中，$C$ 为拟建项目或装置的投资额；

$E$ 为根据拟建项目或装置的设备清单估算的设备费（包括运杂费）的总和；

$P_1$、$P_2$、$P_3$ 分别为已建项目中建筑、安装及其他工程费用占设备费用的百分比；

$f_1$、$f_2$、$f_3$ 分别为由时间因素引起的劳动生产率、价格、费用标准变化的综合调整系数；

$I$ 为拟建项目的一些其他费用。

b. 以拟建项目中最主要、投资比重较大并与生产能力直接相关的工艺设备的投资（包括运杂费及安装费）为基数，根据同类型已建项目的有关统计资料，计算出拟建项目的各专业工程（包括运杂费及安装费）基数，根据同类型已建项目的有关统计资料，计算出拟建项目的有关统计资料，再计算出拟建项目的各专业工程（土建、采通、给排水、管道、电气及电信、自控及其他费用等）占工艺设备投资的百分比，据以求出各专业的投资费用，然后相加汇总即得项目的总投资。其计算公式为

$$C=E(1 + f_1P_1 + f_2P_2 + f_3P_3 + \cdots) + I \tag{3-4}$$

式中，$P_i$ 为各专业工程投资占工艺设备投资的百分比（$i$=1，2，3，…），其余参数意义同式（3–3）。

②朗格系数法。朗格系数法是指以拟建项目设备费为基础，乘以适当系数来推算项目总投资。其中朗格系数是指项目总投资与设备费用之比。其计算公式为

$$D=(1 + \Sigma k_i)K_cC \tag{3-5}$$

式中，$D$ 为项目建设总投资；

$C$ 为主要设备费用；

$k_i$ 为管线、仪表、建筑物等各项费用的估算系数；

$K_c$ 为包括工程费、不可预见费等间接费用在内的总估算系数。

**2. 确定性估算和详细估算的编制方法**

确定性估算和详细估算相当于概算、预算和投标报价，其编制过程如图 3-6 所示。

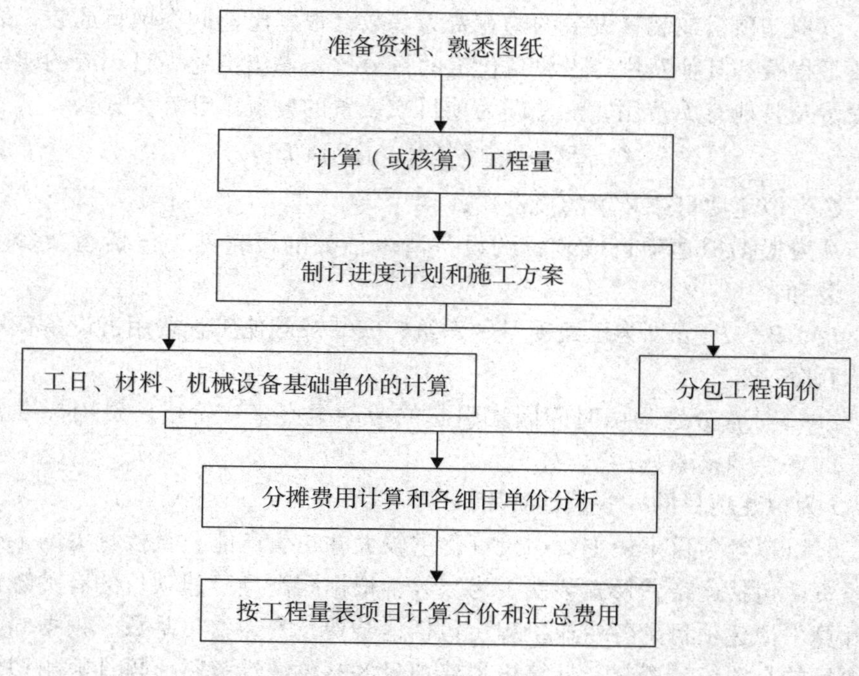


图 3-6　确定性估算和详细估算的编制程序

## 四、工程项目投资失控的主要原因

项目投资失控的主要原因有：投资计算时，项目规划、设计不够全面，有漏项；项目投资计算方法不正确，与实际情况不符；计算项目投资的原始数据不准确、失真，造成计算错误；项目实施期间原材料、人工费估算有误；实施中修改设计，增加投资；实施中发生不可预见事件，增加费用开支；施工管理不善，损失浪费严重。

在实际工作中，有关人员要随时注意调查分析可能造成投资失控的原因，并采取相应的补救措施。

## 五、工程项目投资控制的措施

### （一）技术措施

技术措施指把价值工程的概念应用于设计、施工阶段，进行多方案选择。严格审查初步设计、施工图设计、施工组织设计和施工方案，严格控制设计变更，研究并采取相应的措施以达到节约投资的目的。

### （二）合同措施

合同措施即通过合同条款的制订，明确在建设施工阶段的工程投资控制目标，使其不突破计划目标。

### （三）经济措施

推行经济承包责任制，将计划目标进行分解，动态地分析和比较工程投资的计划值与实际支出值，对各项费用的审批和支付严格把关，对节约投资的方法采取奖励措施。

### （四）信息管理

加强投资信息管理，定期进行投资对比分析，以计算机辅助工程项目的投资控制管理。

## 六、工程项目投资控制的方法

建设单位为实现投资控制目标，应从项目筹划开始直到竣工决算，实行全过程控制，但应以设计阶段和施工阶段为重点。设计阶段应以设计任务书规定的投资限额为准，控制工程设计的标准、质量；施工阶段应以预算为基础，以合同价作为控制标准。

建设单位为了对投资进行控制和均衡配置资金，应编制投资使用计划，投资使用计划常用两种方式表达：一是文字说明法，用文件形式描述投资总控制额和分阶段分项工程的投资控制额；二是图形法，一种是“时间－投资分配图”（如图 3–7 所示），另一种是“时间－投资积累曲线”（如图 3–8 所示），根据图形进行比较分析控制。

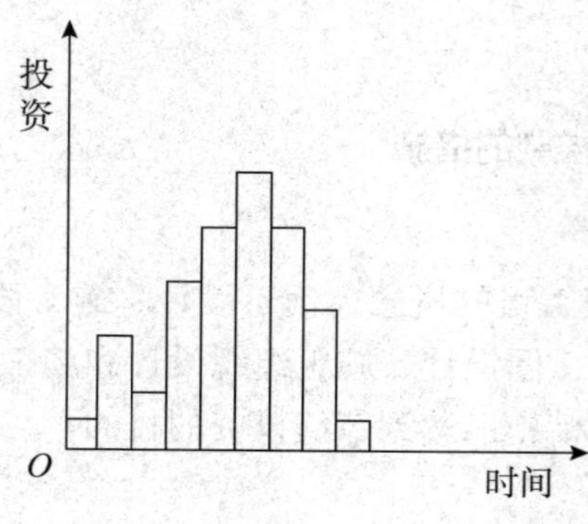


图 3-7　时间 - 投资分配图

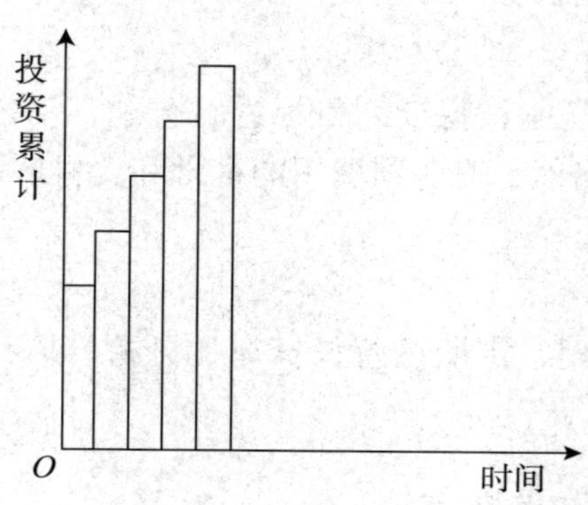


图 3-8　时间 - 投资累计曲线

# 第三节　工程项目成本控制概述

## 一、工程项目成本控制的概念

工程成本是以经营为目的完成一项工程项目时，以货币表示的最低花费。施工成本是施工过程中所发生的全部生产费用的总和，具体包括人工费用、材料费用、机械使用费用、其他直接费用和施工企业管理费用等间接费用。施工成本是项目总成本的主要组成部分，一般占总成本的 90% 以上。因此，从某种意义上讲，项目成本控制实际上是施工成本控制。施工成本控制就是在保证工程质量、工期等方面满足合同要求的前提下，对项目实际发生的费用支出采取一系列监督措施，及时纠正发生的偏差，把各项费用支出控制在计划成本规定的范围内，以保证成本计划的实现。从建设单位来讲，其所关心的是投资控制；从施工企业来讲，为获得最大利润，其所关心的是施工成本控制。

在工程项目施工中，成本控制不只是财会人员的职责，所有有关人员都应各负其责，项目经理更应重视这方面的工作，要确定严格的成本责任系统，将成本责任制度融于经济责任中，即将可控成本指标分解、落实到各个责任部门和责任个人，并据此考核、评价其业绩及应承担的经济责任。通过建立成本责任中心和制订各项成本责任节约奖惩办法，行政手段和经济手段双管齐下，保证目标成本的实现，使项目获得最佳的经济效益。

## 二、工程项目的成本构成

### （一）整个工程项目的成本构成

（1）工程项目的直接费用，即各分项人工工资、材料费、机械费及外包费用之和。

（2）工程项目的工地管理费用。它由工地管理费开支范围内的各种账单、工资单、设备清单、费用凭证等构成。

（3）企业（总部）分摊的经营管理费用（总部管理费用）。它是企业总部的各项开支，通常与具体工程无关。一般将计划期（1年）开支总额计入企业所有工程的工地总成本，或总人工费、总人工工时，按比例分摊给各个工程。而整个工程的实际利润是已完成的工程合同价（即收款）与实际总成本之差。

### （二）分项工程的成本构成

（1）分项工程的直接费用，其中包括直接在该分项工程上消耗的实际人工、材料、机械台班数量及外包费用支付额，人工费、材料费、机械台班费单价。

（2）工地管理费用和总部管理费用分摊，通常按直接费成本比例计算。

### （三）企业成本构成

企业成本构成首先汇集各个工程的人工费、材料费、机械费及外包费用、工地管理费用之和，即工程工地总成本；再核算企业经营费用（总部管理费用），它由企业会计核算的资料如费用凭证、会计报表、账目等得到，再将它分摊给各个工程，同样可以核算本期企业实现的利润总额。

## 三、工程项目成本控制的依据

### （一）工程项目的费用计划

工程项目成本控制的目的是实现成本控制目标，费用计划是成本控制的基础。

### （二）进度报告

进度报告提供了每一时刻工程实际完成量、工程费用实际支付情况等重要信息。成本控制工作正是通过实际情况与费用计划的比较，找出二者之间的差别，分析偏差产生的原因，从而采取措施改进以后的工作。此外，进度报告还能使管理者及时发现工程实施过程中存在的隐患，并在还未造成重大损失之前采取有效措施，尽量避免损失。

### （三）成本管理计划

成本管理计划不同于费用计划，它主要是为明确如何处理工程实施过程中可能发生的偏差而编制的。同一个项目，管理者不同，他们对各种问题的理解和处理方式也会不同。通过成本管理计划，可以明确不同问题的不同处理方法，为项目成本管理人员的决策提供参考。

### （四）工程变更

在项目实施过程中，由于各方面的原因，工程变更是难免的。工程变更一般包括设计变更、进度计划变更、施工条件变更、技术规范和标准变更、施工次序变更、工程数量变更等。一旦出现变更，工程量、工期、费用支付都必将发生变化，从而使成本控制工作变得更加复杂和困难。因此，项目成本管理人员就应当通过对工程变更中各类数据的计算、分析，随时掌握变更情况，包括已发生工程量、将发生工程量、工期是否拖延、支付情况等重要信息，判断变更及变更引起的索赔是否合理等。

### （五）索赔文件

工程项目建设过程中，特别是工程施工过程中，由于现场条件、气候环境的变化，标书、施工说明、图纸中的各种错误等经常会导致索赔的发生。索赔事件发生后，按照索赔程序，承包方分阶段准备好索赔文件。

## 四、工程项目成本控制的特征

### （一）投资者或项目组织者与承包商的成本控制有较大的区别

投资者或项目组织者的成本控制是宏观的、总体的；承包商的成本控制是微观的、分阶段的。

前者的成本控制采取的一些措施会对后者产生影响，如项目组织者采用不同的计价方式，对承包商进行成本控制的积极性有较大的影响。例如，若采用成本加酬金合同，承包商没有成本控制的兴趣，有时甚至为增加自己的盈利千方百计扩大成本开支；若采用的是固定总价合同，承包商必须严格控制成本开支。所以，工程项目严密的组织体系、责任体系和责任制度是成本控制的重要手段。

### （二）成本控制的综合性

成本控制与质量目标、进度目标、效率、准则、工作消耗等密切相关，必须综合起来进行控制。

成本目标必须与技术要求、质量要求、进度要求、工作范围、工作量等相结合，建立综合的控制体系，将目标落实到责任人，作为其业绩评价的尺度之一。

将成本分析与进度、效率、质量状况分析相结合，综合反映工程实际的信息。单一的成本分析，有时可能会出现实际成本与计划成本相吻合却没有全面反映工程的实际状况和当前的工程特征的情况。

成本控制必须与质量控制、进度控制、合同控制相协调。如果工程成本的超支并非成本控制本身的问题，而是其他原因引起的（如质量标准的提高、进度的调整、工程量的增加、由工程管理失误造成的索赔，以及不可抗力等），就必须通过合同措施、技术措施、管理措施等来解决。

### （三）成本的控制与工程项目计划与实施密切相关

工程项目成本计划与工程项目进度计划密切相关。如果实际进度与计划进度偏差较大，必然会引起实际成本与计划成本的偏离。计划的紊乱或实际工程执行不力而导致的混乱，将会使成本大量增加。

### （四）工程项目的信息统计工作与成本控制密切相关

工程项目的信息统计工作不准确，预测有偏差，将会引起工程项目的所有计划基准、消耗标准的失真，从而导致成本控制工作混乱。

### （五）成本控制的周期不可太长

成本控制的周期通常按月进行核算、对比、分析，而实施中的成本控制以近期成本为主。

## 第四节　工程项目成本控制的具体方法

### 一、工程项目成本控制的主要工作

#### （一）成本计划

成本计划主要是成本预算工作，按设计和计划方案预算成本，提出报告；将成本目标或成本计划分解，提出设计、采购、施工方案等各种费用的限额；提出项目资金的使用和控制计划。

#### （二）成本监督

（1）对各项费用进行审核，确定是否进行工程款的支付，监督已支付的项目是否已完成，有无漏洞，并保证每月按实际工程状况定时定量支付（或收款）。

（2）根据工程项目各项费用分析与审核，对工程项目的实际成本做出阶段性报告或最终报告。

（3）对各项工作进行成本控制，如对设计、采购、委托（签订合同）等进行控制。

（4）进行审计活动。

#### （三）成本跟踪

对工程项目的实际成本报告进行详细的分析，提供不同详细程度的报告。

#### （四）成本诊断

成本诊断包括对工程项目实施过程中出现的超支量及其原因进行分析，对工程未来的成本进行分析，以及对工程成本趋势进行分析。

#### （五）成本预警

（1）与相关部门密切配合，协调项目、作业及其他关系。

（2）用技术与经济的方法分析超支原因，从总目标的优化出发，进行技术、质量、工期、进度的综合优化。

（3）加强工程项目变更和合同变更管理。

（4）对工程项目的变化进行分析和调整，如环境的变化、目标的变化等所造成的成本影响进行测算分析，并调整计划。

（5）通过成本比较和趋势分析，对后期工程项目中可能出现的成本超支提出预警。

## 二、工程项目成本控制的对象及责任

### （一）工程项目成本控制的对象

工程项目成本控制要以工程合同为依据，除业主要求，规定时间、质量、结算方式和履（违）约奖罚等条款外，还必须强调将合同的工程量、单价、金额控制在预算收入以内。工程项目成本控制应在项目组织者所编制的工程项目结构分解（work breakdown structure，WBS）的基础上，根据合同任务所对应的项目单元，继续进行施工项目结构分解（contract work breakdown structure，CWBS）和相应的项目工作任务分解，形成项目进度计划、成本计划、资源计划、资金计划等。通过计划工作，将项目的工期、质量、成本、人工、资源、工作标准等方面的目标分解到各个项目单元及工作包，以CWBS项目单元、工作包为成本控制对象，将成本与工期、质量等综合起来进行控制，将成本控制与工程项目进度计划相融合，将成本核算和分析与工作包的成本相结合，明确工程项目成本超支的原因和责任。

### （二）工程项目成本控制的责任

工程项目的项目单元或工作包中的成本责任应与其责任人挂钩，成本控制落实到职能部门、施工队和生产班组，明确职能部门、施工队和生产班组的项目单元或工作包的成本责任人，各职能部门、施工队和班组应对自己承担的成本责任进行自我控制，接受项目经理的指导、监督、检查和考评。

## 三、工程项目成本控制的内容

### （一）施工前期的成本控制

（1）在施工准备阶段，应对施工方法、施工顺序、作业组织形式、机械设备的选型、技术组织措施等进行研究和分析，制订出科学先进、经济合理的施工方案。

（2）根据企业的成本目标，以工作包或项目单元所包含的实际工程量为基础，根据消耗标准和技术措施等，在优化的施工方案的指导下，编制成本计划，将各项目单元或工作包的成本责任落实到各职能部门、施工队和班组。

（3）根据工程项目的特征和要求，以CWBS项目单元或工作包为对象，进行成本计划，编制成本预算，并将成本责任明确分解落实到有关部门和责任人，为成本控制和绩效考评提供依据。

### （二）施工期间的成本控制

（1）在施工期间，应加强对施工任务单和限额领料单的管理。施工任务单应与工作包结合起来，做好每一个工作包及其工序的验收，审核实耗人工、材料，保证施工任务单与限额领料单的一致性，以及施工任务单和限额领料单的真实性、可靠性。

（2）根据施工任务单进行实际成本与计划成本的对比，计算工作包的成本差异，分析差异产生的原因，采取有效措施调整成本计划。

（3）做好检查周期内成本信息的收集、整理和工作包实际成本的统计工作，分析该检查期内实际成本与计划成本的差异。

（4）实行责任成本核算。通过工作编码对责任部门或责任人的责任成本进行对比，分析成本差异及产生差异的原因，采取有效措施纠正差异。

（5）加强合同管理工作和索赔工作。对由承包商自身以外原因造成的损失，力求及时进行索赔。

#### （三）竣工验收阶段的成本控制

（1）及时办理工程项目的竣工验收，使工程尽早顺利交付使用。

（2）及时办理结算，注意结算资料的完整性，避免漏算。

（3）在工程保修期间，明确保修责任人，做好保修期间的费用控制。

### 四、工程项目成本控制的步骤

在确定了项目成本控制目标之后，必须定期地进行费用计划值与实际值的比较，当实际值偏离计划值时，分析产生偏差的原因，并采取适当的纠偏措施，确保成本目标的实现。

#### （一）比较

按照某种确定的方法将费用计划值与实际值逐项进行比较，以确定费用是否超支。

#### （二）分析

在比较的基础上，对比较结果进行分析，以确定偏差的严重性及偏差产生的原因。这一步是成本控制的核心，其主要目的在于找出产生偏差的原因，从而采取针对性措施，减少或避免具有相同原因的事件再次发生或减少发生后的损失。

#### （三）预测

根据项目实施情况估算整个项目完成时的费用。预测的目的是为决策提供依据。

#### （四）纠偏

当工程项目的实际费用出现偏差，应当根据工程的具体情况、偏差分析和预测的结果，采取适当的措施，达到使费用偏差尽可能小的目的。纠偏是成本控制中最具实质性的一步，只有通过纠偏才能达到有效控制成本的目的。

#### （五）检查

对工程的进展进行跟踪和检查，及时了解工程进展与纠偏措施的执行情况及效果，为今后工作积累经验。

上述五个步骤是一个有机整体，在实践中，它们构成一个周期性的循环过程。

### 五、工程项目成本控制的组织体系

#### （一）建立以项目经理为核心的项目成本控制体系

项目经理负责制是项目管理的特征之一。项目经理必须对工程项目的进度、质量、成本、安全等全面负责，特别要把成本控制放在首位。

#### （二）建立成本控制责任制

项目管理人员的成本责任不同于其工作责任，应明确合同预算人员、工程技术人员、材料管理人员、机械管理人员、行政管理人员、财务成本人员等的成本控制责任。每一个项目管理人员的工作责任必须明确，以努力降低成本，节约开支。

#### （三）工程项目的成本责任与项目的工作包和项目单元相一致

项目经理部落实到项目的成本责任，应以实物工程量和分项定额或消耗标准为依据，必须坚持奖罚分明的原则，以奖励为主，从而激励施工队的生产积极性，对不按合同规定的责任完成任务的，也应照章罚款并赔偿损失。

成本责任人可以采用施工任务单和限额领料单的形式，根据责任成本的实际完成情况，结合进度、质量、安全和文明施工要求进行综合考评，将成本责任进一步分解和落实到生产班组。

坚持工程项目结构分解、各个施工项目结构分解的一致性原则，将项目结构分解中的项目单元、工作包的进度计划、成本计划、资源计划及进度、成本、质量三大控制与施工任务单、限额领料单相协调，使项目管理工作与业主、项目组织者和其他参加者之间紧密配合，使工程项目的成本控制构成一个整体。

### 六、工程项目成本控制的方法

施工成本控制的方法很多，这里介绍四种：偏差控制法、成本分析表法、进度－成本同步控制法和施工图预算控制法。

## （一）偏差控制法

施工成本控制中的偏差控制是在制订计划成本的基础上，采用成本分析方法，找出计划成本与实际成本间的偏差，并分析产生偏差的原因与变化发展趋势，进而采取措施以减少或消除偏差，实现成本控制目标的一种科学管理方法。

施工过程中进行成本控制时产生的偏差有三种：一是实际偏差，即项目的预算成本与实际成本之间的差异；二是计划偏差，即项目的计划成本（目标成本）与预算成本之间的差异；三是目标偏差，即项目的实际成本与计划成本之间的差异。它们的计算公式如下：

实际偏差 = 实际成本－预算成本

计划偏差 = 预算成本－计划成本

目标偏差 = 实际成本－计划成本

施工成本控制的目的是尽量减少目标偏差。目标偏差越小，说明控制效果越好。由以上三式可推知，目标偏差 = 实际偏差 + 计划偏差，所以要减少项目的目标偏差，应采取有效措施减少施工中发生的实际偏差，因为计划成本和预算成本一经制订，一般在执行过程中不再改变。

运用偏差控制法的程序如下。

### 1. 找出偏差

在项目实施过程中定期地（每日或每周）、不断地寻找和计算三种偏差，并以目标偏差为对象进行控制。有关人员可以通过在施工过程中不断记录实际发生的成本费用，将记录的实际成本与计划成本进行对比，从而发现目标偏差；还可以将实际成本、计划成本的发展变化用图表示出来。如图 3–10 所示为实际成本占计划成本的关系分析，从中可以看出成本偏差（图 3–10 中的阴影部分）的变化趋势及出现的问题。

从图 3–10 可看出实际成本始终围绕着计划成本波动，当超出计划成本时，就表明发生了成本偏差；低于计划成本时，偏差值为负数，这对项目是有利的。

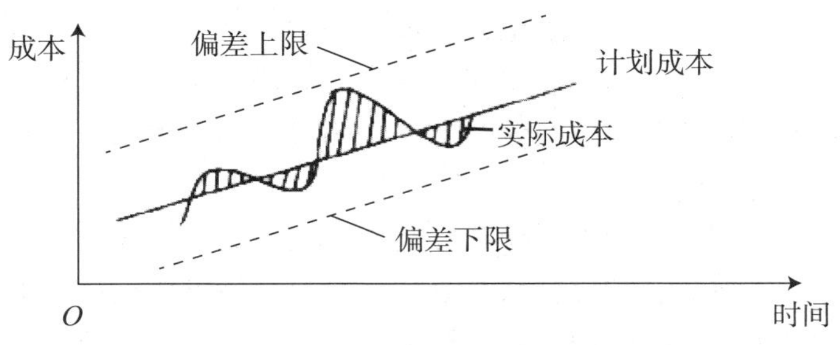


图 3-10　实际成本与计划成本关系

## 2. 分析偏差产生的原因

分析偏差产生的原因通常有两种方法：因素分析法和图像分析法。

（1）因素分析法

因素分析法是将发生成本偏差的原因归纳为几个相互联系的因素，然后用一定的计算方法从数值上测定各种因素对成本产生偏差的影响，据以找出偏差的产生是由哪种因素引起的。具体如图 3-11 所示。

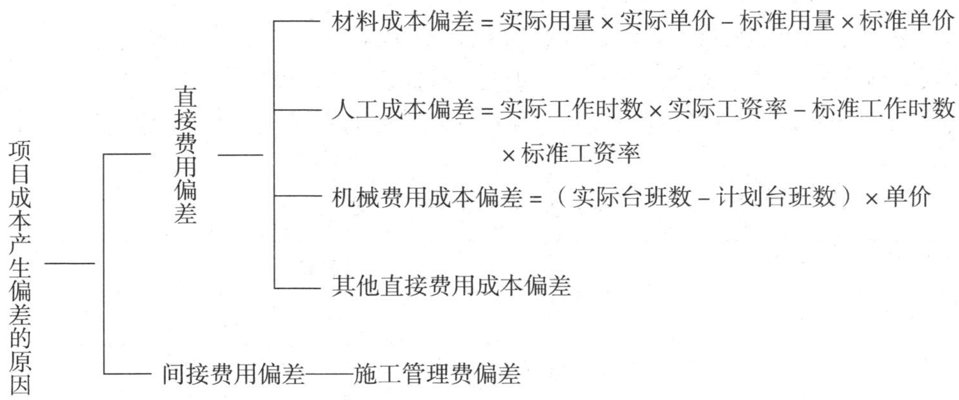


图 3-11　因素分析法

（2）图像分析法

这种方法是通过绘制线条图和成本曲线的形式，通过对总成本和分项成本的比较，发现总成本出现偏差是由哪些分项成本超支造成的，以采取措施及时纠正。

## 3. 纠正偏差

在明确成本控制目标，经过成本分析找出产生成本偏差的原因后，必须针对偏差产生的原因及时采取措施，把成本控制在理想的开支范围内，以保证目标成本的实现。纠偏首先要确定纠偏的主要对象，在确定了纠偏的主要对象之后，就需要采取有针对性的纠偏措施。纠偏可采用组织措施、经济措施、技术措施和合同措施等。

（1）组织措施是从费用控制的组织管理方面采取的措施，在实践中，它往往是最容易被忽视的。其实，组织措施是其他各类措施的前提和保障，而且花费少，运用得法，可以收到良好的效果。

（2）经济措施是最易被人接受和运用的措施，但千万不能把经济措施理解为仅仅是财会人员的事。

（3）技术措施不仅用于解决项目实施过程中的技术问题，还对纠正费用偏差有相当重要的作用。技术措施的运用，关键是要提出多个技术方案，并对各方案进行技术经济分析。

（4）合同措施在纠偏方面的重点是加强索赔管理，从主动控制的角度出发，加强日常的合同管理，研究合同的有关内容并采取预防措施。

### （二）成本分析表法

施工成本控制中的成本分析表法包括成本日报、周报、月报表、分析表和成本预测报表等。这是利用表格的形式调查、分析、研究施工成本的一种方法。成本分析表要简明、正确。表 3-1 为某项目的费用偏差分析表示例。

表3-1 费用偏差分析表

| 项目 | 内容 | | |
|---|---|---|---|
| 项目编码（①） | 041 | 042 | 043 |
| 项目名称（②） | 本门窗安装 | 钢门窗安装 | 铝合金门窗安装 |
| 单位（③） | — | — | — |
| 计划单价（④） | — | — | — |
| 拟完成工程量（⑤） | — | — | — |
| 拟完成工程计划费用（⑥＝④ × ⑤） | 30 | 30 | 40 |
| 已完成工程量（⑦） | — | — | — |
| 已完成工程计划费用（⑧＝④ × ⑦） | 30 | 40 | 40 |

续　表

| 项目 | 内容 | | |
|---|---|---|---|
| 实际单价（⑨） | — | — | — |
| 其他款项（⑩） | — | — | — |
| 已完成工程实际费用（⑪ = ⑦ × ⑨ + ⑩） | 30 | 50 | 50 |
| 费用局部偏差（⑫ = ⑪ – ⑧） | 0 | 10 | 10 |
| 费用局部偏差程度（⑬ = ⑪ / ⑧） | 1 | 1.25 | 1.25 |
| 费用累计偏差（⑭ = Σ ⑫） | — | — | — |
| 费用累计偏差程度（⑮ = Σ ⑪ / Σ ⑧） | — | — | — |
| 进度局部偏差（⑯ = ⑥ – ⑧） | 0 | –10 | 0 |
| 进度局部偏差程度（⑰ = ⑥ / ⑧） | 1 | 0.75 | 1 |
| 进度累计偏差（⑱ = Σ ⑯） | — | — | — |
| 进度累计偏差程度（⑲ = Σ ⑯ / Σ ⑧） | — | — | — |

### （三）进度–成本同步控制法

有关人员可运用成本与进度同步跟踪的方法来控制分项工程的施工成本。

长期以来，许多人认为，计划是为安排施工进度和组织流水作业服务的，与成本控制关系不大。其实，成本控制与计划管理、进度之间有着必然的同步关系，即施工到什么阶段，就应该发生相应的成本费用。如果成本与进度不对应，就应视作“不正常”现象，对其进行分析，找出原因，并加以纠正。

为了在分项工程的施工中同时进行进度与费用的控制，掌握进度与费用的变化过程，可以运用横道图和网络图来进行分析与处理。

在横道图计划中，表示作业进度的横道有两条：一条为计划线，一条为实际线。计划线表示与计划进度相对应的计划成本（目标成本），实际线表示与实际进度相对应的实际成本。

从横道图上可以掌握以下信息。

（1）每道工序（分项工程）的进度与成本的进度关系，即施工到什么阶段，将发生多少成本。

（2）每道工序的计划施工时间与实际施工时间（从开始到结束）之比（提前或拖期），以及对后道工序的影响。

（3）每道工序的计划成本与实际成本之比（节约或超支），以及对完成某一时期责任成本的影响。

（4）每道工序施工进度的提前或拖期对成本的影响程度。

通过对进度与成本同步跟踪的横道图的分析处理可以实现：以计划进度控制实际进度；以计划成本控制实际成本；随着每道工序进度的提前或拖期，对每个分项工程的成本实行动态控制，以保证项目成本目标的实现。

网络图计划的进度与成本的同步控制，与横道图计划有异曲同工之处。所不同的是，网络图计划在施工进度的安排上更具有逻辑性，而且可以随时进行优化和调整，因而对每道工序的成本控制也更为有效。

### （四）施工图预算控制法

在施工项目的成本控制中，工作人员可按施工图预算，实行“以收定支”或者“量入未出”，这是有效的方法之一。具体的处理方法如下。

#### 1. 人工费的控制

假定预算定额规定的人工单价为 13. 80 元，合同规定人工费补贴为 20 元 / 工日，两者相加，人工费的预算收入为 33.8 元 / 工日。在这种情况下，签订劳务合同时，应该将人工费单价定在 30 元以下（辅工还可再低一些），其余部分考虑用于定额外的人工费和关键工序的奖励费。如此安排，人工费就不会超支，而且留有余地，以备关键工序的不时之需。

#### 2. 材料费的控制

在实行按“量价分离”方法计算工程造价的条件下，水泥、钢材、木材等“三材”的价格随行就市，实行高进高出；地方材料的预算价格 = 基准价 ×（1+ 材差系数）。在对材料成本进行控制的过程中，首先要以上述预算价格来控制地方材料的采购成本。至于材料消耗量则应通过“限额领料单”等办法控制。

由于材料市场价格变动频繁，往往会发生预算价格与市场价格严重背离，而使采购成本失去控制的情况。因此，项目材料管理人员有必要经常关注材料市场价格的变动，并收集系统、翔实的市场信息。如果遇到材料价格大幅度上涨，可向甲方争取按实补贴。

**3. 施工机械使用费的控制**

施工图预算中的机械使用费 = 机械台班用量 × 定额台班单价。

由于项目施工的特殊性，实际的机械利用率不可能达到预算定额的水平，加工预算定额所设定的施工机械原值和折旧率又有较大的滞后性，因而使施工图预算的机械使用费往往少于实际发生的机械使用费，产生超支。若出现这种情况，承包商应积极争取业主的谅解，于工程项目合同中明确规定一定数额的机械费补贴，这样就可以用施工图预算的机械使用费和增加的机械费补贴来控制机械费的支出。

## 七、影响工程项目成本的因素

影响施工成本的因素很多，主要有工程施工质量、工期、材料、价格、人工费用和管理水平。

### （一）工程施工质量对施工成本的影响

这一部分成本属于质量保证成本，即为保证和提高工程质量而采取相关措施所产生的开支，如购置监测设备、增加检测工序、提高监测水平等保证施工质量所产生的开支。质量保证成本随着质量要求的变化而变化。

### （二）工期对施工成本的影响

工期越长，承包商的人工费、设备折旧费和财务费用等费用就越会增加。但缩短工期，就要加大资源投入，也会增加成本。

### （三）材料价格、人工费用变化对施工成本的影响

建筑材料价格和人工费用变动频繁，总的趋势是上升，虽然在进行施工图预算和合同计算时对价格做了预测，但很难准确预测，这一部分成本的变化较难掌握，合同条款中未做出必要规定。

### （四）管理水平对施工成本的影响

这里的管理水平既包括施工企业的管理水平，也包括建设单位的管理水平。由于管理不善造成估算成本的估计不准，或由于资金、原材料供应不及时造成工期的拖延，或由于施工组织混乱造成材料、人工和设备利用的浪费等，都会影响施工成本。

## 八、降低工程项目成本的措施

通常情况下，要压缩已经超支的成本，而不损害其他目标是十分困难的，

一般只有给出的措施比原计划已选定的措施更为有利，或工程范围减少，或生产效率提高，成本才能降低。例如：寻找新的、更好更省的、效率更高的技术方案；购买部分产品，而不是采用完全由自己生产的产品；重新选择供应商（这会产生供应风险，选择需要时间）；改变实施过程；删去工作包（这会提高风险，降低质量）；变更工程范围；索赔（如向业主、承包商、供应商索赔以弥补超支费用）。

采取降低成本的措施时，须注意以下问题。

（1）一旦成本失控，要在计划成本范围内完成项目是非常困难的。因此在项目一开始，就必须牢固树立成本控制观念，不放过任何导致成本超支的迹象，不能等超支发生了再想办法。在产生任何费用支出之前，应确定成本控制系统所遵循的程序，形成文件并通知负责授权工作或经费支出的人。

（2）当发现成本超支时，人们常常通过其他手段，在其他工作包上节约开支，这常常是十分困难的，也会损害工程质量和工期目标。有时贸然采取措施，还会导致更大的成本超支。

（3）在设计阶段采取降低成本的措施是最有效的，而且不会引起工期问题，对质量的影响可能小一些。

（4）应将成本的监控和采取的措施的重点放在负值最大的工作包或成本项目、近期就要进行的活动和具有较多的估计成本的活动上。

（5）成本计划（或预算）的修订和措施的选择应与项目的其他方面（如进度、实施方案、设计、采购等）、项目的其他参加者和投资者相协调。

# 第四章　绿色生态理念下的施工与技术的创新管理

## 第一节　工程项目的安全创新管理

现代工程项目[①]施工面广、体量大、专业分包与劳务分包及施工作业人员多、资源投入与配置要求高，给施工现场的安全管理带来了巨大的难度与挑战，项目部要认真贯彻“安全第一、预防为主、综合治理”的安全生产方针，秉承“中国建筑，和谐环境为本；生命至上，安全运营第一”的安全环境管理理念，坚持“管生产必须管安全”的生产原则，落实“一岗双责”，全员安全管理和总分包联动，全面做到事事有策划、有资源保障、有检查、有验收和有应急预案，确保现代项目施工生产的安全平稳运行，保持社会的稳定。

### 一、工程项目的安全管理体系

#### （一）安全管理的目标

工程项目实施施工总承包的，由总承包单位负责制订施工项目的安全管理目标并确保实现，要做到以下几个方面。

（1）项目经理为工程项目的安全生产第一责任人，对安全生产负全面的领导责任，确保实现重大伤亡事故为零的目标。

（2）有适合于工程项目规模、特点的应用安全技术。

（3）应符合国家安全生产法律、行政法规和建筑行业安全规章、规程。

（4）形成全体员工所理解的文件并实施。

① 本章论述的工程项目若未特别说明，均指现代工程项目。

### （二）安全管理体系的作用

工程项目的安全管理体系对施工企业环境的安全状态做了具体的要求和限定，通过科学管理使现场环境和工作环境符合安全标准的要求。安全管理体系需要逐步提高和持续改进。施工现场安全状况是经济发展和社会文明程度的客观反映，是社会公正、安全、文明、健康发展的基本标志，也是保持社会经济可持续发展的重要条件。

### （三）安全管理组织及其管理职责

施工项目对从事与安全有关的管理、操作和检查人员，特别是需要独立行使管理权力开展工作的人员规定其职责、权限和相互关系，并编制相关管理文件，包括编制安全计划和一些安全生产管理体系评价，以及一些预防措施等。同时，项目经理部应确定并提供充分的资源，以确保安全生产管理体系的有效运行和安全管理目标的实现。安全管理组织对应的资源包括：配备与施工安全相适应并经培训考核持证的管理人员、操作人员和检查员；施工安全技术及防护设施；用电和消防设施；施工机械安全装置；必要的安全检测工具和安全技术实施经费。

## 二、工程项目的安全生产保证体系

建立健全安全管理制度、安全管理机构和安全生产责任制是安全管理的重要内容，更是实现安全生产目标管理的组织保证和支撑。

### （一）安全生产的组织保证体系

#### 1. 设置安全生产委员会（或领导小组）

根据工程施工特点和规模设置工程项目安全生产委员会或安全生产领导小组，具体要求如下。

建筑面积在 5 万 $m^2$（含 5 万 $m^2$）以上或造价在 3 000 万元人民币（含 3 000 万元）以上的工程项目，应设置安全生产委员会。安全生产委员会由工程项目经理、主管生产和技术的副经理、安全部负责人、分包单位负责人，以及人事、财务、机械、工会等有关部门负责人组成，人员以 5 ～ 7 人为宜。

建筑面积在 5 万 $m^2$ 以下或造价在 3 000 万元人民币以下的工程项目应设置安全生产领导小组。安全生产领导小组由工程项目经理、主管生产和技术的副经理、专职安全管理人员、分包单位负责人，以及人事、财务、机械、工会等有关部门负责人组成，人员以 3 ～ 5 人为宜。同时，安全生产委员会主任或安全生产领导小组组长由工程项目经理担任。

安全生产委员会（或领导小组）是工程项目安全生产的最高权力机构，负

责对工程项目安全生产的重大事项及时做出决策；认真贯彻执行国家有关安全生产和劳动保护的方针、政策、法令。

大型工程项目可在安全生产委员会领导下，按片区设置安全生产领导小组，负责制订工程项目安全生产规划和各项管理制度，及时解决实施过程中的难点和问题，每月对工程项目进行至少一次全面的安全生产大检查，并召开会议，分析安全生产形势，制订预防因工伤亡事故发生的措施和对策，协助上级有关部门进行因工伤亡事故的调查、分析和处理。

**2. 设置安全生产专职管理机构**

为保证安全生产，应设置安全生产专职管理机构，并配备专职安全管理员。安全生产管理部门是工程项目安全生产专职管理机构，其具体的职责包括：协助工程项目经理开展各项安全生产业务工作；定时准确地向工程项目经理和安全生产委员会或领导小组汇报安全生产情况；组织和指导所属安全部门和分包单位的专职安全生产管理机构，开展有效的安全生产管理工作；行使安全生产监督检查职权。

**3. 设置安全生产总监职位**

安全生产总监具体的职责包括：协助工程项目经理开展安全生产工作，为项目经理进行安全生产决策提供依据；每月向项目安全生产领导小组汇报本月工程项目的安全生产状况；定期向公司安全生产管理部门汇报安全生产情况，对工程项目安全生产工作进行监督；有权要求有关部门和分包单位负责人报告各自业务范围内的安全生产情况；有权建议处理不重视安全生产工作的部门负责人、工长、班组长及其他有关人员；组织并参加各类安全生产检查活动，监督工程项目经理的安全生产行为；对安全生产领导小组做出的各项决议的实施情况进行监督。

**4. 工程项目安全管理人员的配置要求**

工程项目安全管理人员的配置要求：建筑面积为 1 万 $m^2$ 及以下的施工项目设置 1 名专职安全管理人员；建筑面积为 1 万 $m^2$ 以上 3 万 $m^2$ 以下的施工项目设置 2 名专职安全管理人员；建筑面积为 3 万 $m^2$ 以上及 5 万 $m^2$ 以下的施工项目设置 3 名专职安全管理人员；施工项目在 5 万 $m^2$ 以上按专业设置安全员并成立安全组。

**5. 工程分包单位按规定建立安全组织保证体系**

工程分包单位按规定建立安全组织保证体系，其管理机构及人员纳入工程项目安全生产保证体系，接受工程项目安全部门的业务领导，参加工程项目统一组织的各项安全生产活动，并按周向项目安全部报送有关安全生产的信息。在安全管理组织建设方面，分包单位建立自身管理体系的要求为：工作人员人数在 100 人以下设兼职安全员；100 ～ 300 人必须有专职安全员 1 名；300 ～ 500 人必须有专职安全员，由工程总承包单位安全部统一进行业务指导和管理。班组长、分包专业队长是兼职安全员，负责本班组工人的安全，负责消除作业区的安全隐患，对施工现场实行目标管理。

### （二）安全生产的责任保证体系

工程项目是安全生产工作的载体，具体组织和实施项目安全生产工作的是施工企业安全生产的基层组织。工程项目安全生产责任保证体系分为三个层次，即项目经理作为本工程项目安全生产的第一负责人，由其组织和聘用工程项目的安全负责人、技术负责人、生产调度负责人、机械管理负责人、劳动管理负责人及其他相关部门负责人组成安全决策机构；分包队伍负责人作为本队伍安全生产第一责任人，组织本队伍执行总承包单位安全管理规定和各项安全决策，组织专业分包工程的安全生产；作业班组负责人作为本班组或作业区域安全生产第一责任人，贯彻执行上级指令，保证本区域、本岗位的安全生产。

工程项目的施工部门应履行下列安全生产责任。

（1）贯彻落实各项安全生产的法律法规和规章制度，组织实施各项安全管理工作，完成上级下达的各项考核指标。

（2）建立并完善工程项目经理安全生产责任制和各项安全管理规章制度，组织开展安全教育、安全检查，积极开展日常安全生产活动，监督、控制分包队伍执行安全规定，履行安全职责。

（3）建立安全生产组织机构，设置安全管理专职人员，保证安全技术措施经费的落实和投入。

（4）制订并落实工程项目施工的安全技术方案和安全防护技术措施，为工作人员提供安全的生产作业环境。

（5）发生伤亡事故及时上报并保护好事故现场，积极抢救伤员，认真配合事故调查组开展伤亡事故的调查和分析，按照“四不放过”原则，落实整改防范措施，对责任人员进行处理。

### （三）安全生产的制度保障体系

工程项目应建立十项安全生产管理制度，具体包括以下内容。

（1）安全生产责任制度。

（2）安全生产检查制度。

（3）安全生产验收制度。

（4）安全生产教育培训制度。

（5）消防保卫管理制度。

（6）重要劳动防护用品定点使用管理制度。

（7）工人因工伤亡事故报告、统计制度。

（8）安全生产值班制度。

（9）安全生产奖罚制度。

（10）安全生产技术管理制度。

上述基本制度构成保证工程项目顺利进行的制度体系。

### （四）安全生产的资源保证体系

工程项目的安全生产必须有充足的资源作为保障。资源投入包括人力资源投入、物质资源投入和资金投入等。安全人力资源投入包括专职安全管理人员的设置和高素质技术人员、操作工人的配置及安全教育培训的投入。

安全物质资源投入包括进入现场材料的把关和料具的现场管理，以及机电、起重设备、锅炉、压力容器及自制机械等资源的投入。其中，物质资源系统管理人员对机电、起重设备、锅炉、压力容器及自制机械的安全运行负责，按照安全技术规范进行经常性检查，并监督各种设备设施的维修和保养；对大型设备设施、中小型机械操作人员定期进行培训、考核，要求其持证上岗；负责起重设备、提升机具、成套设施的安全验收。

项目实施部门应加强材料的质量管理，防止假冒伪劣产品进入施工现场。首先，要正确选择进货渠道，严把材料质量关。一般大型施工企业都有相对固定的采购单位，应对其进行资格审查，审查内容包括营业执照、生产许可证、生产产品允许等级标准、产品监察和产品获奖情况。其次，应有完善的检测手段、手续和实验机构，对产品的质量和生产情况进行调查和评估，了解其他用户的使用情况与意见，掌控生产厂家的经济实力、担保能力、包装和储运能力等。最后，材料采购人员应做好市场调查和预测工作，“比质量、比价格、比运距”，查验产品合格证及有关检测实验资料后，再批量采购并签订合同。

项目所用材料要进行验收管理。在组织送料前，项目的安全人员和材料员应先行看货验收，进库时，保管员和安全人员一起组织验收后方可入库。必须是验收质量合格、技术资料齐全的产品，才能登记进料台账，发料使用。材料、设备的维修保养工作是施工项目资源保证的重要环节，保管人员应经常对所管物资进行检查，了解资源的特性，以便及时采取行动对所管物资进行防护，从而保证设备出场的完好。例如，用电设备中的手动工具、照明设施必须在出库前由电工全面检测并做好记录，只有合格设备才能出库。

安全投资是指保护职工在生产过程中的安全和健康所支出的全部费用，是资源保证体系的重要部分。安全投资按作用分，可分为预防性投资和控制性投资；按时间顺序分，可分为事前投资、事中投资和事后投资；按专业类别分，又可分为安全技术措施费、工业卫生措施费、辅助设施费、安全教育费、防护用品费、修护费、职业病诊治费、事故处理费等。安全投资应遵循“谁受益谁整改，谁危害谁负担，谁需要谁投资”的原则，并达到工程项目造价的0.8%～2.5%。每一个工程项目在资金投入方面都必须认真贯彻执行国家、地方政府的有关规定。

安全生产资源保证体系中对安全技术措施费的管理非常重要，具体要求如下。

（1）规范安全技术措施费的管理，保证安全生产资源基本投入，施工企业应在全面预算中专门立项，编制安全技术措施费用预算计划，将其纳入经营成本预算管理。

（2）安全部门负责编制安全技术措施项目表，作为公司安全生产管理标准。

（3）项目经理部按工程标的总额编制安全技术措施费用使用计划表，总额由经理部控制，但须按比例分解到劳务分包并监督使用。

（4）公司须有的用于抢险救灾和应急的专项费用。

（5）加强安全技术措施费用管理，既要坚持科学、实用、低耗，又要保证执行合规，确保措施的可靠性。

（6）编制的安全技术措施必须满足安全技术规范、标准的要求，费用投入应保证安全技术措施的实现，要对预防和减少伤亡事故起到保证作用。

（7）安全技术措施的贯彻落实要由总承包单位负责。

（8）用于安全防护产品的性能、质量应达标并检测合格。

（9）编制安全技术措施费用项目目录表。

## 三、工程项目对安全管理的要求

### （一）正确处理好各种关系

#### 1. 安全与生产的统一关系

生产是人类社会存在和发展的基础，如果生产中的人、物、环境都处于危险状态，那么生产就无法顺利进行，因此，安全是生产的客观要求。而当生产完全停止时，谈安全也就失去意义。就生产目标来说，组织好安全生产就是对国家、人民和社会最大的负责。有了安全保障，生产才能持续、稳定、健康发展，若生产活动中不断发生事故，生产势必陷于混乱甚至瘫痪。当生产与安

全发生矛盾，危及员工生命或损害公司资产时，停止生产经营活动进行整治，消除危险因素以后，生产经营形势会变得更好。

**2. 安全与速度的互促关系**

在生产中，如果违背客观规律，蛮干、乱干，在侥幸中求进度，缺乏真实可靠的安全支撑，往往容易酿成事故，不但无速度可言，反而会影响生产，延误工期。一味强调速度，置安全于不顾的做法是极其有害的，当速度与安全发生矛盾时，应暂时放缓速度，保证安全。

**3. 安全与效益的同在关系**

安全技术措施的实施会不断改善劳动条件，调动职工的积极性，提高工作效率，带来经济效益。从这个意义上说，安全与效益完全是一致的，安全促进了效益的增长。实施安全措施，投入要精打细算、统筹安排，既要保证安全生产，还要考虑效益，为了省钱而忽视安全生产或盲目高投入都是不可取的。

**4. 安全与质量的同步关系**

质量和安全工作交互作用，互为因果。安全第一，质量第一，两个第一并不矛盾，安全第一是从保护生产经营的角度提出的，而质量第一则是从关心产品成果的角度来强调的。安全为质量服务，质量需要安全保证。生产安全和质量都不能丢掉，否则生产将陷于失控状态。

**5. 安全与危险的关系**

危险是绝对的，安全是相对的，安全是不超过允许限度的危险。安全与危险在同一事物的运动中是相互对立、相互依赖而存在的，因为有危险，所以才要求安全生产，以防止或减少危险。安全与危险并非等量并存相处，随着事物的运动变化，安全与危险的关系每时每刻都在发生变化。在事物的运动中，不存在绝对的安全或危险，要保持生产的安全状态，必须采取多种措施，以预防为主，危险因素是可以控制的。

### （二）安全管理中必须做到的事项

安全管理的内容是对生产中的人、物、环境因素状态的管理，是有效地控制人的不安全行为和物的不安全状态，消除或避免事故，达到保护劳动者的安全与健康的目标。没有明确目标的安全管理是一种盲目行为，而盲目的安全管理往往劳民伤财，危险因素依然存在。在一定意义上，盲目的安全管理只能纵容威胁人安全与健康的危险因素向更为严重的方向发展或转化。安全管理必须坚持以下几方面内容。

**1. 坚持生产、安全同时管**

安全寓于生产之中，并对生产发挥促进与保证作用，因此，安全与生产虽有时会出现矛盾，但从安全、生产管理的目标出发，安全管理与生产管理表现出高度的一致性和统一性。安全管理是生产管理的重要组成部分，安全与生产在实施过程中联系密切，有共同管理的基础。管生产的同时管安全，不仅要求各级领导明确安全管理责任，而且要求一切与生产有关的机构、人员明确业务范围内的安全管理责任。由此可见，一切与生产有关的机构、人员都必须参与安全管理，并在管理中承担责任。认为安全管理只是安全部门的事是一种片面的、错误的认识。各级人员安全生产责任制度的建立，管理责任的落实，均体现了管生产同时管安全的原则。

**2. 坚持预防为主**

安全生产的方针是“安全第一，预防为主，综合治理”，安全第一是站在保护生产力的角度和高度，表明在生产范围内安全与生产的关系，肯定安全在生产活动中的重要性。进行安全管理不是处理事故，而是在生产经营活动中针对生产的特点，对生产要素采取管理措施，有效地控制不安全因素，把可能发生的事故消灭在萌芽状态，以保证生产经营活动及劳动者的安全。预防为主，先是端正对生产中不安全因素的认识，选准消除不安全因素的时机。在生产活动过程中，经常检查，及时发现不安全因素，并采取措施，明确责任，尽快和坚决地予以消除是安全管理应持有的态度。

**3. 坚持过程控制**

通过识别和控制特殊关键过程，达到预防或消除事故及事故伤害的目的。在工程项目安全管理中，对生产过程的控制与安全管理目标关系更直接。因此，对生产中人的不安全行为和物的不安全状态的控制，必须列入生产过程的安全管理。事故发生往往是由人的不安全行为运动轨迹与物的不安全状态运动轨迹的交叉所造成的。事故发生的原因也说明了应将生产过程的控制作为安全管理的重点。

**4. 坚持全员管理**

安全管理不是少数人和安全机构的事，而是一切与生产有关的机构、人员共同的事，缺乏全员的参与，安全管理不会有好的效果。当然，这并非否定安全管理第一责任人和安全监督机构的作用。安全管理第一负责人在安全管理中的作用固然重要，但全员参与安全管理更加重要。安全管理涉及从开工到竣工交付的全部过程。因此，生产经营活动中必须坚持全员、全方位的安全管理。

5. 坚持持续改进

安全管理是对变化着的生产经营活动的一种动态管理，是不断变化、改进、发展的。为适应变化的生产活动，消除新的危险因素，需要不间断地摸索新的规律，总结控制的办法与经验，以此指导新安全管理，从而不断提高工程项目的安全管理水平。

## 四、工程项目部的安全生产职责

### （一）项目经理部的安全生产责任

项目经理部是安全生产工作的载体，具体组织和实施项目安全生产，对本项目工程的安全生产负全面责任，要贯彻落实各项安全生产的法律法规和规章制度，组织实施各项安全管理工作，完成各项考核指标，建立并完善项目部安全生产责任制和安全考核评价体系，积极开展各项安全活动，监督、控制分包单位执行安全规定，履行安全职责。

若发生伤亡事故，项目经理部应及时上报并保护好事故现场，积极抢救伤员，认真配合事故调查组开展伤亡事故的调查和分析，按照“四不放过”原则，落实整改防范措施，对责任人员进行处理。

### （二）项目经理的安全生产职责

工程项目经理是该工程安全生产的第一责任人，对全过程的安全生产负全面领导责任。工程项目经理必须经过专门的安全培训考核，取得项目管理人员安全生产资格证书方可上岗；贯彻落实各项安全生产规章制度，结合工程项目特点及施工性质，制订有针对性的安全生产管理办法和实施细则并组织实施。在组织项目施工、聘用人员时，要根据工程特点、施工人数、施工专业等情况，按规定配备一定数量和素质的专职安全管理员，确定安全管理体系；明确各级人员和分包方的安全责任与考核指标，并制订考核办法；健全和完善用工管理手续，用外协施工队必须及时向人事劳务部门、安全部门申报，必须事先审核施工队的注册、持证等情况，对工人进行三级安全教育后，方准入场上岗；负责施工组织设计、施工方案、安全技术措施的组织落实工作，组织并督促工程项目安全技术交底制度、设施设备验收制度的落实。

在工程项目施工中，采用新设备、新技术、新工艺、新材料，必须编制科学的施工方案，配备安全可靠的劳动保护装置和劳动防护用品，否则不准施工。项目经理组织和领导每旬一次的施工现场安全生产检查，对检查中发现的安全隐患，组织制订整改措施并及时解决；对上级提出的安全生产与管理方面的问题，要在限期内定时、定人、定措施予以解决；接到政府部门安全监察指令书和重大安全隐患通知单，应立即停止施工并组织整改，隐患消除后，必须报请上级部门验收合格才能恢复施工；发生因工伤亡事故时，必须做好事故现场保护与伤员的抢救工作，按规定及时上报，不得隐瞒、虚报和故意拖延不报，应积极组织配合事故的调查工作，认真制订并落实防范措施，吸取事故教训，防止重复发生事故。

### （三）项目部各职能部门的安全生产职责

安全部是项目安全生产的责任部门，代行使项目安全生产领导小组的安全工作监督检查职权，协助项目经理开展各项安全生产业务活动，监督项目安全生产，保证体系的正常运转，定期向项目安全生产领导小组汇报安全生产情况并通报安全信息，及时传达项目安全生产决策并监督实施，组织和指导项目分包安全机构及安全人员开展各项业务工作，定期进行项目安全性测评。

工程管理部在编制项目总工期控制进度计划和年、季、月计划时，必须树立“安全第一”的思想，平衡各生产要素，保证安全工程与生产任务的协调一致；在检查生产计划实施情况的同时，检查安全措施的执行情况；对于改善劳动条件、预防伤亡事故项目，要视同生产项目，优先安排，对于施工中重要的安全防护设施设备的施工，要纳入正式工序，予以时间保证；负责编制项目文明施工计划，并组织具体实施，负责现场环境保护工作的具体组织和落实，负责工程项目所使用的大、中、小型机械设备的日常维护、保养和安全管理。

技术部负责编制项目施工组织设计中安全技术措施方案，编制专项安全技术方案；参加工程项目所用的设备设施的安全验收，从安全技术角度严格把关；在检查施工组织设计和施工方案实施情况的同时，检查安全措施的实施情况，对施工中涉及的安全技术问题提出解决办法；对项目使用的新技术、新工艺、新材料、新设备制订相应的安全技术措施和安全操作规程，并负责对工人进行安全技术教育。

物资部要严格执行重要劳动防护用品的采购规定，执行本系统重要劳动防护用品定点使用管理规定；会同项目安全部进行验收，加强对在用机具和防护用品的管理，对自有的机具和防护用品定期进行检验、鉴定，对不合格品及时报废、更新以确保使用安全；负责施工现场材料堆放和物品储运的安全。

## 五、工程项目的安全生产教育

### （一）安全生产教育的对象

工程项目的生产经营单位应当对从业人员进行安全生产教育和培训，保证从业人员具备必要的安全生产知识，熟悉有关的安全生产规章制度和安全操作规程，掌握本岗位的安全操作技能。未经安全生产教育和培训或培训不合格的，不得上岗作业。地方政府及行业管理部门对施工项目的各级管理人员的安全教育培训做出了具体规定，要求施工项目安全教育培训率实现100%。

工程项目安全教育培训的对象包括以下五类人员。

（1）工程项目经理、项目执行经理、项目技术负责人。工程项目主要管理人员必须参加当地政府或上级主管部门组织的安全生产专项培训，培训时间不得少于24小时，经考核合格后，持安全生产资质证书上岗。

（2）工程项目基层管理人员，施工项目基层管理人员。这类人员每年必须接受公司安全生产年审，经考试合格后持证上岗。

（3）特种作业人员。这类人员必须经过专门的安全理论培训和安全技术实际训练，经理论和实际操作的双项考核，合格者持特种作业操作证上岗作业。

（4）操作工人。这类人员必须经过三级安全教育，考试合格后持证上岗作业。

（5）分包负责人和分包队伍管理人员。这类人员必须接受政府主管部门或项目总承包单位的安全培训，经考试合格后持证上岗。

### （二）安全生产教育的内容

安全是生产赖以正常进行的前提，安全教育又是安全管理工作的重要环节，是提高全员安全生产素质和安全管理水平、防止事故、实现安全生产的重要手段。工程项目安全生产教育主要包括安全生产思想教育、劳动纪律教育、安全技能教育、安全知识教育和法制教育五个方面的内容。

#### 1. 安全生产思想教育

安全生产思想教育的目的是为安全生产奠定思想基础，提高各级管理人员和广大职工对安全生产重要意义的认识，从思想上、理论上认识搞好安全生产的重要意义，以增强职工关心人、保护人的责任感。安全生产思想教育通过安全生产方针、政策教育提高各级技术、管理人员和广大职工的思想意识，使他们正确全面地理解党和国家的安全生产方针、政策并严肃认真地执行。

#### 2. 劳动纪律教育

劳动纪律教育的目的主要是使广大职工懂得严格遵守劳动纪律对实现安全生产的重要性。施工企业的劳动纪律是劳动者进行劳动时必须遵守的法则和秩序。遵守劳动纪律是贯彻安全生产方针，减少伤害事故，实现安全生产的重要保证。

3. 安全技能教育

安全技能教育就是结合本工种专业特点，培训每个职工，使其熟悉本工种、本岗位，具备安全防护所必须具备的基本技术知识。安全技能知识是比较专业、细致和深入的知识，包括安全技术和安全操作规程。对从事登高架设、起重、焊接、电气、爆破、压力容器、锅炉等特种作业人员，必须进行专门的安全技术培训。

4. 安全知识教育

施工企业全体职工必须具备安全基本知识，必须接受安全知识教育。施工企业每年按规定学时对全体职工进行安全培训。安全知识教育的主要内容包括：企业的基本生产概况；施工流程、方法；企业施工生产危险区域及其安全防护的基本知识和注意事项；机械设备、厂（场）内运输的有关安全知识；有关电气设备或动力照明的基本知识；高处作业安全知识；生产中使用的有毒、有害物质的安全防护基本知识；消防制度及灭火器材应用的基本知识；个人防护用品的正确使用知识等。

5. 法制教育

法制教育就是要采取各种有效形式，对全体职工进行安全生产法制教育，从而提高职工遵法、守法的自觉性，以达到安全生产的目的。

（三）安全生产教育的形式

1. 新入职员工的“三级安全教育”

“三级安全教育”是企业必须坚持的安全生产基本教育制度，对新入职员工，包括新招收的合同工、临时工、学徒工、农民工及实习和代培人员，必须进行公司、项目、班组三级安全教育，时间不得少于40小时。“三级安全教育”由安全、教育和劳资等部门组织进行，经教育考试合格者才准许进入生产岗位，不合格者必须补课、补考，考试合格后才可进入生产岗位。对新入职员工的“三级安全教育”情况要建立档案，新入职员工工作一个阶段后，还应进行重复性的安全再教育，不断加深安全意识。

“三级安全教育”的主要内容包括：党和国家的安全生产方针、政策；安全生产法律、法规、标准和法制观念；本单位施工过程及安全生产的规章制度和安全纪律；本单位安全生产形势、历史上发生的重大事故及应吸取的教训；发生事故后如何抢救伤员、排险、保护现场和进行报告；工程项目进行现场的规章制度和遵章守纪教育。

其中，工程项目进行现场规章制度和遵章守纪教育的主要内容包括：本

单位所承接的工程项目的施工特点及施工知识；本单位关于施工或生产场地的安全生产制度、规定及安全注意事项；本工种的安全技术操作规程；机械设备、电气设备及高处作业等安全基本知识；防火、防雷、防尘、防爆知识及紧急情况的安全处置和安全疏散知识；防护用品发放标准及防护用具、用品使用的基本知识等。

班组安全生产教育由班组长或由班组安全员和指定的技术熟练、重视安全生产的有工作经验的工人，进行本工种岗位安全操作及班组安全制度、纪律教育。班组安全生产教育的主要内容包括：本班组作业特点及安全操作规程；班组安全活动制度及纪律；爱护和正确使用安全防护装置、设施及个人劳动防护用品；本岗位易发生事故的不安全因素及其防范对策；本岗位的作业环境及使用的机械设备、工具的安全防护措施及注意事项。

#### 2. 施工转场的安全教育

新转入施工现场的工人必须进行转场安全教育，教育时间不得少于 8 小时。安全教育内容包括：本工程项目安全生产状况及施工条件；施工现场中危险部位的安全防护措施及典型事故案例；本工程项目的安全生产制度、规定及注意事项。

#### 3. 季节性施工安全教育

工程进入雨期及冬期施工前，在施工现场项目经理的部署下，各区域责任工程师负责组织本区域内的分包队伍管理人员及操作工人进行专门的季节性施工安全教育，时间不少于 2 小时。安全技术交底的内容是应该采取的专项措施及应注意的问题，并明确应急预案。

#### 4. 特种作业的安全教育

从事特种作业的人员必须经过专门的安全技术培训，经考试合格取得操作证后方准上岗作业。特种作业的类别及操作项目如下：

（1）电工作业，主要包括用电安全技术、低压运行维修、高压运行维修、低压成套设备安装、电缆安装、高压值班、超高压值班、高压成套设备安装、高压电气试验，以及继电保护和二次仪表整定；

（2）金属焊接作业，主要包括手工电弧焊、气焊、气割、二氧化碳保护焊、手工钨极氩弧焊、埋弧自动焊、电阻焊、电渣焊和锅炉压力容器焊接；

（3）起重机械作业，主要包括塔式起重机操作、汽车式起重机驾驶、桥式起重机驾驶、挂钩作业、信号指挥、履带式起重机驾驶、垂直卷扬机操作、客运电梯驾驶、货运电梯驾驶和施工外用电梯驾驶；

（4）登高架设作业，主要包括脚手架拆装、超高处作业、起重设备拆装；

（5）厂内机动车辆驾驶，主要有叉车和铲车驾驶、电瓶车驾驶、翻斗车驾驶、汽车驾驶、摩托车驾驶、拖拉机驾驶、机械施工用车驾驶和地铁机车驾驶等。

特种作业人员的培训、取证及复审等工作要严格执行国家、地方政府的有关规定，对从事特种作业的人员要进行经常性的安全教育，每月至少一次且每次教育不少于 4 小时。安全教育内容包括：特种作业人员所在岗位的工作特点，可能存在的危险、隐患和安全注意事项；本岗位的安全技术要领和个人防护用品的正确使用方法；本岗位曾发生的事故案例及经验教训。

### 5. 节假日前后的安全教育

节假日前后应特别注意各级管理人员及操作者的思想动态，有意识、有目的地进行教育，稳定他们的思想情绪，预防事故的发生。节假日前后应有专门的人员对施工工人进行安全生产教育，时间不少于 2 小时。安全教育内容包括：因故改变安全操作规程，更新仪器、设备和工具，推广新工艺、新技术的注意事项；发生的因工伤亡事故、机械损坏事故及重大未遂事故；实施重大和季节性的安全技术措施；出现其他不安全因素时，安全生产环境发生的变化。

### 6. 变换工种的安全教育

凡改变工种或调换工作岗位的工人必须进行变换工种的安全教育，且教育时间不得少于 4 小时，经教育考核合格后方准上岗。安全教育内容包括：新工作岗位或生产班组安全生产概况、工作性质和职责；新工作岗位、新工种的安全技术操作规程；新工作岗位个人防护用品的正确使用和保管；新工作岗位容易发生事故及有毒、有害的地方；新工作岗位必要的安全知识，主要包括各种机具设备及安全防护设施的性能和作用。

### 7. 安全生产教育活动

周一安全活动是施工项目经常性安全活动之一，要在每周一开工前对全体在岗工人开展至少 1 小时的安全生产及法制教育活动，教育活动可采取看录像、听报告、分析事故案例、图片展览、急救示范、智力竞赛、热点辩论等形式进行。工程项目主要负责人要进行安全讲话，主要内容包括：上周安全生产形势、存在问题及对策；最新安全生产信息；重大和季节性的安全技术措施；本周安全生产工作的重点、难点和危险点；本周安全生产的工作目标和要求。

班前安全活动交底是施工队伍经常性安全教育活动之一，各作业班长于每班工作开始前，必须对本班组全体人员进行不少于 15 分钟的班前安全活动交底。班组长要将安全活动交底内容记录在专用的记录本上，各成员在记录本上签名。班前安全活动交底的内容应包括：本班组安全生产须知；本班组工作中的危险点和应采取的对策；上一班工作中存在的安全问题和应采取的对策；在特殊性、季节性和危险性较大的作业前，责任工长要参加班前全员讲话并对工作中应注意的安全事项进行重点交底。

## 六、工程项目的安全检查

### （一）安全检查的制度

为了全面提高项目安全生产管理水平和及时消除安全隐患，落实各项安全生产制度和措施，在确保工程安全的情况下，正常地对施工项目实行逐级安全检查制度。安全检查制度包括：施工企业对工程项目实施定期检查和重点作业部位巡检制度；项目经理部每月由现场经理组织、安全总监配合，对施工现场进行一次安全大检查；专业责任工程师或工长实行日巡检制度；区域责任工程师每半个月组织专业责任工程师或工长、分包商、行政、技术负责人对所管辖的区域进行安全大检查；施工班组要做好班前、班中、班后和节假日前后的安全自检工作，尤其作业前必须对作业环境进行认真检查，做到身边无隐患、班组不违章；各级检查都必须有明确的目的，做到“四定”，即定整改责任人、定整改措施、定整改完成时间、定整改验收项目，并做好检查记录；工程项目分包单位必须建立各自的安全检查制度，除参加总承包单位的检查外，必须坚持自检，及时发现、纠正、整改本责任区的违章、隐患，对危险和重点部位要跟踪检查，并做到以预防为主；工程项目的安全总监对上述人员的活动情况进行监督与检查。

各级管理人员负责安全施工规章制度的建立与落实。安全施工规章制度包括安全施工责任制、岗位责任制、安全教育制度和安全检查制度。检查施工现场安全措施的落实和有关安全规定的执行情况，主要包括以下内容：安全技术措施在施工过程中的学习贯彻情况；工地上是否有专、兼职安全员并组成安全活动小组，有无完整的施工安全记录情况，安全技术交底和操作规章的学习贯彻情况；安全设防情况、个人防护情况、安全用电、施工现场防火设备情况和安全标志牌设置情况；等等。

### （二）安全检查的形式

工程安全检查的形式多样，主要有上级检查、定期检查、专业性检查、经常性检查及自行检查等。

（1）上级检查是指各级建筑主管部门对下属单位进行的安全检查。这种检查能够发现建筑施工行业安全施工存在的共性和主要问题，具有针对性、调查性、批评性。同时，通过检查总结，扩大和积累施工现场的安全施工经验，对指导安全施工具有重要意义。

（2）定期检查主要是指建筑施工企业内部建立的定期安全检查制度。企业级的定期安全检查可每季度组织一次，项目经理部可每月或每半月组织一次，施工队要每周检查一次。无论哪次检查，都要由主管安全的领导带队，会同企业的工会、安全、动力设备、保卫等部门一起实施，及时发现问题和解决问题。定期检查是全面性和考核性的检查，是按照事先计划的检查方式和内容进行的检查。

（3）专业性检查是指由施工企业有关业务分管部门单独组织，有关人员针对安全工作存在的突出问题，对某项专业存在的普遍性安全问题进行的单项检查。这类检查针对性强，能有的放矢，对帮助提高某项专业工程的安全技术水平有很大作用。而专业工程主要有施工机械、脚手架、电气、塔吊、锅炉和防尘防毒等。

（4）经常性检查主要是要提高大家的安全意识，使员工时刻牢记安全要领，在施工中安全操作，及时发现安全隐患并加以消除，保证工程施工的正常进行。经常性安全检查包括班组进行班前、班后岗位安全检查，各级安全员及安全值班人员日常巡回安全检查，各级管理人员在检查施工的同时进行的安全检查等。

（5）季节性检查是针对冬季、风季、雨季等特殊气候可能给施工安全和施工人员的健康带来危害而组织的安全检查，主要是防止施工人员在这一段时间思想放松、纪律松懈而引发事故。检查应由单位领导组织有关部门人员进行。

（6）自行检查是指施工人员在施工过程中经常进行的自检、互检和交接检查。自检是施工人员工作前后应对自身所处的环境和工作程序进行的安全检查，目的是随时消除所发现的安全隐患。互检是指班组之间、员工之间开展的安全检查，以便互相帮助，共同防止事故的发生。交接检查是指上道工序完毕，交给下道工序使用前，在工地负责人组织工长、安全员、班组及其他有关人员参加的情况下，由上道工序施工人员进行安全交底并一起进行安全检查和验收，认为合格后才能交给下道工序使用。

### （三）施工准备阶段的安全检查

对工程项目施工区域内的地下电缆、水管或防空洞等，要指定专人进行妥善处理。施工现场内或施工区域附近有高压架空线时，要在施工组织设计中采取相应的技术措施，确保施工安全。施工区域若临近居民住宅或交通要道，

要充分考虑施工扰民、妨碍交通、发生安全事故的各种可能。对有可能存在的安全隐患，要有相应的防护措施，如搭设过街、民房防护棚，施工中作业层全封闭等。在现场内设金属加工、混凝土搅拌站时，要尽量远离居民区及交通要道，以防止施工中的噪声干扰居民的正常生活。

**（四）用电设备的安全检查**

（1）检查建筑施工现场临时用电系统和设施，包括检查系统是否采用了TN–S 接零保护系统。TN–S 系统，即五线制系统，保护零线和工作零线分开，在一级配电设立两个端子板，即工作零线端子板和保护零线端子板，此时入线是一根中性线，工作零线和保护零线是出线，分别由各自端子板引出。

（2）要求现场塔吊等设备电源从一级配电柜直接引入，引到塔吊专用箱，不允许与其他设备共用，而且现场一级配电柜要做重复接地。

（3）施工中临时用电的负荷匹配和电箱配置、配设是否达到“三级配电、两级保护”要求，是否符合《施工现场临时用电安全技术规范》（JGJ46—2005）和《建筑施工安全检查标准》（JGJ 59—2011）等规范和标准。

（4）临时用电器材和设备要具备安全防护装置和有效安全措施。

（5）室外及固定的配电箱要有防雨、防砸棚、围栏，如果是金属的还要接保护零线，箱子下方砌台，箱门配锁，有警告标志和制度责任人等。

（6）木工机械的环境和防护设施齐全有效。

（7）手持电动工具要达标，生活和施工照明要符合要求，包括灯具（碘钨灯、镝灯、探照灯、手把灯）的高度、防护、接线、材料均符合规范要求，照明线路要符合规范且有必要的保护措施，在需要使用安全电压的场所要采用低压照明，低压变压器配置要符合要求。

（8）消防泵、大型机械要符合特殊用电要求。如塔吊、消防泵、外用电梯等配置专用电箱并做好防雷接地，塔吊、外用电梯电缆要做合适处理等。

（9）在雨期施工时，应对绝缘和接地电阻进行及时摇测和记录。

**（五）基础施工阶段的安全检查**

工程土方施工前，应检查是否有针对性的安全技术交底并督促执行；在雨期或地下水位较高的区域施工时，要检查是否有排水、挡水和降水措施；检查根据组织设计放坡比例进行的放坡施工是否合理，有没有支护措施或打护坡桩；检查在深基础施工过程中，作业人员的工作环境和通风情况是否良好，工作位置距基础 2 m 以下是否有基础周边安全防护措施。

**（六）主体结构施工阶段的安全检查**

在工程主体结构的施工阶段应做好对外脚手架、搭设材料和安全网的安全检查与验收，预防高处坠落和物体打击。检测的对象包括：水平 6 m 支网和 3 m 挑网；出入口的护头棚；脚手架搭设基础、间距、拉结点、扣件连接、卸荷措施；结构施工层和距地 2 m 以上操作部位的外防护；等等。

做好安全帽、安全带、安全网、绝缘手套、防护鞋等安全防护用品的使用检查与验收；做好孔、洞口（楼梯口、预留洞口、电梯井口、管道井口、首层出口）的安全检查与验收；做好阳台边、屋面周边、结构楼层周边、雨篷与挑檐边、水箱与水塔周边、斜道两侧边、卸料平台外侧边、梯段边等临边的安全检查与验收；做好机械设备人员教育和持证上岗的培训，对所有设备进行检查与验收，重点检查周转材料，特别是大模板的存放和吊装；做好对施工人员上下通道的检查；现代综合体工程中一些特殊结构工程，如钢结构吊装、大型梁架吊装及特殊危险作业，要对其施工方案、安全措施、技术交底进行检查与验收。

#### （七）装修施工阶段的安全检查

工程的室外装修脚手架、吊篮、桥式架子的保险装置、防护措施在投入使用前，应进行检查与验收，日常要进行安全检查。主要检查：室内管线洞口防护设施，室内使用的单梯、双梯、高凳等工具，以及使用人员的安全技术交底；室内装修作业使用的架子搭设和防护；室内装修作业使用的各种染料、涂料和黏合剂是否挥发有毒气体。竣工扫尾阶段的主要安全检查工作包括对外装脚手架的拆除和现场清理工作的检查。

### 七、工程项目的安全评价

#### （一）安全检查评价

##### 1. 安全检查评分表

为科学地评价工程项目的安全生产情况，提高安全生产工作的管理水平，预防伤亡事故的发生，确保职工及作业人员的安全，应按照工程安全系统原理，并结合建筑施工中伤亡事故的发生规律，根据住房和城乡建设部《建筑施工安全检查标准》（JGJ 59—2011）的相关规定，对建筑施工中容易发生伤亡的主要环节、部位和工艺等的完成情况进行安全检查并给予定性评价。安全评价采用检查评分表的形式，分为安全管理、文明工地、脚手架、基坑工程、模板支架、施工用电、物料提升机与施工升降机、高处作业、施工机具、塔式起重机与起重吊装等的分项检查评分表和检查评分汇总表。汇总表对各分项内容的检查结果进行汇总，利用汇总表所得分值来确定和评价施工项目总体安全生产工作。工程施工安全检查评分汇总表格式参见表 4–1。

表4-1　工程施工安全检查评分汇总表

| 工程名称 | 建筑面积（$m^2$） | 结构类型 | 总计得分（100分） | 被检查项目名称及总分值 | | | | | | | | | |
|---|---|---|---|---|---|---|---|---|---|---|---|---|---|
| | | | | 安全管理（10分） | 文明施工（10分） | 脚手架（10分） | 基坑工程（10分） | 模板支架（10分） | 施工用电（10分） | 物料提升机与施工升降机（10分） | 高处作业（10分） | 施工机具（10分） | 塔式起重机与起重吊装（10分） |
| | | | | | | | | | | | | | |
| | | | | | | | | | | | | | |

评语

| 检查单位 | | 负责人 | | 受检项目 | | 项目经理 | |
|---|---|---|---|---|---|---|---|

**2. 安全检查评定等级**

安全检查评定等级按分项检查评分表的得分和检查评分汇总表的总得分，划分为优良、合格、不合格三个等级。等级的划分应符合下列规定。

（1）优良：要求分项检查评分表无0分项，汇总表得分值在80分及以上。

（2）合格：要求分项检查评分表无0分项，汇总表得分值在80分以下70分及以上。

（3）不合格：即汇总表得分值不足70分或者分项检查评分表中有一项的分值为0，当施工安全检查评定的等级为不合格时，必须限期整改，达到合格标准。

**（二）安全管理的检查与评定**

工程项目中保证项目的检查评定内容应包括安全生产责任制、施工组织设计及专项施工方案、安全技术交底、安全检查、安全教育与培训、应急救援等子项。而一般项目的检查评定内容应包括分包单位安全管理、持证上岗、生产安全事故处理、安全标志等。

1. 保证项目的安全管理

（1）安全生产责任制

安全生产责任制主要是指工程项目部各级管理人员，包括项目经理、工长、安全员、生产、技术、机械、器材、后勤、分包单位负责人等管理人员，均应建立安全责任制。根据《建筑施工安全检查标准》（JGJ 59—2011）和项目制订的安全管理目标，进行责任目标分解，建立考核制度，定期（每月）考核。

（2）施工组织设计及专项施工方案

工程项目部在施工前应编制施工组织设计，施工组织设计应针对工程特点、施工工艺，制订安全技术措施。安全技术措施应包括安全生产管理措施。危险性较大的分部分项工程应按规定编制安全专项施工方案，安全专项施工方案应有针对性，并按有关规定进行设计计算。超过一定规模、危险性较大的分部分项工程，施工单位应组织专家对专项施工方案进行论证。经专家论证并提出修改完善意见的，施工单位应按论证报告进行修改，并经施工单位技术负责人、项目总监理工程师、建设单位项目负责人签字后方可组织实施。专项施工方案经专家论证后需做重大修改的，应重新组织专家进行论证。施工组织设计、专项施工方案应由有关部门审核，施工单位技术负责人、监理单位项目总监批准。此外，工程项目部应按施工组织设计和专项施工方案组织实施。

（3）安全技术交底

安全技术交底主要包括三个方面：一是按工程部位分部分项进行交底；二是对施工作业相对固定，与工程施工部位有直接关系的工程，如起重机械、钢筋加工等，应单独进行交底；三是对工程项目的各级管理人员，应进行以安全施工方案为主要内容的交底。具体为：施工负责人在分派生产任务时，应对相关管理人员、施工作业人员进行书面安全技术交底；应按施工工序、施工部位、施工栋号分部分项进行；应结合施工作业场所状况、特点、工序，对危险因素、施工方案、规范标准、操作规程和应急措施等进行交底；应由交底人、被交底人、专职安全员进行签字确认。

（4）安全检查

安全检查应包括定期安全检查和季节性安全检查。定期安全检查以每周一次为宜；季节性安全检查应在雨期、冬季施工中分别进行。工程项目部应建立安全检查制度。安全检查应由工程的项目负责人组织，专职安全员及相关专业人员参与，定期进行并做好检查记录，对检查中发现的安全隐患应下达隐患整改通知单，定人、定时、定措施进行整改。重大安全隐患整改后，应由相关部门组织复查，对重大安全隐患的整改复查，应按照“谁检查谁复查”的原则进行。

（5）安全教育与培训

工程项目部应建立安全教育培训制度，当施工人员入场时，工程项目部应组织进行以国家安全法律法规、企业安全制度、施工现场安全管理规定及各工种安全技术操作规范为主要内容的三级安全教育培训和考核。施工人员入场安全教育应按照先培训后上岗的原则进行。当施工人员变换工种或采用新技术、新工艺、新设备、新材料施工时，应进行安全教育培训，以保证施工人员熟悉作业环境，掌握相应安全知识技能。每年度均应对施工管理人员、专职安全管理员进行安全教育培训和考核。

（6）应急救援

应针对工程特点进行重大危险源的辨识，制订防触电、防坍塌、防高处坠落、防起重及机械伤害、防火灾、防物体打击等专项应急救援预案，并对施工现场易发生重大安全事故的部位、环节进行监控。施工现场应建立应急救援组织，培训、配备应急救援人员，定期组织员工进行应急救援演练，对难以进行现场演练的预案，可按演练程序和内容采取室内模拟演练。应按应急救援预案要求配备应急救援器材和设备，包括急救箱、氧气袋、担架、应急照明灯具、消防器材、通信器材、机械设备、材料、工具、车辆、备用电源等。

**2. 一般项目的安全管理**

（1）分包单位安全管理

分包单位安全管理表现为总承包单位应对承揽分包工程的分包单位进行资质、安全生产许可证和相关人员安全生产资格的审查。当总承包单位与分包单位签订分包合同时，应同时签订安全生产协议书，明确双方的安全责任。分包单位应按规定建立安全机构，配备专职安全管理员。分包单位安全管理员的配备应按住居和城乡建设部相关文件的规定：专业分包至少 1 人；劳务分包工程，50 人以下的至少 1 人，50 ～ 200 人的至少 2 人，200 人以上的至少 3 人。施工作业人员进班前，分包单位应根据每天工作任务的不同特点对其安全交底。

（2）持证上岗

持证上岗，即要求从事建筑施工的项目经理、专职安全管理员和特种作业人员，须经行业主管部门培训并考核合格，取得相应资格证书，方可上岗作业。

（3）生产安全事故管理

生产安全事故管理，即应对工程项目发生的各种安全事故进行登记报告，并按规定进行调查、处理，制订预防措施，建立事故档案。重伤以上安全事故，需按国家有关调查处理规定进行登记建档。当施工现场发生生产安全事故时，施工单位应按规定及时报告。施工单位应按规定对生产安全事故进行调查分析，制订防范措施。应依法为施工作业人员办理保险。

（4）安全标志

安全标志，即要求施工现场入口及主要施工区域、危险部位应设置相应的安全警示标志牌。施工现场应绘制安全标志布置图，并根据工程部位和现场设施的变化及时调整安全标志牌的设置。对夜间施工或人员经常通行的危险区域、设施，应安装灯光警示标志牌。按照危险源辨识的情况，施工现场应设置重大危险源公示牌。

**3. 安全管理检查评分表**

工程项目安全管理检查评分表的格式参见表 4–2。

**表4–2　工程项目的安全管理检查评分表**

| 序号 | 检查项目 | 扣分标准 | 应得分数 | 扣减分数 | 实际分数 |
|---|---|---|---|---|---|
| 1 | 安全生产责任制 | 未建立安全责任制，扣 10 分；<br>安全生产责任制未经责任人签字确认，扣 3 分；<br>没有各工种安全技术操作规程，扣 2 ～ 10 分；<br>工程项目部承包合同中，未明确安全生产考核指标，扣 5 分；<br>未制订安全生产资金保障制度，扣 5 分；<br>未编制安全资金使用计划或未按计划实施，扣 2 ～ 5 分；<br>未制订伤亡控制、安全达标、文明施工等管理目标，扣 5 分；<br>未进行安全责任目标分解，扣 5 分；<br>未建立对安全生产责任制和责任目标的考核制度，扣 5 分；<br>未按考核制度对管理人员定期考核，扣 2 ～ 5 分 | 10 分 | | |

续　表

| 序号 | 检查项目 | 扣分标准 | 应得分数 | 扣减分数 | 实际分数 |
|---|---|---|---|---|---|
| 2 | 施工组织设计及专项施工方案 | 施工组织设计中未制订安全技术措施，扣 10 分；<br>危险性较大的分部分项工程未编制安全专项施工方案，扣 10 分；<br>未按照规定对超过一定规模的危险性较大的分部分项工程专项施工方案进行专家论证，扣 10 分；<br>施工组织设计、专项施工方案未经过审批，扣 10 分；<br>安全技术措施、专项施工方案无针对性或缺少设计，扣 2 ～ 8 分；<br>未按照施工组织设计、专项施工方案组织实施，扣 2 ～ 10 分 | 10 分 | | |
| 3 | 安全技术交底 | 未进行书面安全技术交底，扣 10 分；<br>未按分部分项进行交底，扣 5 分；<br>交底内容不全面或针对性不强，扣 2 ～ 5 分；<br>交底未履行签字手续，扣 4 分 | 10 分 | | |
| 4 | 安全检查 | 未建立安全检查制度，扣 10 分；<br>没有安全检查记录，扣 5 分；<br>安全隐患的整改未做到定人、定时间、定措施，扣 2 ～ 6 分；<br>对重大安全隐患整改通知书所列项目未按期整改和复查，扣 5 ～ 10 分 | 10 分 | | |
| 5 | 安全教育与培训 | 未建立安全教育培训制度，扣 10 分；<br>施工人员入场未进行三级安全教育培训和考核，扣 5 分；<br>未明确具体安全教育培训内容，扣 2 ～ 8 分；<br>换工种或采用新技术、新工艺、新设备、新材料施工时未进行安全教育，扣 5 分；<br>施工管理人员、专职安全管理员未按规定进行年度教育培训和考核，每人扣 2 分 | 10 分 | | |
| 6 | 应急救援 | 未制订安全生产应急救援预案，扣 10 分；<br>未建立应急救援组织或未按规定配备救援人员，扣 2 ～ 6 分；<br>未定期进行应急救援演练，扣 5 分；<br>未配置应急救援器材和设备，扣 5 分 | 10 分 | | |
| 7 | 小计 | | 60 分 | | |

## 八、工程施工现场防火防爆要求

### （一）防火与防爆的基本要求

工程现场施工应制定防火防爆技术措施并履行报批手续。一般工程在编制施工组织设计的同时，要制定现场防火防爆措施，按规定在施工现场配置消防器材、设施和用品，并建立消防组织。施工现场明确划定用火区和禁火区，并设置明显的职业健康安全标志。现场动火作业必须履行审批制度，动火操作人员必须经考试合格，持证上岗。施工现场应定期进行防火检查，及时消除火灾隐患。

### （二）防火防爆安全管理制度

（1）建立消防技能培训制度，定期对职工进行消防技能培训，使所有施工人员都懂得基本的防火防爆知识，能熟练使用工地上配备的防火防爆器具，能掌握正确的灭火方法。

（2）建立现场明火管理制度，施工现场未经主管领导批准，任何人不准擅自动用明火，从事电、气焊的作业人员要持证上岗，并在批准的用火区内作业。

（3）建立防火防爆知识宣传教育制度，组织施工人员认真学习《中华人民共和国消防条例》和公安部《关于建筑工地防火的基本措施》，教育参加施工的全体职工认真贯彻执行消防法规，增强全员防火意识。

（4）应建立严格的管理制度，现场的临建设施和仓库要严格管理，存放易燃液体和易燃易爆材料的库房要设置专门的防火防爆设备，采取消除静电等防火、防爆措施，防止火灾、爆炸等恶性事故的发生。

（5）建立消防检查制度，定期检查施工现场设置的消防器具、存放易燃易爆材料的库房、施工重点防火部位和重点工种的施工现场，对不合格者，责令整改，及时消除火灾隐患。

### （三）防火防爆措施

工程项目中的高层及超高层建筑施工必须从实际出发，始终贯彻“预防为主、防消结合”的消防工作方针，具体防火防爆措施主要有以下几个方面。

（1）高层施工工地要建立防火领导小组，多单位施工的工程要以甲方为主，成立甲方、施工单位等参加的联合治安防火办公室，协调工地防火管理。领导小组或联合治安防火办公室要坚持每月召开防火会议和每月进行一次防火安全检查，认真分析研究施工过程中的薄弱环节，制定并落实整改措施。

（2）施工总承包单位的各级领导要重视施工防火安全，要始终将防火工作放在首要位置，将防火工作列入高层施工生产的全过程，做到同计划、同布置、同检查、同总结、同评比，布置施工任务的同时要提防火要求，使防火工作做到经常化、制度化、群众化。

（3）要按照“谁主管谁负责”的原则，从上到下建立多层次的防火管理网络，实行分工负责制，明确高层建筑工程施工防火的目标和任务，使高层施工现场防火安全得到组织保证。

（4）高层建筑施工必须制订施工现场的消防管理制度、施工材料和化学危险品仓库管理制度等，建立各工种的安全操作责任制，明确工程各个部位的动火等级，严格动火申请和审批手续、权限，强调电焊工等动火人员的防火责任制，对无证人员、仓库保管员进行专业培训，做到持证上岗，进入内装修阶段要明确规定吸烟点等。

（5）高层建筑工程施工材料多属高分子合成的易燃物品，防火管理部门应责成有关部门加强对原材料的管理，要做到专人、专库、专管，施工前向施工班组做好安全技术交底，并严格执行限额领料和余料回收制度。

（6）对参加高层建筑施工的外包队伍，要同每支队伍领队签订防火安全协议书，详细进行防火安全技术的交底。针对木工操作场所，要安排人员对木屑刨花做到日做日清，对油漆等易燃物品要妥善保管，不允许在更衣室等场所乱堆乱放，减少隐患；施工中要将堆放易燃材料的施工区域划为禁火区域，安置醒目的警戒标志并加强专人巡逻监护；施工完毕，负责施工的班组要对易燃的包装材料、装饰材料进行清理，要求做到随时做、随时清，现场不留火险。

（7）施工现场要成立义务消防队，每个班组都要有一名义务消防员，负责班组施工的防火，同时要根据工程建筑面积、楼层数和防火重要程度配专职防火干部、专职消防员、专职动火监护员，对整个工程进行防火管理、检查督促、巡逻监护。

（8）按照规定配置消防器材，重点部位消防器材的配置分布要合理且有针对性，各种消防器材的性能要良好、安全，通信工具要有效、齐全。20层及以上的高层建筑施工应设置专用的高压水泵，每个楼层应安装消火栓、配置消防水龙，配置数量视楼层面积大小而定，大楼底层应设蓄水池且不小于20 $m^3$，以保证水源的供应。高层建筑层楼高而水压不足的，在楼层中间应设接力泵。高压水泵、消防水管只限消防专用，要明确专人管理、使用和维修、保养，以保证水泵的完好和正常运转。所有高层建筑设置的消防泵、消火栓和其他消防器材的部位都要有醒目的防火标志。高层建筑工程施工应按楼层面积配备灭火器，一般每100 $m^2$ 配备2个灭火器。施工现场消防器材的配置应灵活机动，即易燃物品多的场所、动用明火多的部位相应要多配一些。重点部位分布合理是指木工操作处不应与机修、电工操作处紧邻，灭火器材配置要有针对性。

（9）高层建筑施工期间一般不得堆放易燃易爆危险物品，如确需存放，应在堆放区域配置专用消防器材并加强管理，工程技术的管理人员在编制施工组织设计时，要考虑防火安全技术措施，及时征求防火管理人员的意见。防火管理人员在审核现场布置图时，要根据现场布置图到现场实地察看，了解工程四周状况，检查现场大型设施的布置是否安全合理。防火管理人员有权提出修改施工组织设计中的问题的要求。

（10）对火灾危险性大的焊接和切割过程，应严格控制火源，执行动火过程中的安全技术措施。每项工程都要划分动火级别，一般的高层动火划为二、三级：在外墙、电梯井、洞孔等部位，垂直穿到底及登高焊割，均应划为二级动火，其余场所均为三级动火。施工方应严格按照动火级别进行动火申请和审批。二级动火应由施工管理人员在 4 天前提出申请并附上安全技术措施方案，报工地主管领导审批，批准动火期限一般为 3 天；对于复杂危险场所，审批人在审批前应到现场察看，确认无危险或防火措施已落实才能批准，准许动火的动火证要同时交焊割工、监护人。三级动火由焊割班组长在动火前 3 天提出申请，报防火管理人员批准，批准动火期限一般为 7 天；而对于复杂的、危险性大的场所的焊接或气割，工程技术人员要按照规定制订专项安全技术措施方案，焊割工必须按方案进行动火操作。焊接工和气割工要持操作证、动火证进行操作，并接受监护人的监护和配合。监护人要持动火证，在配有灭火器材的情况下进行监护，且监护时严格履行监护人的职责。此外，焊接工和气割工在动火操作中要严格按照焊割操作规程操作。

## 第二节　工程项目的环境保护创新管理

### 一、工程项目的环境管理体系

#### （一）环境管理体系的内容

ISO 14001（环境管理体系认证）是环境管理体系标准的主干标准，也是唯一可供认证使用的标准。它是组织规划、实施、检查、评审环境管理运作系统的规范性标准。该系统包含五大部分，即环境方针、规划、实施与运行、检查与纠正措施、管理评审。

1. 环境方针

环境管理体系中，环境方针必须包括两基本承诺，即遵守法律、法规及其他要求的承诺和持续改进、污染预防的承诺，并作为制订与评审环境目标和指标的框架。

2. 规划

（1）环境因素

识别环境因素时，要考虑到“三种状态”，即正常状态、异常状态和紧急状态；“三种时态”，即过去时、现在时和将来时，要及时更新环境方面的信息，以确保环境因素识别的充分性和重要环境因素评价的科学性。

（2）法律、法规及其他要求

对于法律、法规及其他要求，工程项目部应采取相应措施以保证活动、产品或服务中的环境因素遵守法律、法规及其他要求，还应建立获得相关法律法规及其他要求信息的渠道，包括对变动信息的跟踪等。

（3）目标和指标

在目标和指标方面，工程项目部要求内部各管理层次、有关部门和岗位在一定时期内均有相应的目标和指标，并用文件表示。在建立和评审目标时，应考虑的因素包括环境因素，对遵守法律、法规及其他要求的承诺，相关方要求等。目标和指标应与环境方针中的两个基本承诺相呼应。

（5）环境管理方案

应制订一个或多个环境管理方案，其作用是保证目标和指标的实现。方案的内容一般是目标和指标的分解落实情况，应使各相关层次与职能在环境管理方案中与其所承担的目标和指标相对应，以及规定实现目标和指标的职责、方法及时间表等。

3. 实施和运行

（1）机构和职责

环境管理体系的有效实施要靠工程项目部的所有部门承担相关的职责，必须对每一层次的任务、职责、权限做出明确规定，并形成文件，传达到位。最高管理者应指定管理者代表并明确其任务、职责、权限，应为环境管理体系的实施提供各种必要的资源。管理者代表应对环境管理体系的建立、实施、运行负责，并向最高管理者报告环境管理体系的运行情况。

（2）培训、意识和能力

工程项目部应明确培训要求和需要特殊培训的工作岗位与人员，确立培训程序，明确培训应达到的效果，并对可能产生重大影响的工作有必要的教育、培训、工作经验和能力方面的要求，以保证他们能胜任所承担的工作。

（3）信息交流

在信息交流方面，工程项目部应建立对内对外双向信息交流的程序，以保证各相关层次和职能间能交流有关环境因素与管理体系的信息，以及负责外部相关方信息的接收、成文、答复，特别是涉及重要环境因素的外部信息的处理并记录其决定。

（4）环境管理体系文件

环境管理体系文件应充分描述环境管理体系的核心要素及其相互作用，应给出查询相关文件的途径，明确查找的方法，使相关人员易于获取有效版本。

（5）文件控制

在文件控制方面，工程项目部应建立并保持有效的控制程序，保证所有文件的实施，载明日期，特别是发布日期和修订日期，要求字迹清楚、标志明确、妥善保管并在规定时间内予以保留等，还应及时收回失效文件，建立并保持有关制订和修改各类文件的程序。环境管理体系重在运行和对环境因素的有效控制，应避免文件过于烦琐，以利于建立良好的控制系统。

（6）运行控制

在运行控制方面，工程项目部的环境方针、目标和指标及与重要环境因素有关的运行和活动应有序运行。此外，工程项目部应识别使用的产品或服务中的重要环境因素，将有关要求通报供应方和承包方，以促使他们提供的产品或服务符合要求。

（7）应急准备与响应

工程项目部应建立并保持一套响应机制，使其能有效确定潜在的事故或紧急情况，并在其发生前予以预防，一旦紧急情况发生时，迅速做出响应，以尽可能地减少由此造成的环境影响。工程项目部还应考虑可能会出现的潜在事故和紧急情况，采取预防和纠正措施，并针对潜在的和已发生的原因对机制予以评审和修订，确保其切实可行，并按有关规定定期进行实验或演练。

**4. 检查和纠正措施**

（1）监测和测量

在监测和测量方面，对环境管理体系进行例行监测和测量，既是对环境管理体系运行状况的监督手段，又是发现问题、及时采取纠正措施、实施有效运行控制的首要环节。监测的内容通常包括工程项目部的环境绩效、有关的运行控制和目标等。环境绩效包括采取污染预防措施收到的效果，节省资源和能源的效果，对重大环境因素控制的结果等；而有关的运行控制是指对运行加以控制，监测其执行程序及其运行结果是否偏离目标和指标。对于监测活动，应明确规定如何进行例行监测，如何使用、维护、保管监测设备，如何记录和保管记录，如何参照标准进行评价，以及什么时候向谁报告监测结果和发现的问题等。

（2）不符合、纠正与预防措施

工程项目部应建立评价程序，定期检查对有关法律、法规的遵循情况。纠正与预防措施包括：规定有关的职责和权限，对不符合规定的进行处理与调查，采取纠正与预防措施；旨在消除已存在的和潜在的不符合的规定采取的纠正或预防措施，应与该问题的严重性和伴随的环境影响相适应；对于纠正与预防措施所引起的对程序文件的任何更改，工程项目部均应遵照实施并予以记录。

（3）记录

工程项目部应建立针对记录的管理程序，明确对环境管理的标识、保存、处置的要求，程序应规定记录的内容，记录字迹清楚、标识清楚、可追溯。

（4）环境管理体系审核

在环境管理体系审核方面，工程项目部应制订和保持定期开展环境管理体系内部审核的程序及方案。审核程序和方案的目的是判定其是否满足符合性和有效性的根本。审核方案的编制依据和内容要求应立足于所涉及活动的环境的重要性和以前审核的结果，审核的具体内容应包括审核的范围、频次、方法，以及对审核组的要求、审核报告的要求等。

**5. 管理评审**

对于管理评审，工程项目部应按规定的时间间隔进行，评审过程要记录，结果要形成文件。评审的对象是环境管理体系，目的是保证环境管理体系的持续性、适用性、充分性和有效性。评审前要收集充分必要信息作为评审依据。

### （二）工程项目环境管理的程序与工作

施工企业应根据批准的工程项目的环境影响报告，通过对环境因素的识别和评估，确定管理目标及主要指标，并在各个阶段贯彻实施。项目的环境管理应遵循下列程序：①确定项目环境管理目标；②进行项目环境管理策划；③验证并持续改进。

项目经理负责工程项目现场环境管理的总体策划和部署，建立项目环境管理组织机构，制订相应制度和措施，组织培训，使各级人员明确环境保护的意义和责任。

项目经理部的工作应包括以下四个方面。

（1）按照分区划块原则，做好项目的环境管理并进行定期检查，加强协调并及时解决发现的问题，实施纠正和预防措施，以保持项目现场良好的作业环境、卫生条件和工作秩序，做到对污染的预防。

（2）对环境因素进行控制，制订应急准备和响应方案，并保证信息通畅，预防可能出现的非预期的损害；在出现环境事故时，应及时消除污染并采取相应措施以防止环境二次污染。

（3）应保存有关环境管理的工作记录。

（4）进行现场节能管理，有条件时应规定能源使用指标。

## 二、工程项目施工现场的环境卫生管理

### （一）施工区的环境卫生管理

#### 1. 工程项目的环境卫生管理责任区

为创造舒适的工作环境，养成良好的文明施工作风，保证职工身体健康，施工区和生活区应有明确划分。将施工区和生活区分成若干片，分片包干并建立责任区，从道路交通区，消防器材、材料堆放区，到垃圾区、厕所、厨房、宿舍、吸烟区等都有专人负责，做到责任落实到人，使文明施工、环境卫生工作经常化和制度化。

#### 2. 环境卫生管理措施

施工现场严禁大小便，发现有随地大小便现象，要对责任区负责人进行处罚。施工区、生活区有明确划分，设置标志牌，标志牌上注明责任人姓名和管理范围。施工现场的零散材料和垃圾要及时清理，垃圾临时堆放不得超过 3 天，违反规定要处罚工地负责人。场地平整，道路平坦畅通，无堆放物、无散落物、无积水。生活垃圾与建筑垃圾分别定点堆放，严禁混放。楼内清理出的垃圾要用容器或小推车装好，再用塔吊或提升设备运下，严禁高空抛撒。施工现场的卫生要定期进行检查，发现问题并限期改正。

工程项目的施工现场要按规定设置厕所，厕所的合理设置方案具体如下：厕所的设置位置要在离食堂 30 m 以外；屋顶墙壁要严实，门窗齐全有效，便槽内必须铺设瓷砖；厕所设专人天天冲洗打扫，做到无积垢、垃圾及明显臭味，并应有洗手水源；市区工地厕所要有水冲设施，保持清洁卫生；厕所必须采取灭蝇蛆措施，按规定采取冲水或加盖措施，定期打药或撒白灰粉以消灭蝇蛆。

### （二）办公区的卫生管理措施

办公室的卫生由办公室全体人员轮流负责打扫，做到窗明地净，无蝇、无鼠；冬季未经许可一律禁止使用电炉及其他用电加热器具，若使用取暖炉，落地炉灰要及时清扫，按指定地点堆放炉灰，并定期清理外运，以防止发生火灾。

### （三）生活区的环境卫生管理

#### 1. 宿舍卫生管理措施

职工宿舍要有卫生管理制度，实行室长负责制，规定一周内每天卫生值日名单并张贴上墙，做到天天有人打扫，保持室内窗明地净，通风良好。宿舍内各类物品应堆放整齐，不到处乱放，做到整齐美观；宿舍内保持清洁卫生，清扫出的垃圾倒在指定的垃圾堆放区并及时清理。生活废水应有污水池供排放，二楼以上也要有水源及水池，做到卫生区内无污水、无污物，废水不乱倒乱流。夏季宿舍应有消暑和防蚊虫叮咬措施，而冬季取暖炉的防煤气中毒设施必须齐全、有效，要建立验收合格证制度，电炉及其他用电加热器具经验收合格发证后方准许使用，未经许可一律禁止使用。

#### 2. 食堂的卫生管理措施

工程项目管理应加强建筑工地食堂管理，严防肠道传染病的发生，杜绝食物中毒。根据《中华人民共和国食品安全法》的规定，依照食堂规模的大小和用餐人数的多少，应当有相应的食品原料处理、加工、贮存等场所及必要的上、下水等卫生设施。

采购外地食品时，应向供货单位索取县级以上食品卫生监督机构开具的检验合格证或检验单，必要时可请当地食品卫生监督机构进行复验。采购食品使用的车辆、容器要清洁卫生，做到生熟分开，防尘、防蝇、防雨、防晒；不得采购制售腐败变质、霉变、生虫、有异味或《中华人民共和国食品卫生法》规定的禁止生产经营的食品。在贮存和保管环节，应根据《中华人民共和国食品安全法》的规定，食品不得接触有毒物、不洁物。建筑工程使用的防冻盐等有毒有害物质，各施工单位要设专人专库存放，严禁亚硝酸盐和食盐同仓共贮，要建立、健全管理制度。贮存食品要隔墙、离地，注意通风、防潮、防虫、防鼠。食堂内必须设置合格的密封熟食间，有条件的单位应配冷藏设备，主副食品、原料、半成品、成品要分开存放。放酱油、盐等副食调料的容器要做到物见本色并加盖存放。

对于新建、改建、扩建的集体食堂，在选址和设计时应符合卫生要求，远离有毒有害场所，30 m 内不得有露天坑式厕所、暴露垃圾堆和粪堆畜圈等污染源。制作间应分为主食间、副食间、烧火间，有条件的可设择菜间、炒菜间、冷荤间、面点间等，做到生与熟，原料与成品、半成品，食品与杂物、毒物（亚硝酸盐、农药、化肥等）严格分开。

工程项目施工需有与进餐人数相适应的餐厅、制作间和原料库等辅助用房，餐厅和制作间的建筑面积比例一般应为 1 ∶ 2，其地面和墙裙的建筑材料要用防鼠、防潮和便于洗刷的水泥等。有条件的食堂，制作间灶台及其周围要镶嵌白瓷砖，炉灶应有通风排烟设备，主副食应分开存放，易腐食品应有冷藏设备。食品加工机械、用具、炊具、容器应有防蝇、防尘设备，用具、容器和食物遮盖布要有生熟及正反面标记，防止食品污染。

食堂炊管人员必须按有关规定进行健康检查和卫生知识培训，并取得健康合格证和培训证。

单位领导要负责食堂管理工作，并将提高食品卫生质量、预防食物中毒列入岗位责任制的考核评奖条件中。各施工单位要根据《中华人民共和国食品安全法》和《建筑工程施工现场环境与卫生标准》（JGJ 146—2013）中对建筑工地食堂卫生管理标准和要求进行管理检查。

## 三、工程项目施工现场的文明施工管理

工程项目施工现场的文明施工是指保持施工场地的整洁、卫生，施工组织科学，施工程序合理的一种施工活动。实现文明施工不仅要着重做好现场的场容管理工作，还要相应做好现场材料、机械、安全、技术、保卫、消防和生活卫生等方面的管理工作。一个工地现场的文明施工水平是该工地乃至所属企业管理水平的体现。

### （一）施工现场文明施工的基本要求

工程项目施工现场主要入口处要设置简朴规整的大门，门旁必须设立明显的标牌，标明工程名称、施工单位和工程负责人姓名等。施工现场建立文明施工责任制，划分区域，明确管理负责人，实行挂牌制，做到现场清洁整齐。施工现场场地平整，道路坚实畅通，有排水措施，基础设施、地下管道施工结束后要及时回填平整并清除积土。施工现场施工临时水电要有专人管理，不得有“长流水”和“长明灯”。施工现场的临时设施，包括生产、办公、生活用房、仓库、料场、临时上下水管道及照明、动力线路，要严格按施工组织设计确定的施工平面图布置、搭设或埋设整齐。工人操作地点和周围必须清洁整齐，做到“活完脚下清，工完场地清”。楼梯、楼板上的砂浆混凝土要及时清除，落地灰要回收过筛后使用；砂浆、混凝土在搅拌、运输、使用过程中要做

到不撒、不漏和不剩，砂浆、混凝土必须有容器盛放。要有严格的成品保护措施，严禁损坏、污染成品，堵塞管道。高层建筑要设置临时便桶，且严禁在建筑物内大小便。建筑物内清除的垃圾渣土要通过临时搭设的竖井或利用电梯井或采取其他措施下卸，严禁从门窗口向外抛掷。施工现场不准乱堆垃圾及余物，应在适当地点设置临时堆放点并定期外运，清运渣土垃圾及流体物品要采取遮盖防漏措施，运送途中不得遗撒。根据工程性质和所在地区的不同情况，采取必要的围护和遮挡措施并保持外观整洁；针对施工现场情况设置宣传标语和黑板报，并适时更换，切实起到表扬先进、促进后进的作用。施工现场严禁家属居住，严禁无关人员在施工现场穿梭、玩耍。施工现场使用的机械设备要按平面布置规划固定点存放，遵守机械安全规程，保持机身及周围环境的清洁，机械的标记、编号明显，安全装置可靠。在用的搅拌机、砂浆机旁必须设有沉淀池，不得将浆水直接排放入下水道及河流等，清洗机械排出的其他污水要有排放措施，不得随地流淌。塔吊轨道按规定铺设整齐、稳固，塔边要封闭。道路不外溢，路基内外排水畅通。施工现场应采取不扰民措施，针对施工特点设置防尘和防噪声设施，夜间施工必须有当地主管部门的批准。

### （二）施工现场文明施工的基本条件

工程项目施工现场文明施工的基本条件包括：有整套的施工组织设计或施工方案；有健全的施工指挥系统和岗位责任制度；工序衔接交叉合理，交接责任明确；有严格的成品保护措施和制度；大小临时设施和各种材料、构件、半成品按施工总平面布置图堆放整齐；施工场地平整，道路畅通，排水设施得当，水电线路整齐；施工机具设备状况良好，施工作业符合消防和安全要求。

### （三）施工现场文明施工的检查与评定

工程项目施工现场的文明施工检查评定保证项目的内容包括：现场围挡、封闭管理、施工场地、材料管理、现场办公与住宿、现场防火等；而一般项目的内容包括综合治理、公示标牌、生活设施、社区服务等。

#### 1. 保证项目的文明施工

（1）现场围挡

工程项目施工现场必须沿四周连续设置封闭围挡，围挡材料应用砌体、金属板材等硬性材料。市区主要路段的工地应设置高度不低于 2.5 m 的封闭围挡，一般路段的工地应设置高度不低于1.8 m的封闭围挡，围挡应坚固、稳定、整洁、美观。

（2）封闭管理

施工现场出入口应设置大门、门卫值班室，建立门卫值守管理制度，并配备门卫值守人员。施工人员进入施工现场应佩戴工作卡，施工现场出入口应标有企业名称或标识，并应设置车辆冲洗设施。

（3）施工场地

施工现场的主要道路及材料加工区地面必须采用混凝土、碎石或其他硬质材料进行硬化处理，做到畅通、平整，其宽度应能满足施工及防护等要求；对施工现场易产生扬尘污染的路面、裸露地面及存放的土方等应采取合理、严密的防尘措施；施工现场应设置排水设施，且排水通畅、无积水；施工现场应有防止泥浆、污水、废水污染环境的措施；施工现场应严禁吸烟，有条件的可设置专门的吸烟室；暖季应有绿化布置。

（4）材料管理

建筑材料、构件、料具应按施工总平面布置图进行堆放，堆放整齐，并标明名称、规格等，对于现场存放的钢筋及水泥等材料，为满足质量和环境保护的要求，应有防雨水浸泡、防锈蚀和防扬尘等措施。建筑物内施工垃圾的清运，应防止造成人员伤亡和环境污染，需要采用合理容器或管道运输，严禁凌空抛掷。施工现场的易燃易爆物品必须严格管理，在使用和储藏过程中必须有防暴晒、防火等保护措施，并分类储藏在专用仓库内且间距合理。

（5）现场办公与住宿

为保证住宿人员的人身安全，在建建筑物内、伙房、库房严禁兼作员工宿舍。施工现场应做到施工作业区、材料存放区与办公区、生活区有明显区分，并应有隔离措施。若因现场狭小，不能达到安全距离的要求，必须对办公区、生活区采取可靠的防护措施。宿舍、办公用房的防火等级应符合有关消防安全技术规范要求，设置可开启式窗户；严禁使用通铺，床铺不得超过 2 层，通道宽度不应小于 0.9 m，宿舍内人均住宿面积不应小于 2.5 m$^2$，且每间不得超过 16 人。冬季宿舍内应有采暖和防一氧化碳中毒措施，而夏季宿舍内应有防暑降温和防蚊蝇措施。同时，生活用品应摆放整齐，环境卫生良好。

（6）现场防火

工程项目施工现场应建立消防安全管理制度，制订消防安全防范措施。现场临时用房和设施包括办公用房、宿舍、厨房操作间、锅炉房、库房、变配电房、围挡、大门、材料堆场及其加工厂、固定动火作业场、作业棚、机具棚等，在防火设计上必须达到有关消防安全技术规范的要求。现场的木料、保温材料、安全网等易燃材料必须入库且合理存放，库房应配备相应、有效、足够的消防器材。施工现场应设置消防通道，消防水源应符合规范要求。明火作业应履行动火申请审批手续，并配备动火监护人员。

**2. 一般项目的文明施工**

（1）综合治理

生活区内应设置供作业人员学习和娱乐的场所；施工现场应建立治安保卫制度，责任落实到人；施工现场应制订治安防范措施。

（2）公示标牌

施工现场的大门口处应设置公示标牌，主要内容应包括工程概况牌、消防保卫牌、文明施工牌、管理人员名单及监督电话、施工现场总平面图。标牌应规范、整齐和统一；施工现场应有安全标语、宣传栏、读报栏、黑板报等。

（3）生活设施

工程项目部应建立生产责任制度并落实到人。食堂与有毒有害场所的间距必须大于 15 m，并应设置在有毒有害场所的上风侧处。食堂必须经相关部门审批，颁发卫生许可证和炊事人员身体健康证。食堂使用的燃气罐应单独设置存放间，存放间应通风良好，并严禁存放其他物品。食堂的卫生环境应良好，且设专人进行管理和消毒，门扇下方设防鼠挡板，操作间设清洗池、消毒池、隔油池、排风、防蚊蝇等设施，储藏间应配有冰柜等冷藏设施。厕所的蹲位和小便槽应满足现场人员数量的需求，作业面积大的场地应设置临时性厕所，并由专人及时进行清理，厕所必须符合卫生要求。施工现场应设置淋浴室，且应能满足作业人员的需求，淋浴室与人员的比例宜大于 1 ： 20；必须保证现场人员的饮水卫生。使用合理、密封的容器放置生活垃圾，同时指定专人负责生活垃圾的清运工作。

（4）社区服务

夜间施工，必须经批准方可进行。为保护环境，施工现场严禁焚烧各类废弃物，包括生活垃圾、废旧的建筑材料等，正确的做法是进行及时的清运。此外，施工现场应制订防粉尘、防噪声、防光污染等措施和施工不扰民措施。

**3. 文明施工检查评分表**

工程项目施工现场文明施工的检查评分表的格式参见表 4–3。

表4-3 工程项目文明施工保证项目检查评分表

<table>
<tr><th>序号</th><th colspan="2">检查项目</th><th>扣分标准</th><th>应得分数</th><th>扣减分数</th><th>实际分数</th></tr>
<tr><td>1</td><td rowspan="3">保证项目</td><td>现场围挡</td><td>市区主要路段的工地未设置封闭围挡或围挡高度低于 2.5 m，扣 5 ～ 10 分；<br>一般路段的工地未设置封闭围挡或围挡高度低于 1.8 m，扣 5 ～ 10 分；<br>围挡未达到坚固、稳定、整洁、美观标准，扣 5 ～ 10 分</td><td>10分</td><td></td><td></td></tr>
<tr><td>2</td><td>封闭管理</td><td>施工现场出入口未设置大门，扣 10 分；<br>未设置门卫室，扣 5 分；<br>未制订门卫值守管理制度或未配备门卫值守人员，扣 2 ～ 6 分；<br>施工人员进入施工现场未佩戴工作卡，扣 2 分；<br>施工现场出入口未标有企业名称或标识，扣 2 分；<br>未设置车辆冲洗设施，扣 3 分</td><td>10分</td><td></td><td></td></tr>
<tr><td>3</td><td>施工场地</td><td>施工现场主要道路及材料加工区地面未进行硬化处理，扣 5 分；<br>施工现场道路不畅通、路面不平整坚实，扣 5 分；<br>施工现场未采取防尘措施，扣 5 分；<br>施工现场未设置排水设施或排水不通畅、有积水，扣 5 分；<br>缺少防止泥浆、污水、废水污染环境的措施，扣 2 分；<br>未设置吸烟处，随意吸烟，扣 5 分；<br>暖季未进行绿化布置，扣 2 分</td><td>10分</td><td></td><td></td></tr>
</table>

续　表

| 序号 | 检查项目 | | 扣分标准 | 应得分数 | 扣减分数 | 实际分数 |
|---|---|---|---|---|---|---|
| 4 | 保证项目 | 材料管理 | 建筑材料、构件、料具未按施工总平面布置图堆放，扣 4 分；<br>材料堆放不整齐，未标明名称、规格，扣 2 分；<br>易燃易爆物品未分类储藏在专用库房，未采取防火措施，扣 5 ～ 10 分；<br>施工现场材料存放未采取防火、防锈蚀、防雨措施，扣 3 ～ 10 分；<br>建筑物内施工垃圾的清运未使用合理器具或管道运输，扣 5 分 | 10 分 | | |
| 5 | | 现场办公与住宿 | 施工作业区、材料存放区与办公区、生活区未采取隔离措施，扣 6 分；<br>宿舍、办公用房防火等级不符合有关消防安全技术要求，扣 10 分；<br>在施工区域内、伙房、库房兼作住宿，扣 10 分；<br>宿舍未设置可开启式窗户，扣 4 分；<br>宿舍未设置床铺，床铺超过 2 层或通道宽度小于 0.9 m，扣 2 ～ 6 分；<br>宿舍人均住宿面积或人员数量不符合规范要求，扣 5 分；<br>夏季宿舍内未采取防暑降温和防蚊蝇措施，扣 5 分；<br>生活用品摆放混乱，环境卫生不符合要求，扣 3 分 | 10 分 | | |
| 6 | | 现场防火 | 施工现场未制订消防安全管理制度、消防措施，扣 10 分；<br>施工现场的临时用房和作业场所的防火设计不符合规范要求，扣 10 分；<br>施工现场消防通道、消防水源的设置不符合规范要求，扣 5 ～ 10 分；<br>施工现场灭火器材布局、配置不合理或灭火器材失效，扣 5 分；<br>未办理动火申请审批手续或未指定动火监护人员，扣 5 ～ 10 分 | 10 分 | | |
| 小计 | | | | 60 分 | | |

续 表

| 序号 | 检查项目 | | 扣分标准 | 应得分数 | 扣减分数 | 实际分数 |
|---|---|---|---|---|---|---|
| 7 | 一般项目 | 综合治理 | 生活区未设置供作业人员学习和娱乐的场所，扣2分；<br>施工现场未建立治安保卫制度或责任未分解到人，扣3～5分；<br>施工现场未制订治安防范措施，扣5分 | 10分 | | |
| 8 | | 公示标牌 | 设置的公示标牌内容不齐全,扣2～8分；<br>标牌不规范、不整齐，扣3分；<br>未设置安全标语，扣3分；<br>未设置宣传栏、读报栏、黑板报，扣2～4分 | 10分 | | |
| 9 | | 生活设施 | 未建立卫生责任制度，扣5分；<br>食堂与厕所、垃圾站、有毒有害场所的距离不符规范要求，扣2～5分；<br>食堂未办理卫生许可证或未办理炊事人员身体健康证，扣2～5分；<br>食堂未配置排风、冷藏、消毒、防鼠、防蚊蝇等设施，扣1～4分；<br>食堂卫生未达到规定要求，扣4分；<br>不能保证现场人员的饮水卫生，扣5分；<br>垃圾未装容器或未及时清理，扣2～5分 | 10分 | | |
| 10 | | 社区服务 | 夜间未经许可施工，扣8分；<br>施工现场焚烧各类废弃物，扣8分；<br>施工现场未制订防粉尘、防噪声、防光污染等措施，扣5分；<br>施工现场未制订施工不扰民措施，扣5分 | 10分 | | |
| 小计 | | | | 40分 | | |
| 总计 | | | | 100 | | |

## 第三节　工程项目的绿色施工创新管理

工程项目的绿色施工是一个复杂的系统工程，需要管理层面充分发挥计划、组织、领导和控制职能，建立系统的管理体系，明确第一责任人，持续改

进，合理协调，强化检查和监督等。

## 一、工程项目绿色施工概述

### （一）绿色施工的概念

绿色施工是指在保证质量、安全等基本要求的前提下，通过科学管理和技术进步，最大限度地节约资源，减少对环境的负面影响，实现节能、节地、节水、节材和环境保护（“四节一环保”）的建筑工程施工活动。

绿色施工应依据因地制宜的原则，贯彻执行国家、行业和地方相关的技术经济政策。绿色施工是可持续发展理念在工程施工中的体现，绿色施工并不仅是指在工程施工中实施封闭施工，没有扬尘，没有噪声扰民，在工地四周栽花、种草，实施定时洒水等，而且涉及可持续发展的各个方面，如生态与环境保护、资源与能源利用、社会与经济的发展等。

### （二）绿色施工的原则

（1）实施绿色施工应进行总体方案优化。在规划、设计阶段，应充分考虑绿色施工的总体要求，为绿色施工提供基础条件。

（2）实施绿色施工应对施工策划、材料采购、现场施工、工程验收等各阶段进行控制，加强对整个施工过程的管理和监督。

### （三）绿色施工的总体框架

绿色施工总体框架由组织与管理、节材与材料利用、节水与水资源利用、节能与能源利用、节地与土地资源保护、环境保护六个方面组成。这六个方面涵盖了绿色施工的基本指标，同时包含了施工策划、材料采购、现场施工、工程验收等各阶段的指标。

### （四）绿色施工的要点

项目监理机构应根据《绿色施工导则》（建质〔2007〕223 号）、《建筑工程绿色施工规范》（GB/T 50905—2014）及《建筑工程绿色施工评价标准》（GB/T 50640—2010）的要求，督促施工单位按以下要点开展绿色施工。

#### 1. 绿色施工管理

绿色施工管理主要包括组织管理、规划管理、实施管理、评价管理和人员安全与健康管理五个方面。组织管理指要建立绿色施工管理体系，并制订相应的管理制度与目标。规划管理指要编制绿色施工方案，方案应在施工组织设计中独立成章，并按有关规定进行审批。绿色施工应对整个施工过程实施动态管理，加强对施工策划、施工准备、材料采购、现场施工、工程验收等各阶段的管理和监督。

2. 环境保护

在环境保护方面，绿色施工对扬尘控制、噪声与振动控制、光污染控制、水污染控制、土壤保护、建筑垃圾控制及地下设施、文物和资源的保护等提出了定性或定量要求。

3. 节材与材料利用

（1）节材措施

①图纸会审时，应审核节材与材料利用的相关内容，达到材料损耗率比定额损耗率降低 30%。

②根据施工进度、库存情况等合理安排材料的采购、进场时间和批次，减少库存。

③现场材料堆放有序，储存环境适宜，措施得当，保管制度健全，责任落实。

④材料运输工具适宜，装卸方法得当，防止损坏和遗撒。根据施工现场平面布置情况就近卸载，避免和减少二次搬运。

⑤采取技术和管理措施提高模板、脚手架等的周转次数。

⑥优化安装工程的预留、预埋、管线路径等方案。

⑦应就地取材，施工现场 500 km 以内生产的建筑材料用量占建筑材料总重量的 70% 以上。

（2）结构材料

①推广使用预拌混凝土和砂浆，结构工程使用散装水泥准确计算采购数量、供应频率、施工速度等，在施工过程中实行动态控制。

②推广使用高强钢筋和高性能混凝土，减少资源消耗。

③推广钢筋专业化加工和配送。

④优化钢筋配料和钢构件下料方案。钢筋及钢结构制作前应对下料单及样品进行复核，无误后方可批量下料。

⑤优化钢结构制作和安装方法。大型钢结构宜采用工厂制作，现场拼装；宜采用分段吊装、整体提升、滑移、顶升等安装方法，减少用材量。

⑥采取数字化技术，对大体积混凝土、大跨度结构等专项施工方案进行优化。

（3）围护材料

①门窗、屋面、外墙等围护结构选用耐候性及耐久性良好的材料，确保密封性、防水性和保温隔热性。

②门窗采用密封性能、保温隔热性能、隔声性能良好的塑材和玻璃等

材料。

③屋面材料、外墙材料防水性能和保温隔热性能良好。

④当屋面或墙体等部位采用基层加设保温隔热系统的方式施工时，应选择高效节能、耐久性好的保温隔热材料。

⑤屋面或墙体等部位的保温隔热系统采用专用的配套材料。

⑥根据建筑物的实际特点，选择更适合的屋面或外墙的保温隔热材料系统和施工方式，如保温板粘贴、保温板干挂、聚氨酯硬泡喷涂、保温浆料涂抹等，以保证保温隔热效果，并减少材料浪费。

⑦加强保温隔热系统与围护结构的节点处理，尽量降低热桥效应。针对建筑物的不同部位的保温隔热特点，选用不同的保温隔热材料及系统，以做到经济适用。

（4）装饰装修材料

①贴面类材料在施工前应进行总体排版策划，减少非整块材料的数量。

②采用非木质的新材料或人造板材代替木质板材。

③防水卷材、壁纸、油漆及各类涂料基层必须符合要求，避免起皮、脱落。各类油漆及黏结剂应随用随开启，不用时应及时封闭。

④幕墙及各类预留预埋应与结构施工同步。

⑤木制品及木装饰用料、玻璃等各类板材等宜在工厂采购或定制。

⑥采用自粘类片材，减少现场液态黏结剂的使用量。

（5）周转材料

①应选用耐用、维护与拆卸方便的周转材料和机具。

②优先选用制作、安装、拆除一体化的专业队伍进行模板工程施工。

③模板应以节约自然资源为原则，推广使用定型钢模、钢框竹模、竹胶板。

④施工前应对模板工程的方案进行优化。多层、高层建筑使用可重复利用的模板体系，模板支撑宜采用工具式支撑。

⑤优化高层建筑的外脚手架方案，采用整体提升、分段悬挑等方案。

⑥推广采用外墙保温板替代混凝土施工模板的技术。

⑦现场办公和生活用房采用周转式活动房。现场围挡应最大限度地利用已有围墙，或采用装配式可重复使用围挡，力争工地临房、临时围挡材料的可重复使用率达到70%。

4. 节水与水资源利用

（1）提高用水效率

①施工中采用先进的节水施工工艺。

②施工现场喷洒路面、绿化浇灌不宜使用市政自来水；现场搅拌用水、养护用水应采取有效的节水措施，严禁无措施浇水养护混凝土。

③施工现场供水管网应根据用水量设计布置，管径合理，管路布局经过优化，采取有效措施减少管网和用水器具的漏损。

④现场机具、设备、车辆冲洗用水必须设立循环用水装置。施工现场办公区、生活区的生活用水采用防水系统和节水器具，应提高节水器具配置比率。项目临时用水应使用节水型产品，安装计量装置，采取有针对性的节水措施。

⑤施工现场建立可再利用水的收集处理系统，使水资源得到梯级循环利用。

⑥施工现场分别对生活用水与工程用水确定用水定额指标，并分别计量管理。

⑦大型工程的不同单项工程、不同标段、不同分包生活区，凡具备条件的应分别计量用水量。在签订不同标段分包或劳务合同时，将节水定额指标纳入合同条款，进行计量考核。

⑧对混凝土搅拌站点等用水集中的区域和工艺点进行专项计量考核。施工现场建立雨水、中水或可再利用水的收集利用系统。

（2）非传统水源利用

①优先采用中水搅拌、中水养护，有条件的地区和工程应收集雨水养护。

②处于基坑降水阶段的工地，宜优先采用地下水作为混凝土搅拌用水、养护用水、冲洗用水和部分生活用水。

③现场机具、设备、车辆冲洗、喷洒路面、绿化浇灌等用水，优先采用非传统水源，尽量不使用市政自来水。

④大型施工现场，尤其是雨量充沛地区的大型施工现场应建立雨水收集利用系统，充分收集自然降水，用于施工和生活中适宜的场所。

⑤力争施工中非传统水源和循环水的再利用率大于 30%。

（3）用水安全

在非传统水源和现场循环再利用水的使用过程中，应制订有效的水质检测与卫生保障措施，避免对人体健康、工程质量及周围环境产生不良影响。

5. 节能与能源利用

（1）节能措施

①制订合理施工能耗指标，提高施工能源利用率。

②优先使用国家、行业推荐的节能、高效、环保的施工设备和机具，如选用变频技术的节能施工设备等。

③施工现场分别设定生产、生活、办公和施工设备的用电控制指标，定期进行计量、核算、对比分析，并有预防与纠正措施。

④在施工组织设计中，合理安排施工顺序、工作面，以减少作业区域的机具数量，相邻作业区充分利用共有的机具资源。安排施工工艺时，应优先考虑耗用电能或其他能耗较少的施工工艺；避免设备额定功率远大于使用功率或超负荷使用设备的现象。

⑤根据当地气候和自然资源条件，充分利用太阳能、地热等可再生能源。

（2）机械设备与机具

①建立施工机械设备管理制度，开展用电、用油计量，完善设备档案，及时做好维修保养工作，使机械设备保持低耗、高效的状态。

②选择功率与负载相匹配的施工机械设备，避免大功率施工机械设备低负载长时间运行；机电安装可采用节电型机械设备，如逆变式电焊机和能耗低、效率高的手持电动工具等。机械设备使用节能型油料添加剂，在可能的情况下，考虑回收利用，节约油量。

③合理安排工序，提高各种机械的使用率和满载率，降低各种设备的耗能。

（3）生产、生活及办公临时设施

①利用场地自然条件，合理设计生产、生活及办公临时设施的体形、朝向、间距和窗墙面积比，使其获得较好的通风和采光。南方地区根据需要在其外墙窗设遮阳设施。

②临时设施宜采用节能材料，墙体、屋面使用隔热性能好的材料，减少夏天空调、冬天取暖设备的使用时间及耗能量。

③合理配置采暖、空调、风扇数量，规定使用时间，分段分时使用，节约用电。

（4）施工用电及照明

①临时用电优先选用节能电线和节能灯具，临电线路合理设计、布置，临电设备宜采用自动控制装置；采用声控、光控等节能照明灯具。

②照明设计以满足最低照度为原则，照度不应超过最低照度的20%。

### 6. 节地与施工用地保护

（1）临时用地指标

①根据施工规模及现场条件等因素，合理确定临时设施如临时加工厂、现场作业棚及材料堆场、办公生活设施等的占地指标。临时设施的占地面积应按用地指标所量的最低面积设计。

②平面布置应合理、紧凑，在满足环境、职业健康与安全及文明施工要求的前提下，尽可能减少废弃地和死角。临时设施占地面积有效利用率大于90%。

（2）临时用地保护

①应对深基坑施工方案进行优化，减少土方开挖和回填量，最大限度地减少对土地的扰动，保护周边自然生态环境。

②红线外临时占地应尽量使用荒地、废地，少占用农田和耕地。工程完工后，及时恢复红线外占地地形、地貌，将施工活动对周边环境的影响降至最低。

③利用和保护施工用地范围内原有绿色植被。对于施工周期较长的现场，可按建筑永久绿化的要求安排场地新建绿化。

（3）施工总平面布置

①施工总平面布置应做到科学、合理，充分利用原有建筑物、构筑物、道路、管线为施工服务。

②施工现场搅拌站、仓库、加工厂、作业棚、材料堆场等的布置应尽量靠近已有交通线路或即将修建的正式或临时交通线路，缩短运输距离。

③临时办公用房和生活用房应采用经济、美观、占地面积小、对周边地貌环境影响较小且适合于施工平面布置动态调整的多层轻钢活动板房、钢骨架水泥活动板房等标准化装配式结构。生活区与生产区应分开布置，并设置标准的分隔设施。

④施工现场围墙可采用连续封闭的轻钢结构预制装配式活动围挡，减少建筑垃圾，保护土地。

⑤施工现场道路按照永久道路和临时道路相结合的原则布置。施工现场内形成环形通路，以减少道路占用土地。

⑥临时设施布置应注意远近结合，努力减少和避免大量临时建筑拆迁和场地搬迁。

## 二、绿色施工管理体系的建立

面对不同的施工对象，绿色施工管理体系可能会有所不同，但其主要目的是一致的，覆盖施工企业和工程项目绿色施工管理体系的政策和措施要求是不变的。因此，工程项目绿色施工管理体系应成为企业和项目管理体系的重要组成部分，包括建立保障实现绿色施工目标所需的组织机构，划分好职责分工，规划活动，制订相关制度、流程，对资源进行分组等。绿色施工管理体系主要由组织管理体系和监督控制体系构成。

### （一）组织管理体系的构建

在组织管理体系中，要确定绿色施工的相关组织机构及其职责分工，明确项目经理为第一责任人，使绿色施工的各项工作任务有明确的部门和岗位来承担。例如，某城市广场购物中心工程项目为了更好地推进绿色施工，建立了一套完备的组织管理体系，成立由项目经理、项目副经理、项目总工及各部门负责人构成的绿色施工领导小组。明确由项目经理（组长）作为第一责任人，全面统筹绿色施工的策划、实施、评价等工作；由项目副经理（副组长）领导推进绿色施工，负责批次、阶段和单位工程评价组织等工作；项目总工（副组长）负责绿色施工组织设计、绿色施工方案或绿色施工专项方案的编制，指导绿色施工在工程中的实施。明确由质量与安全部负责项目部绿色施工日常监督工作，根据绿色施工涉及的技术、材料、能源、机械、行政、后勤、安全、环保及劳务等各个职能系统的特点，把绿色施工的相关责任落实到工程项目的每个部门和岗位，做到全体成员分工负责，齐抓共管，把绿色施工与全体成员的具体工作联系起来，系统考核，综合激励，以取得良好的效果。

### （二）监督控制体系的构建

绿色施工需要强化计划与监督控制，有力的监控体系是实现绿色施工的重要保障。在管理流程上，绿色施工必须经历策划、实施、检查与评价等环节。绿色施工要经过监控，测量实施效果，并提出改进意见。工程项目绿色施工需要强化过程监督与控制，建立监督控制体系。监督控制体系应由建设、监理和施工等单位构成，共同参与绿色施工的要素评价、单位工程施工批次和阶段评价、单位工程绿色施工评价。在工程项目施工过程中，施工方、监理方要重视日常检查和监督，依据实际状况与评价指标的要求严格控制，通过 PDCA 循环，促进持续改进，提升绿色施工的实施水平。监督控制体系要充分发挥旁站监控职能，使绿色施工扎实进行，并确保相应目标的实现。

绿色施工需要明确第一责任人，以加强绿色施工管理。施工中存在的环保意识不强、绿色施工措施落实不到位等问题是制约绿色施工有效实施的关键，应明确工程项目经理为绿色施工的第一责任人，由项目经理全面负责绿色施工，推进工程项目的绿色施工。这样，工程项目绿色施工才能落到实处，才能调动和整合项目内外资源，在工程项目部形成全项目、全员推进绿色施工的良好氛围。

## 三、持续改进方法的建立和实施

工程项目绿色施工的推进应遵循管理学中通用的 PDCA 原理，PDCA 原理又称 PDCA 循环，也叫质量环，是管理学中的一个通用模型。PDCA 原理适用于一切管理活动，它是能使任何一项活动有效进行的、一种合乎逻辑的工作程序，其中 P、D、C、A 四个英文字母所代表的意义如下：P（plan）——计划，包括方针和目标的确定及活动计划的制订；D（do）——执行，就是具体运作，即实现计划中的内容；C（check）——检查，就是总结执行计划的结果，分清哪些对了，哪些错了，明确效果，找出问题；A（action）——处理，即对检查的结果进行处理，认可或否定，对成功的经验要加以肯定，或者模式化或者标准化，并加以适当推广，失败的教训要加以总结，以免重犯。这一轮未解决的问题要放到下一轮 PDCA 循环。

绿色施工持续改进（PDCA 循环）有 4 个基本阶段 8 个步骤。

### （一）计划（P）阶段

根据绿色施工的要求和组织方针，提出工程项目绿色施工的基本目标。

步骤一：明确“四节一环保”的主题要求。绿色施工以施工过程有效实现“四节一环保”为前提，这也是绿色施工的导向和相关决策的依据。

步骤二：设定绿色施工应达到的目标，也就是绿色施工所要做到的内容和达到的标准。目标可以是定性化与定量化结合的，能够用数量来表示的指标要尽可能量化，不能用数量来表示的指标也要明确。目标是用来衡量实际效果的指标，所以设定应该有依据，要通过成分的现状调查和比较来获得。《建筑工程绿色施工评价标准》（GB/T 50640—2010）提供了绿色施工的衡量指标体系，工程项目要结合自身能力和项目总体要求，具体确定实现各个指标的程度与水平。

步骤三：策划绿色施工有关的各种方案并确定最佳方案。针对工程项目，绿色施工的可能方案有很多，然而现实中不可能实施所有想到的方案，所以提出各种方案后优选并确定出最佳的方案是较有效率的方法。

步骤四：制订对策，细化分解策划方案。有了好的方案，其中的细节也不能忽视，计划的内容如何完成好，需要将方案步骤具体化，明确回答方案中的“5W2H”，即为什么制订该措施（why），达到什么目标（what），在何处执行（where），由谁负责完成（who），什么时间完成（when），如何完成（how），花费多少（how much）。

### （二）实施（D）阶段

这一阶段即按照绿色施工的策划方案，在实施的基础上努力实现预期目标的过程，其所对应的是步骤五：绿色施工实施过程中的测量与监督。对策制订完成后就进入了具体实施阶段，在这一阶段除按计划和方案实施外，还必须对过程进行测量，确保工作能够按计划实施，同时采集数据，收集原始数据。

### （三）检查效果（C）阶段

这一阶段即确认绿色施工的实施是否达到了预定目标，其所对应的是步骤六：绿色施工的效果检查。方案是否有效、目标是否完成，需要进行效果检查后才能得出结论，将采取的对策进行确认后，对收集到的数据进行总结分析，把完成情况与目标值进行比较，看是否达到预定目标。如果没有出现预期的结果，应该确认是否严格按照计划实施对策，如果是，则意味着对策失败，就要重新确定方案。

### （四）处置（A）阶段

这一阶段所对应的是步骤七：实现标准化和步骤八：总结问题。对已被证明的有成效的绿色施工措施，要进行标准化，确定为工作标准，以便执行和推广，并最终转化为施工企业的组织过程资产。对绿色施工方案中效果不显著的或实施过程中出现的问题进行总结，为开展新一轮的 PDCA 循环提供依据。

绿色施工通过实施 PDCA 管理循环，能实现自主性的工作改进。绿色施工起始的计划（P）实际应为工程项目绿色施工组织设计、施工方案或绿色专项施工方案，应通过实施（D）和检查（C）发现问题，制订改进方案，形成恰当处理意见（A），指导新的 PDCA 循环，实现提升，如此循环，持续提高绿色施工的水平。

## 四、绿色施工的调度与协调

为保证工程项目绿色施工目标的实现，在施工过程中，要高度重视施工调度与协调管理，对施工现场进行统一调度、统一安排与协调管理，严格按照策划方案，精心组织施工，确保有计划、有步骤地实现绿色施工的各项目标。绿色施工是工程施工的“升级版”，应该特别重视施工过程的调度和协调，建立起以项目经理为核心的调度体系，及时反馈上级及建设单位的意见，处理绿色施工中出现的问题，及时加以落实和执行，实现各种资源的高效利用。

工程项目绿色施工总调度应由项目经理担任。总调度的职责包括：定期召开有建设单位、上级职能部门、设计单位、监理单位参与的协调会，解决绿色施工疑点和难点；监督、检查含绿色施工方案的执行情况，负责人力、物力的综合平衡，促进生产活动的正常进行；定期组织召开各专业管理人员及作业班组长参加的会议，分析整个工程的进度、成本、计划、质量、安全、绿色施工的执行情况，使项目策划的内容准确落实到项目实施中；指派专人负责，协调各专业工长的工作，组织好各分部分项工程的施工衔接，协调穿插作业，保证施工的条理化和程序化；施工组织协调建立在计划和目标管理的基础之上，根据绿色施工方案与工程有关的经济技术文件进行，指挥调度必须准确、及时和果断；与建设单位、监理单位在计划管理、技术质量管理和资金管理等方面积极协调配合。

### 五、绿色施工的检查与监测

工程项目绿色施工过程中应注重检查和监测，包括日常、定期检查与监测，其目的是检查绿色施工的总体实施情况，测量绿色施工目标的完成情况和效果，为后续施工提供改进和提升的依据与方向。检查与监测的手段可以是定性的，也可以是定量的。工程项目可以针对绿色施工制订季度检、月检、周检、日检等不同周期的检查制度，周检、日检要侧重于工长和班组长层面，月检、周检应侧重于项目部层面，季度检可侧重于企业或分公司层面。监测内容应在策划书中明确，针对不同监测项目建立监测制度，采取措施保证监测数据准确，满足绿色施工的内外评价要求。

## 第四节　工程项目的技术管理因素分析

### 一、技术管理的基本理论

#### （一）技术的概念

传统技术指人们在日常生活和小量生产过程中，为了解决实际问题而发明创造的工具、方法或者积累的经验、技巧等。这些传统技术不仅具有技术的基本特点，还具有随意性、普遍性、实用性等特点，其对应的管理活动具有单一性、简单性和传承性，还有一定程度的保密性。而现代技术是指在劳动生产过程中，为了实现某一目标的经验和技能。但是，不同专业领域对技术的定义不同，从不同角度对技术的理解也不同。

以下为不同视角对技术的不同理解。

（1）技术是用来改变原有物质从投入到产出的流程。

（2）技术是知识在执行工作中的应用。

（3）技术是理论和实践知识、技能，以及所有能用来开发产品的事物。

（4）技术是人们用以改善环境的方法。

（5）技术是将科学用以工业或者商业的目的，以及用以实现这些目标的全部方法的体系和物料。

综合以上观点，技术是指人们为了改善环境或者提高效率而使用的所有相关的知识的总和，具有持续性和效率性等特点。

### （二）创新技术管理的相关概念

#### 1. 创新技术管理

根据创新技术产生过程的模型可知，创新技术管理是综合性的管理活动，不仅包含对创新技术产生过程的管理，即技术创新过程管理，还包含对创新成果的管理，也就是本文所说的创新技术管理。

#### 2. 技术创新管理

技术创新管理是专门针对创新这一过程进行的管理活动，根据不同的技术创新过程模型，技术创新管理的方式也会有所不同，主要表现在以下几个方面。

（1）技术推动创新过程模型和市场拉动创新过程模型都是简单的线性序列式过程。其中，技术推动创新强调研究开发，市场是技术成果的被动接受者，因此，该模型下的技术创新管理侧重于创新成果出来后对技术的推广运用。然而，市场拉动创新过程模型的出发点是市场应用，市场是指导研究开发活动的基础，开发只是做出被动反应，此时管理的重点是对技术创新过程中队伍的建设和资金的筹措，以及确保理论研究的安全可靠性和研发过程的保密性。

（2）当今世界正逐渐实现经济全球化和科技信息化，技术推动和市场拉动早已相互作用。技术和市场综合作用创新过程模型同样为序列式过程，但它综合考虑市场和技术的共同要求，做出技术研发和市场定位的综合判断。这种创新过程模式在一定程度上降低了市场风险、缩短了工期，而管理的重点在于研究开发成本的降低。对于必须招标的项目范围和规模标准的建设项目，施工总承包和分包单位需要依照招标文件要求参加投标，经过专家组评标确定中标后，才能获得项目的承建权或者承包管理权。在评标过程中，技术的先进性和投标报价是获得高分的根本保证。

（3）技术与市场交互作用创新过程模型类似于综合作用创新过程模型，但其反馈环节是一个动态的过程模型。

### （三）创新技术的管理模式

技术创新过程模型反映了技术创新的构思来源，决定着创新技术的应用推广，技术创新的成败取决于创新过程中对新型技术理论、试验研究或者市场的有效管理，技术创新成果在使用过程中能否带来经济效益及带来多少效益又取决于创新技术管理。创新技术管理主要从技术保护、技术转移扩散及标准化推广应用等方面来进行。

以某建筑企业联合科研单位共同研发了一项建筑施工实用新型技术为例，根据协议，该施工企业有独享权，那么该施工企业就可以对此项新型技术的运用过程进行多层次管理。出于对新型技术的保护，该施工企业可以申请该项技术的实用新型专利。此外，施工企业可以在企业内部的工程项目中，对此项技术进行技术扩散、推广运用，并形成企业标准，或者对此项新型技术进行行业内的技术转移或者扩散，在行业内形成标准，提高施工企业的社会影响力。

### （四）基于技术管理的技术创新能力提升

通过对施工企业实施的技术管理在技术创新过程的作用的调查发现，技术管理对技术创新起着根本性的作用。具体表现如下。

（1）技术集成。创新技术是科学理念和物资设备在社会生产中整合的动态产物，其本质就是知识、技能、设备等要素的整合，包括外部集成和内部集成，技术集成过程是建筑施工企业绩效竞争的关键。

（2）战略指导。技术管理可以明确清晰地指引施工企业在技术创新的方向，设定技术发展的方向和路线，提前对所有资源进行合理配置。企业技术发展目标不明确会导致技术创新活动的混乱，使企业最终错过适合的发展机遇。在施工企业业务发展的初级阶段，一些规模较小的施工企业的首要任务是使其施工技术更加专业化。假如此类建筑施工企业承接其技术能力之外的工程项目，盲目地扩大其业务范围，就会导致其物质资源和人力资源的分散，无法形成自身在所属领域的市场竞争优势。

（3）激励机制。技术整合必须通过组织有机地集合起来。企业技术管理组织通过流程和制度来控制资源分配与员工管理，为技术创新提供平台并提高创新效率。建筑施工企业在组织管理过程中最重要的是团队协作精神，精神与物质相结合的激励机制以及责任制度考核。随着企业规模不断扩大，资源不断增加，这时就需要更好地调动员工对创新的积极性和主动性。

## 二、建筑施工企业的技术创新管理

建筑施工企业在生产活动中为了提高生产效率，改进生产工具、研制新型材料或者使用先进的生产工艺、工法等即为建筑技术的创新。技术创新阶段的管理需要根据创新方式的不同，实施相应的组织制度。

### （一）建筑施工技术的划分原则

建筑施工企业所涉及的研制新型材料、改良设备或者改进工艺、工法等技术创新，在不同的历史发展阶段有不同的社会生产力与其相对应。历史的先进性表现出来就是社会生产力的先进性，即生产工具、生产技术的先进性。根据技术运用的先进性和新颖性，将技术划分为传统技术、现有技术和创新技术。

#### 1. 传统技术

传统技术指的是在相关领域内比较成熟，已经被同行业广泛认知并能够熟练操作使用的技术。例如，对于建筑施工企业来说，烧制砌体材料、全砌搭建等是最为传统的建筑技术。但是，随着世界工业化进程的加快和绿色建筑的大力提倡，这一传统技术由于占用太多的资源，施工工艺浪费太多的人力，逐渐被淘汰或者被改进和替换。对传统技术进行改造提炼和升级有很大的发展空间。

#### 2. 现有技术

现有技术是指该项技术基本成熟、正处于推广运用阶段，且被该行业的部分企业所掌握的技术。现有技术不同于传统技术，大多是因解决现有施工难题而产生的，具有一定的先进性。同时，现有技术来源于对技术开发成果的运用，所以相对于创新技术具有一定的可操作性和稳定性。但是，现有技术还未完全成熟，也就是说有的现有技术已有社会效益，但不一定能产生经济效益。只有当现有技术获得社会认可并在生产活动中对其进行管理运用才会产生经济效益，才能体现技术的真正价值。

#### 3. 创新技术

创新技术是指企业将新构想经过研究开发或者技术组合，生产出新型材料、改良设备和改进工艺、工法，以提高生产效率，并带来经济效益或者社会效益的技术。创新技术是为了解决某一施工难题或者为了开拓某一领域市场而进行的技术理论和实践论证，所以创新技术必须在技术先进的前提下，具备新颖性。由于建筑技术使用条件的不确定性，创新技术只有随着不断的试验验证，才能确定其在实践中的可操作性，也只有随着经验的不断积累，才能确保其应用的稳定性。此外，由于建筑技术使用者的不确定性，一项创新技术势必会在某一实际施工中使用，那么就会涉及该项技术参与者、施工人员能否按照技术交底进行操作并达到预期效果，也会涉及对该项创新技术的熟练掌握和参与者能否保证不会将技术泄露给第三方等问题。根据建筑施工行业的特殊性质，创新技术有着不同于其他类别技术的特点，除了创新技术的新颖性、独享性等，还有其操作的不可随意性、应用的不稳定性及保密的复杂性，上述内容都将成为建筑施工企业技术创新管理的重点内容。

### （二）建筑施工企业的技术创新方式

技术创新学领域将创新模式分成模仿创新、合作创新和自主创新三种，这种技术分类方式也适用于建筑施工企业的技术创新方式。

#### 1. 模仿创新

模仿创新主要是指创新主体在已有技术的基础上对其消化吸收，进行适当的改进和创新。若想通过模仿创新达到国内外先进水平，那么被模仿的技术本身就需要具有先进性或者新颖性。同时，先进技术大都是通过技术引进而获得的，因此技术引进是模仿创新的基础。建筑施工企业在采用引进、消化吸收创新方式时的关键内容有三点，具体如下。

（1）及时有效地消化吸收引进来的技术。由于建筑施工技术工序的复杂性，在具体操作时会有一定程度的困难，这就需要对其进行反复的操作，不断地熟悉进而掌握以至精通，也就是对引进的技术进行有效的消化吸收。对引进的先进技术进行消化吸收是建筑施工企业掌握技术、获得经济效益的前提条件，也是建筑企业积累技术经验的必经途径。

（2）进行恰当的市场定位。恰当的市场定位是企业取得经济效益的前提。由于建筑施工地点的不确定性，建筑施工企业的工程项目不能只在一个地方或者一个区域内开展。假如建筑施工企业所在地的施工队伍或者施工项目即将饱和，该企业势必会考虑进军其他市场。施工企业应根据对建筑相关领域或者外地建筑市场所进行的市场调查，进行恰当的市场定位。经济效益是企业的最终追求，所以说市场定位是获得经济效益的前提，也是引进技术和模仿创新的关键。

（3）不断改进和创新。只有不断改进外来技术使其适应使用的环境，才能获得经济效益，乃至增强市场竞争力。引进技术有一定的适用范围，不是在所有工程中都能使用，而是要根据当地的施工条件，包括施工现场条件和施工技术条件，做出合理的改进调整，使之能在特定施工条件下使用。

模仿创新的风险相对较小、周期相对较短，其投资相对较少。但是，通过引进技术而来的模仿创新技术与先进技术之间有一定的差距，且处于被动地位。一些自身资金力量不足、人才储备不完善的中小型建筑施工企业可以在引进技术的基础上进行模仿创新，更新设备、采用新材料、改进工艺，进而在一定范围内快速、低成本、低风险地提高企业的经济效益和市场竞争力。

2. 合作创新

合作创新是指建筑施工企业与研究机构、高等院校或者其他企业合作，共同研究开发新产品或者新工艺。合作创新以伙伴关系和共同利益为基础，实现各参与方之间的资源和信息共享，优势互补，以增强创新的能力。合作创新的各参与方要有明确的合作目标、合作期限和合作规则，要在技术创新的全过程或者某个创新环节共同投入、共同参与、共担风险、共享成果。合作创新具有两个基本条件：一是，合作是基于共同的利益需求，风险投资者与创新主体之间的关系不属于合作创新；二是，合作参与方之间的信息、知识流动是双向或者多向的，合作参与方之间有权力和义务共享各自的专业知识。

有关产学研的合作创新模式也有三种组合方式。一是最为常见的产研合作创新。创新技术的理论支持大都是由研究机构提供，而技术有无价值及价值的大小则是通过企业的实际生产运作来验证。在这种情况下，研究机构有很强的技术支撑和研发能力，建筑施工企业有一定的经济实力，合作创新由企业和研究机构共同主导实现，建筑施工企业得到技术支撑，而研究机构获得经济回馈。二是产学合作创新和学研合作创新。在这种情况下，主导者是研究机构或者企业单位，他们为了满足技术研发需求，提供资金或者技术支撑；高等院校起着辅助创新的角色，他们用试验论证研究机构的理论技术，或者通过试验总结技术经验，综合解决实际工程中的技术问题，并培养和提高组织内部研究者的研究能力。三是产学研合作创新模式，这一模式最为复杂。在这种情况下，研究机构和高等院校都要参与到建筑施工企业技术创新过程中来，共同发挥各自的特长，并反复试验和论证技术的可行性，获得技术上的突破创新。

一般情况下，合作创新由多方参与共同研发，建筑施工企业在创新过程中就可以减少研发投资、缩短研发周期、分散风险。任何一方都不能独自享有合作创新技术，甚至可能成为竞争关系。因此，对于建筑行业中涉及工程项目投资多、发包难度大、风险大的技术领域，企业就可以选择合作创新的方式，与研究机构、高等院校或者其他企业共同研究开发适用于工程施工的高端领域技术。与研究机构、高等院校合作创新是建筑施工企业占领市场份额和取得社会效益的重要创新方式。

3. 自主创新

自主创新是指建筑企业仅仅依靠自身的能力和资源来进行创新实践，即企业根据市场或者生产需求，依靠自身力量完成设备、材料的开发研究或者实现工艺、工法的改进。这种创新方式属于施工企业内部的技术创新。建筑施工企业实现的关键技术、核心技术创新是否来自企业自身的技术积累和突破，是区分和界定自主创新与合作创新的标准。自主创新对建筑企业的资金、技术、人才等的综合要求比较高，且创新风险大。但是，自主创新获得成功会带来丰厚回报，它能使建筑施工企业在很长时间内掌握和控制某种设备、材料或者工艺、工法的核心技术，能在一定程度上控制技术的发展方向，甚至获得市场垄断地位，同时获得高额利润。因此，自主创新适合于技术开发能力强、经济实力雄厚或已经掌握某种技术垄断权的施工企业。

产学研合作创新实质上是参与方把促进技术创新所需各种生产要素进行有效组合，施工企业、研究机构和高等院校之间利益共享的合作创新。在以企业为创新主导、创新成果归企业独有的前提下，这种创新就归类于自主创新。大多情况下，施工企业为了满足技术需求，以企业为主导，与研究机构或者高等院校建立合作关系，充分利用外部机构的技术能力、人才或者设备等来实现技术创新。

（三）技术创新管理的组织关系

1. 技术创新管理组织制度建立的必要性

建筑施工企业根据性质不同可分为建设单位、咨询单位、勘察设计单位、施工单位、监理单位等，不同的建筑企业根据业务范围有着不同的组织机构。建筑施工企业技术创新不仅是一个公司、一个部门对技术的研究开发，还包含许多个工程项目实施过程中对技术的创新。各种模式的技术创新都是以工程项目为中心，将社会资源、业主资金、技术力量等有机地整合起来，有组织地开展技术创新活动，而组织制度是技术创新过程顺利执行的保障。

2. 建筑施工企业技术创新管理的内部组织

自主创新属于企业内部的技术创新。根据创新活动的投资方、参与者的不同，可以将企业内部的技术创新方式分为两大类：企业技术研发部门技术创新和分公司、项目部技术创新。建筑施工企业技术创新管理的内部组织中的技术中心即技术支撑系统，既是技术创新交流的平台，也是信息共享的平台。

（1）技术研发部门技术创新。对于一般建筑企业来说，技术研发部门整合人力和资金进行技术创新是企业创新技术的主要来源。技术研发部门根据技术发展和市场需求，组织企业技术人才，争取企业研发资金，自主研发出新技术。同时，技术研发部门将创新技术成果上传至企业的技术中心，通过技术中心对创新技术成果进行内部转移和扩散，从使用此项技术的项目或者分公司获得经济效益以维持部门的正常运转。

（2）分公司或者项目部技术创新。鉴于工程项目实施对象的特殊性，即项目的大件性和一次性，技术创新也可能是建筑施工企业或分公司在某一项目的实施过程中，为了解决某一施工难题而自发进行的工艺、工法的调整、改进。分公司或者项目部可以根据创新成果的特点及适用性，整理上报企业的技术中心，从而在企业内部对此项技术创新活动进行技术分享并获得企业奖励。同时，分公司或者项目部也通过技术创新获得经济效益，用作留存的技术创新资金。

**3. 建筑施工企业技术创新管理的外部关系**

建筑施工企业的技术创新不是单一的内部活动，在企业内部及上下级之间进行技术开发研究的同时，企业会以合作等形式与外界共同研究。建筑企业在与外部合作创新的过程中，通过企业管理部门或者技术部门与合作单位进行行政或者技术上的沟通。建筑企业的技术创新需要政府税收优惠、风险补偿和奖励等政策的支持，得到政府部门的充分肯定。另外，建筑企业在生产经营过程中还会与同行形成竞争，面对同一领域的技术难题，各建筑企业也可以共同研究，建立合作创新关系，推动技术的创新。同时，建筑施工企业也会与高等院校或者研究机构进行合作。

### （四）工程项目技术管理的作用

工程项目技术管理是对所承包的工程各项技术活动进行施工计划、组织、指挥、协调和控制的总称。施工技术管理须为企业经营管理服务，因此，施工技术管理的一切活动都要围绕企业生产经营的总目标，而工程项目技术管理的作用主要体现在以下几个方面。

（1）保证施工过程符合技术规范的要求，保证施工按正常秩序进行。

（2）通过技术管理，不断提高技术管理水平和职工的技术素质，最终高质量完成施工任务。

（3）发挥施工中人员、材料、设备的潜力，对工程特点和技术难题提出合理化建议，开展技术攻关活动；在保证工程质量和生产计划的前提下，降低工程成本和提高经济效益。

（4）通过技术管理积极开发与推广新技术、新工艺、新材料，促进工艺技术现代化，提高企业竞争能力。

（5）利用新的创新技术成果对技术管理人员、施工作业人员进行教育培训，不断提高他们的技术管理素质和技术能力。

## 三、工程创新技术管理因素的分析

对建筑施工企业创新现状的调查表明，影响技术创新过程的是企业内部环境和外部环境，而影响技术管理过程的是施工企业的管理层。

### （一）技术创新过程影响因素

大量的现场调查统计表明，影响企业技术创新的外部因素、内部因素及障碍因素主要可以归纳为市场、政府、技术支持、企业硬件配备和人才配备等，具体的影响程度见表 4-4 ～ 4-6 所列。上述各个因素之间并不是独立存在的，而是相互影响的，施工企业层面上的技术、资金、制度环境因素会间接地影响部门之间的合作、技术带头人的领导和研发团队的合作，而技术层面上的研发绩效、回收期的长短等会影响企业领导对此项技术开发的认可，也会影响研发团队的士气。

表4-4　影响施工企业技术创新的主要内部因素

| 序号 | 内部因素 | 位次 |
|---|---|---|
| 1 | 建筑施工企业内部高层领导对新技术的偏好程度和支持程度 | 一 |
| 2 | 企业相关技术带头人的领导 | 二 |
| 3 | 研发团队 | 三 |
| 4 | 研发部门与工程项目或生产部门的合作 | 四 |
| 5 | 企业的体制环境 | 五 |

表4-5　影响施工企业技术创新的主要外部因素

| 序号 | 外部因素 | 位次 |
|---|---|---|
| 1 | 建筑招标中业主的要求和建筑原材料供应的情况 | 一 |
| 2 | 与其他建筑企业就使用技术进行合作研究 | 二 |
| 3 | 与建筑行业研究机构就技术方法进行合作研究 | 三 |

续　表

| 序号 | 外部因素 | 位次 |
|---|---|---|
| 4 | 与高等院校之间就技术原理进行合作研究 | 四 |
| 5 | 政府政策的鼓励 | 五 |

表4-6　影响施工企业技术创新的障碍因素

| 序号 | 障碍因素 | 位次 |
|---|---|---|
| 1 | 技术部门缺乏资金 | 一 |
| 2 | 缺乏专业技术人才 | 二 |
| 3 | 缺乏相关技术支撑 | 三 |
| 4 | 研究开发支出少，资金不到位 | 四 |
| 5 | 创新风险大，没有合理评估风险 | 五 |
| 6 | 新技术的应用市场信息不准确 | 六 |
| 7 | 创新时机难以把握 | 七 |
| 8 | 产权不明确和奖励不合理 | 八 |
| 9 | 项目周期长，投资回收太慢 | 九 |

### （二）技术管理的影响因素

这里的技术管理是广义的技术管理，工作内容不仅包括技术和市场研究、获得知识产权保护、专利申请，还包括技术扩散、技术转移或者技术的标准化推广等。技术管理过程中的影响因素主要有企业层面上的领导决策、政策环境、市场因素等，具体影响如图 4-1 所示。

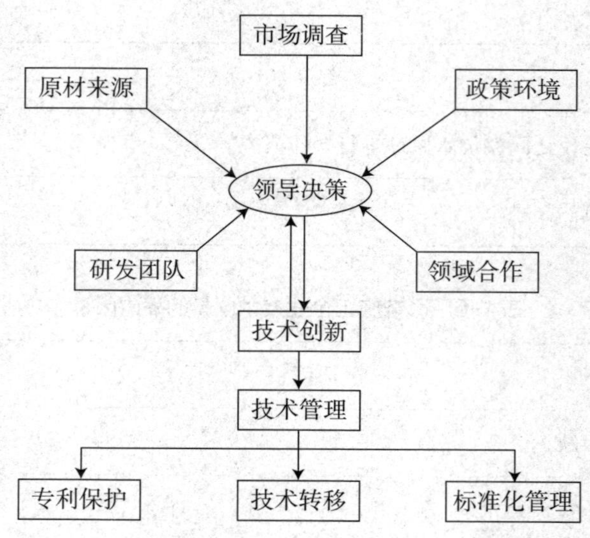


图 4-1　影响技术管理过程的主要因素

技术管理分为创新过程管理和获得技术后的使用过程管理。下面分别进行探讨。

**1. 创新过程管理**

技术前期管理是创新过程的管理阶段。一般来说，施工企业都会通过市场环境调查，结合政策环境分析，审查新技术研究开发所需的技术支撑、原材料来源，然后根据企业发展状况确定创新内容和创新模式；再组建人才队伍，确定资金来源，进而开展一系列的创新活动。企业要对技术创新进行跟踪控制，利用动态分析研究创新过程，根据具体情况对技术创新进行及时调整。这时，建筑施工企业创新技术管理的主要影响因素是市场环境、政策环境、技术支撑环境、原材料供货方及企业自身人才队伍建设等。

**2. 创新成果管理**

技术管理后期也就是创新成果的管理阶段。根据技术获得的目的不同，建筑施工企业往往需要采取不同的管理方式，而不同管理方式的影响因素也不同。例如，某建筑施工企业为了拓展市场或者仅为了获得技术而进行技术创新，在使用创新技术的过程中，通过反馈信息来不断改进创新技术。前期对创新成果的管理重点在使用和保护，政策环境、企业和创新团队的保密意识等是影响创新技术管理成败的关键因素，而后期对创新成果的管理重在转移扩散，以取得更好的经济效益。此时，建筑施工企业使用创新技术时，既要获得合作单位的技术认可，又要在施工过程中做好交底工作。所以，企业之间的合作关系、企业内部各部门之间的技术信息系统、技术负责人与施工班组之间的交底都是技术使用过程中的主要影响因素。

生产经营规模是建筑施工企业发展阶段的体现，若想长期发展，采用新的绿色建筑材料、新生产设备、新工艺是企业的必然选择，所以建筑施工企业要创新。重视技术和加强技术管理已经成为当代企业发展的一大趋势。创新技术管理不仅包括对创新过程的管理，还包括对创新技术知识的储备和影响因素的管理。

（1）阶段性成果保护

创新技术是在项目立项、研究开发、试验、使用等一系列活动中产生的成果，每一个阶段都会有一个阶段性的成果，对创新阶段性成果的保护也是影响创新技术成败的关键。施工企业对技术的管理不仅有企业层面上的规划控制，更要对其创新过程进行控制，利用相关管理学理论跟踪、发现研发项目的问题，及时地寻找有效的解决方案，尽可能地减少创新成本、降低创新风险和缩短新技术研发周期。同时，要针对每一阶段的成果，根据其重要程度，采取不同的保护措施。

（2）技术保护与信息管理

对建筑施工企业来说，许多适用于综合工程项目的工艺、工法等都是在大量的生产活动中积累形成的，是劳动人民的智慧结晶。另外，建筑技术在投入生产使用的过程中，也不像其他技术产品一样由企业内部人员去生产、销售，而是由许多不同的单位完成。在创新技术的管理阶段，形成的创新技术作为一种信息在转向生产或者使用的过程中难以控制，容易随着生产交易渠道流向使用群体或者流向竞争对手，从而导致创新技术难以独享。对施工企业来说，要想获得工程项目的建设权，就得与建设单位进行技术交流，还需跟分包单位或者施工班组进行技术交底。所以，建筑行业的新技术在使用过程中很难得到严格保护，即使某些施工企业有技术保护意识，也会因为参与人员多且复杂而增加管理成本。

另外，在工程项目的技术创新阶段，技术创新的成败在很大程度上取决于施工企业对相关技术专业信息的掌握和对信息的处理能力。创新风险，从本质上来说，就是信息获得的不充分风险和使用的不恰当风险。在技术保护的同时，建筑施工企业内部技术使用的流畅程度也取决于技术信息系统的管理。

（3）专利保护与标准化

建筑施工企业在使用创新技术的过程中，常常因无法完全控制而导致技术的无偿外泄。鉴于建筑创新技术的使用情况的复杂性和独特性，有时企业在创新开始时就申请专利保护，或者以有偿转让的方式进行技术转移。专利保护使得建筑施工企业对技术具有独享权，可以获得经济效益。而技术标准化推广具有普及性，使得企业具有使用新技术的能力，会给施工企业带来社会效益或者无形的经济效果。标准已成为专利技术追求的一种最高集成形式。所以，建筑施工企业在获得创新技术成果之后，要根据技术的适用性和价值分析决定是否进行技术的标准化推广。

## 四、工程项目管理技术的发展

### （一）计算机辅助工程项目管理

#### 1. 计算机辅助工程项目管理的含义

计算机辅助工程项目管理是项目建设参与方进行工程项目管理的手段。计算机辅助工程项目管理在国内外的运用较为普遍，如 MS Project 、Primavera Project Planer 等项目管理软件的应用。这些软件都是关于工程项目的进度与计划管理、成本管理及合同管理的。此外，也有专门针对工程项目管理的信息系统，即项目管理信息系统（project management information system，PMIS）。运用 PMIS 是为了能够及时、准确、完整地收集、存储、处理项目的投资（成本）、进度、质量、安全的规划和实际的信息，以迅速采取措施，尽可能好地实现项目的目标。

PMIS 与管理信息系统是两个完全不同的信息系统。PMIS 是计算机辅助工程项目目标控制的信息系统，它的功能是针对工程项目的投资（成本）、进度、质量、安全等目标的规划和控制而设立的。管理信息系统是计算机辅助企业管理的信息系统，它的功能是针对企业的人、财、物、产、供、销的管理而设立的。

针对项目建设各参与方的工程项目管理，即建设单位（业主方）、设计方、施工方、供货方、建设项目总承包方等的工程项目管理，形成了不同类型的 PMIS。

#### 2.PMIS 的结构和功能

（1）PMIS 的结构

PMIS 主要由进度控制、投资（成本）控制、质量控制、合同管理、HSE（职业健康、安全、环境）管理五个子系统组成，这几个子系统共享数据库并互有联系。

（2）进度控制子系统的功能

进度控制子系统的基本设想是通过项目计划进度和实际进度的不断比较，使进度控制者及时获得反馈信息，以控制项目的实施进度。

进度控制子系统实施的基本方法是网络计划编制方法、计划进度与实际进度比较方法。计划进度和实际进度的比较通过工作开始时间、工作完成时间、完成率、形象进度等的比较来实现。

进度控制子系统的基本功能是编制双代号网络计划、单代号搭接网络计划和多平面群体网络计划，进行工程实际进度的统计分析、实际进度与计划进度的动态比较、工程进度变化趋势预测、计划进度的定期调查、工程进度各类数据的查询，提供针对不同管理平面的工程进度报表，绘制网络图和横道图等。

（3）投资（成本）控制子系统的功能

投资（成本）控制子系统的基本设想是通过工程项目的投资（成本）计划和投资（成本）实际值的不断比较，使投资（成本）控制者及时获得信息，以实现项目计划投资（成本）目标。

在工程项目建设过程中，与项目投资有关的费用有投资匡算、设计概算、施工图预算、标底（招标控制价）、投标价、合同价、工程结算、竣工决算等。投资计划值与实际值的比较是一个动态的过程，即将以上与投资有关的费用进行比较，从中发现投资偏差。如果将工程项目设计概算作为计划投资目标值，在进行概算和预算比较时，概算是计划值，预算是实际值；在进行预算与合同价比较时，预算是计划值，合同价是实际值；在进行合同价与结算比较时，合同价是计划值，结算是实际值。

投资控制子系统实施的基本方法是将工程项目总投资按照投资控制项进行切块，求出项目投资计划值与实际值的差值及该差值在投资计划值中所占的比例。

投资控制子系统的基本功能是开展投资切块分析，编制项目设计概算和预算，进行投资切块与项目设计概算的对比分析，项目设计概算与预算的对比分析，合同价与投资切块、设计概算和预算的对比分析，实际投资与项目设计概算和预算、合同价的对比分析，项目投资变化趋势预测，工程结算与项目预算、合同价的对比分析，项目投资的各类数据查询，提供针对不同管理平面的项目投资报表等。

（4）质量控制子系统的功能

质量控制子系统的基本设想是辅助制订工程项目质量标准和要求，通过工程项目实际质量与质量标准、要求的对比，使质量控制者及时获得信息，以控制工程项目质量。

质量控制子系统实施的基本方法是质量数据的存储、统计和比较。

质量控制子系统的基本功能是制订工程项目建设的质量要求和质量标准，开展分项工程、分部工程和单位工程的验收记录及统计分析，进行工程材料验收记录、机电设备检验记录（包括机电设备的设计质量、监造质量、开箱检验情况、资料质量、安装调试质量、试运行质量、验收及索赔情况）、工程设计质量鉴定记录、安全事故处理记录，提供工程质量报表等。

（5）HSE（健康、安全、环境）管理子系统的功能

HSE 管理子系统的基本设想是将职业健康、安全和环境保护的理念融入工程项目管理和控制活动的全过程，通过规范健康、安全、环境管理业务流程，实现对工程项目建设全过程的监督、管理，保障整个工程的安全文明施工和交付。

HSE 管理子系统实施的基本方法包括健康、安全、环境保障体系的建立、监督和监察，安全计划、安全教育培训，安全健康环境检查与反馈，不符项管理，安全考核风险控制、危险点分析，重要物项管理等。

HSE 管理子系统的基本功能是建立和维护安全保障体系、安全组织机构、安全网络，开展安全计划、安全教育培训、安全资质、应急内容管理，每周安全周报、安全检查、风险控制及危险点分析，不合格项管理，工具、器具与设施管理，事故管理，安全奖惩、安全考核、安全会议及会议纪要管理等。

（6）合同管理子系统的功能

合同管理子系统的基本设想是对涉及工程项目勘察设计、采购、施工、工程监理、咨询和科研等全部项目，实施合同的起草、签订、执行的跟踪管理、归档、索赔等全部环节进行辅助管理。

合同管理子系统实施的基本方法是合同文本的起草和修改等资料处理，以及合同信息的统计。通过合同信息的统计获得月度、季度、年度的应付款额、合同总数等信息。

合同管理子系统的基本功能是提供和选择标准的合同文本，开展合同文件及资料管理、合同执行情况跟踪及处理过程管理、涉外合同外汇折算、经济法规库（国内外经济法规）查询，提供合同管理报表等。

**3.PMIS 应用的条件**

（1）组织条件

组织条件是指要有明确的工程项目管理组织结构、项目管理工作流程和项

目信息管理制度。项目信息管理制度是计算机辅助工程项目信息管理系统的基础，也是软件系统能正常运行的组织保证，没有它，软件系统难以正常运行。工程项目信息管理制度包含以下三部分内容。

①项目管理信息结构图，它是对项目管理组织结构图中各部门对外主导信息流程的规定。

②项目管理信息编码，包含项目编码、参与项目实施的单位和部门的组织编码、投资控制信息编码、进度控制信息编码、质量控制信息编码、合同管理信息编码等。

③信息卡和信息处理表，即对每一条信息均明确信息分类编号、信息名称、信息内容、提供者、提供时间、处理者、处理时间、处理结果、接收者和归档者等。

（2）硬件

硬件即计算机设备，一般包括服务器、小型机、计算机和计算机网络等。

（3）软件

软件即要有 PMIS 正常运行的操作系统、系统软件和应用软件等软件环境。

（4）教育条件

教育条件是指对计算机操作人员、工程项目管理人员和领导层等进行培训。

计算机辅助工程项目管理是现代化项目管理的必备手段，许多工程项目的建设单位均有运用 PMIS 的迫切要求，要成功地运用 PMIS，必须在组织条件、教育条件上下功夫。

**4.PMIS 的建设**

PMIS 的目标是为实现工程项目信息的系统管理，并为项目管理的决策者提供必要的支持，及时为工程项目的管理者及工程师提供预测、决策所需的数据等相关信息，并为管理者及工程师提供多个可供选择的方案。

PMIS 是针对工程项目中的投资、进度、质量三大目标的规划与控制，以工程项目管理系统为基础而建立的管理信息系统。PMIS 的建设主要包括信息管理系统的开发、设备配置、人员培训、应用等几个方面。对于信息管理系统的开发应用，企业可以通过以下三个途径来实现。

（1）自主开发。企业可以聘请专业咨询公司或软件公司，结合企业自身的管理需求和目标设计开发信息管理系统，并承担系统的维护工作。

（2）直接购买。企业可以直接从软件公司购买项目管理软件，安装在服务器上，供项目成员方共同使用。

（3）租用服务。租用服务即应用服务供应商（application service provider，ASP）模式。用户只需提供自己的业务数据，支付一定的租金，就可以通过浏览器或者客户计算机连接集中式服务器（云服务器）上的应用程序，然后在本地处理应用程序计算产生的结果。面向项目管理的ASP一般提供图纸、数据、文件，有文档管理、工作流程自动化、在线讨论、项目视频、进度管理、成本管理、在线采购和招标投标、权限管理等功能。ASP甚至可以为客户提供专有的需求服务。

### （二）工程项目进度管理信息系统

#### 1. 工程项目进度管理信息

工程项目进度信息管理的对象为工作，因而工程项目进度控制的基本信息为工作所包含的信息及管理需要的相关分类信息。按照工程项目管理理论，任何工程项目通过项目工作分解划分为若干项目管理基本单元，这些基本管理单元由一项或多项工作构成。工程项目进度信息管理就是合理安排与协调工作时间。

影响工作时间安排的因素很多，如资源、费用、限制条件等。这些因素也是控制工程项目进度所要考虑的信息。这些信息与工作或项目工作分解有关。以下是项目工作的有关信息，这些信息在工程项目进度控制中起着重要作用。

（1）工作基本信息

①工作代码。这是在一个工程项目内工作的唯一识别码。

②工作名称、工作说明与描述。

③工作持续时间。工作所需要的时间，常用工期的单位为小时和天。

④工作间逻辑关系。工作间的工艺或组织关系，分四种逻辑关系，即FTS（完成-开始关系）、STS（开始-开始关系）、FTF（完成-完成关系）、STF（开始-完成关系）。

⑤工作时间限制。

⑥工作完成所需资源。

⑦日历。

（2）工作的有关管理属性

①项目分解结构（PBS）。

②工作分解结构（WBS）。

③组织分解结构（OBS）。

④成本科目（CA）与分类。

⑤工作分类码。

⑥资源角色。

⑦资源分类。

⑧项目分类。

⑨赢得值设置等。

**2. 工程管理进度管理信息编码**

对工程管理信息进行编码是计算机辅助工程项目进度管理的重要步骤。随着工程项目商品化、软件客户化的应用，通过编码规则的制订，可规范计算机存储的相关数据与信息。根据工程项目进度管理的需要，常用的工程项目进度管理信息编码如下。

①工作代码。

②项目分解结构。

③工作分解结构。

④组织分解结构。

⑤资源编码。

⑥计划层次编码。

⑦项目分类码。

⑧工作分类码。

### （三）工程项目合同和投资管理信息系统

**1. 工程项目合同和投资管理信息**

工程项目合同和投资管理信息主要由两部分组成：一部分是与项目投资控制编码相关的投资管理信息；另一部分是合同及合同履行过程中与费用有关的各种信息。

（1）与项目投资控制编码相关的投资管理信息

①项目分解结构（PBS）及其费用控制信息。

②项目（标段、子项目）及其费用控制信息。

③工作分解结构（WBS）与工作包（work package）及其费用控制信息。

④组织分解结构（OBS）。

⑤成本科目（CA）与类别。

⑥工程量清单（BOQ）。

其中，费用控制信息包括费用估算（概算）值、费用预算值、计划完成值、赢得值、实际值、完成时值与完成时预计、项目与工作包费在成本科目与类别上的分摊、绩效考核方式、项目与工作包的赢得值设置等。

（2）合同及合同履行过程中与费用有关的各种信息

①合同与订单。

②合同工程量及支付项（payment item）。

③采购订单与采购物项。

④变更。

⑤变更过程相关记录（RFI、RFP、PCO 等）。

⑥支付申请。

⑦支付记录（发票与付款）。

⑧采购到货。

⑨索赔信息。

⑩正式沟通记录等。

**2. 工程项目合同和投资管理信息编码**

工程项目合同和投资管理信息编码除有与进度管理信息系统一致的或相适应的项目分解结构、工作分解结构、组织分解结构、资源编码等外，还有合同编码、工程清单编码、物资编码及各种记录编码等。

随着计算机技术的发展，对信息管理系统编码的限制越来越少，很多编码可以设置成树状定义编码，树的层次与编码的长度均可满足系统对信息编码的要求。编码及编码规则为信息的直观展现和统一数据录入格式提供了保障。在系统实施过程中，编码规则的制订及基础数据的录入是信息系统实施的重要工作，而对于信息系统本身需要考虑的是编码定义的灵活性及如何实现辅助自定义编码（根据设定自动产生编码）。

一般工程量清单编码、物资编码等为树状编码，合同和记录编码采用普通编码格式。

### （三）项目管理软件

**1. Microsoft Project 软件**

Microsoft Project 是 Microsoft 公司开发的项目管理系统，它是应用很普遍的项目管理软件之一，适用于各种规模的项目。它利用项目管理的理论，建立了一套控制项目的时间、资源和成本的系统。其界面友好、图形直观。用户可以在该系统使用 VBA（Visual Basic for application），通过 Excel、Access 或各种 ODBC 数据库、CSV 和制表符分隔的文本文件兼容数据库存取项目文件等。

（1）Microsoft Project 软件的主要功能

①组织信息。

②方案选择。

③信息共享。

④拓展功能。

⑤跟踪任务功能。

（2）Microsoft Project 软件的特点

①充足的任务节点处理数量。

②强大的群体项目处理能力。

### 2.Primavera Project Planner（P3）软件

P3 软件是美国 Primavera 公司的产品，是国际上非常流行的项目管理软件之一，适用于任何工程类项目。P3 软件对大型复杂项目可以进行有效控制，并可以同时管理多个项目。该软件在国内的应用也较为普遍，如三峡工程、秦山三期核电工程、阳城电厂大型火电工程、京沪高速公路、上海通用汽车厂、深圳地铁等工程。P3 软件的主要特点如下。

（1）在多用户环境中管理多个项目。

（2）可以对实际资源消耗曲线及工程延期情况进行模拟。

（3）利用网络进行信息交换，可以使各个部门之间进行局部或网络的信息交换，便于用户了解项目发展。

（4）处理单个项目的最大工序数达到 10 万道，资源数不受限制，每道工序上可使用的资源数也不受限制。

（5）可以自动解决资源不足的问题。

（6）可以对计划进行优化，并作为目标进行保存。

（7）可以根据工程的属性对工作进行筛选、分组、排序和汇总。

### 3. 清华斯维尔智能项目管理软件

该软件将网络软件技术、网络优化技术应用于工程项目的进度管理中，以国内建设行业普遍采用的双代号时标网络图作为项目进度管理及控制的主要工具。该软件主要有如下特点。

（1）操作流程符合项目管理的国际标准流程，通过项目的范围管理，在横道图界面中建立任务大纲结构，从而实现项目计划的分级控制与管理。

（2）系统实时计算项目的各类网络时间参数，并对项目资源、成本进行精确分析，以此作为网络计划优化与项目追踪管理的依据。

（3）为方便用户操作，除支持常规的标准横道图建模方式外，还提供了双代号网络图、单代号网络图等多种建模方式。

（4）支持搭接网络计划技术，同时可以处理工作任务的延迟、搭接等情况，从而全面反映工程现场工作的特性。

**4. 梦龙智能项目管理系统——网络信息平台 MR2000**

网络信息平台 MR2000 是梦龙集团开发的系统，它由快速投标、项目管理控制和企事业办公管理三大系统组成，主要特点如下。

（1）高级的安全机制。

（2）对数据进行加密传输，安全可靠。

（3）采用高效的压缩算法，实现高速的数据传输。

（4）提供 Server 运行方式，软件管理系统可在服务器后台运行。

（5）含先进的软件管理单元，可以对各种应用软件进行有机管理。

（6）具有良好的开放性，允许客户在它的基础上进行二次开发。

（7）可实现多级多层链接与分布管理，适用于不同类型的企业。

（8）系统内所有单元都采用了梦龙集团的自防病毒技术，保证网络安全。

（9）用物理链接层、软件通信层与应用层构成先进的三层软件体系结构。

## 第五节　工程项目的基本施工技术管理

### 一、施工技术管理的基本工作要求

#### （一）组织机构和技术管理的岗位职责

工程项目的施工组织机构随公司的组织形式而异，建立分级技术责任制，确定分级技术负责人，实行技术管理工作的统一领导、分级管理，针对项目的具体技术工作落实到人，明确职责。

技术标准与技术规程工作要求：执行技术标准与技术规程要按照标准和规程开展技术工作，所以在项目进行过程中，首先应熟悉有哪些标准和规程，然后组织相关人员学习，并在具体操作过程中严格遵照执行。例如，技术管理制度一般包括施工图纸会审制度、施工组织设计管理制度、技术交底制度、施工材料和设备检验制度、工程质量检验与验收制度、技术组织措施制度、工程施工技术资料管理制度等，这些是做好技术管理工作的依据。

科学实验要求：在项目实施中，材料、设备、工艺方案、一些技术参数的确定等问题，可能需要通过开展科学实验的方法辅助决策。

技术培训工作要求：有计划地开展对技术人员和操作人员的技术培训，以满足项目施工技术的要求。

“四新”工作要求：不断推广和应用新技术、新工艺、新材料和新设备，进而使施工水平不断提高。

检查指导要求：项目部主管技术人员应经常深入施工现场检查施工技术情况，指导施工作业，严格照图施工，执行技术方案，纠正违章作业和制止违反工艺、纪律的行为，并及时处理出现的施工技术问题。

存在问题处理要求：对工程施工中发现的设计问题或需要优化的设计问题，应及时提出技术核定并请设计单位确认，办理变更手续；针对施工环境或其他客观条件的变化，应及时修改原有的施工技术方案；针对新技术、新产品、新工艺的应用和处理应用中的技术问题，制订调试及试运行方案，做好调试运行的技术交底并落实安全技术措施；参加质量事故、安全事故的处理，分析事故原因，并提出技术改进和处理意见。

### （二）施工图纸会审的管理

施工图纸是施工和验收的主要依据，施工人员只有充分领会设计意图、熟悉图纸才能正确施工并确保施工质量。开工前进行施工图纸会审，能使施工人员更深刻认知图纸，也可以发现施工图中的一些差错并及时更正，确保工程顺利进行。施工图纸会审应由项目技术负责人组织。为使图纸会审有好的效果，会前应通知与会人员仔细阅图，核对数据和联系实际，做好参会准备；会后应对会议记录汇总，分送相关单位。

## 二、施工技术管理的组成内容

工程项目的施工技术管理包括技术管理基础工作和技术管理基本工作两种。其中，技术管理基础工作包括合同管理、招投标管理及其他一些基础工作等，技术管理基本工作包括施工技术准备工作、施工过程技术工作和技术开发工作等。具体来说，施工过程技术管理工作包括对施工图样的熟悉、审查和会审；编制施工管理规划；组织技术交底；工程变更和变更洽谈；制订技术措施和技术标准；建立技术岗位责任制；进行技术检验、材料和半成品的试验与检测；贯彻技术规范和规程；技术情报、技术交流、技术档案的管理工作；监督与控制技术措施的执行和处理技术问题等。而开发性的技术管理工作包括组织各类技术培训工作；根据项目的需要，制订新的技术措施和技术标准；进行技术改造和技术创新；开发新技术、新结构、新材料、新工艺等。

## 三、施工技术检验管理

技术检验是用科学方法对工程中的设备和使用的原材料、成品、半成品及热工、电工测量元件等各类测量工具进行检验、试验和监督，防止错用、乱用和降低标准，以保证工程质量。检验的内容、方法和标准应按国家和行业颁发的有关技术规程、规定和标准及制造厂技术说明书的要求执行。公司或项目部各类实验室的资质应符合国家或行业的规定和标准，并取得有关主管部门的认证。实验室应及时、准确、科学、公正地对检测对象规定的技术条件进行检验，并出具报告，为施工提供科学依据。实验室发现问题应立即向质量管理部门或委托单位报告，并及时研究处理。计量管理机构的主要职责是贯彻国家和行业有关计量管理工作的法令、法规和标准。项目部和公司下属的生产单位都应设专职计量员，计量员应持证上岗。

### 四、项目经理的主要职责

为保证工程项目施工的顺利进行，杜绝技术问题和质量事故的发生，保证工程质量和提高经济效益，项目经理应处理好以下技术工作。

组织审查图样，掌握工程特点与关键部位，以便全面考虑施工部署与施工方案；还应着重找出在施工操作、特殊材料、设备能力及物资条件供应等方面有实际困难之处，及早与建设单位或设计单位研究解决。

贯彻各级技术责任制，明确各级组织和职责分工，决定本工程项目拟采用的新技术、新工艺、新材料和新设备。

经常深入现场，检查重点项目和关键部位，检查施工操作、原料使用、检验报告、工序搭接、施工质量和安全生产等方面的情况，对存在的问题、难点、薄弱环节，及时提交给有关部门和人员研究处理；主持技术交流，组织全体技术管理人员对施工图和施工组织设计、重要施工方法和技术措施等进行全面深入的讨论。

进行专业人才培训，不断提高职工的技术素质和技术管理水平。一方面为提高业务能力组织专题或技术讲座，另一方面应结合生产需要组织学习规范、规程、技术措施、施工组织设计及与工程有关的技术等。

### 五、工程项目的技术管理计划

工程项目的技术管理计划应包括技术开发计划、设计技术计划和工艺技术计划。其中，技术开发的依据包括：国家的技术政策，包括科学技术的专利政策、技术成果有偿转让；产品生产发展的需要，是指未来对建筑产品的种类、规模、质量及功能等的需要；组织的实际情况，是指企业的人力、物力、财力及外部协作条件等。设计技术计划主要是涉及技术方案的确立、设计的形成及有关指导意见和措施的计划。工艺技术计划是指施工工艺上存在客观规律和相互制约关系，一般是不能违背的，如基坑未挖完土方，就不能进行后序垫层工作，浇筑混凝土必须在模板安装和钢筋绑扎完成后才能进行。因此，要对工程项目的施工工艺技术进行科学、周密的计划和安排。

## 六、工程项目的技术管理控制

### （一）技术开发管理

在工程项目的技术开发管理方面，要确立技术开发方式，根据企业自身特点和建筑技术发展趋势确定技术开发方向，走与研究机构、高等院校联合开发的道路。但从长远来看，企业应有自己的研发机构，强化自己的技术优势，在技术上形成一定的垄断，走技术密集型道路，具体的措施如下。

（1）加大技术开发的投入，确定短、中、长期的研究投入费用及其占营业额的比例，逐步提高科技投入量，监督实施并建立规范化的评价、审查和激励机制；加强研发力量，重视科研人才，增添先进的设备和设施，保证技术开发。

（2）加大科技推广和转化力度，特别是增加技术装备的投入，投入规模至少应当是承包商当年收益的 2% ～ 3%，并且应逐年增长。

（3）提倡应用计算机和网络信息化技术，利用专业软件进行招标投标、工程设计和概算预算工作，利用互联网收集施工技术等情报信息，通过电子商务采购降低采购成本。同时，加强科技开发信息的管理，建立强有力的情报信息中心以进行快速决策。

（4）加强新产品、新材料、新工艺的应用管理，应有权威的技术检验部门关于其技术性能的鉴定书，制定质量标准及操作规程，同时加大质量标准及操作规程的推广力度。

### （二）施工组织设计管理

施工组织设计是施工企业实现科学管理、提高施工水平和保证工程质量的主要手段，也是纠正施工盲目性的有力措施。加强施工组织设计管理，要进行充分的调查研究，广泛发动技术人员、管理人员一起制订措施，使施工组织设计符合实际，切实可行。

对于技术档案管理，要求按照一定的原则、规范，经过移交、归档，整理和保管技术文件材料。技术档案既记录了各建筑物、构筑物的真实历史，更是技术人员、管理人员和操作人员智慧的结晶。材料实行统一领导、分专业管理。资料收集做到及时、准确、完整，且分类正确、传递及时，符合法规要求，无遗留问题。

对于测试仪器管理，要求施工企业建立计量、测量工作管理制度，由项目技术负责人明确责任，领导制订管理制度，经批准后实施。管理制度要明确职责范围，对仪表、器具使用、运输、保管等均有明确要求；建立台账，定期检测，确保所有仪表、器具的精度、检测周期和使用状态符合要求，记录和成果符合规定，确保成果、记录、台账、设备的安全、有效、完整。

对于技术管理考核要求考核内容应包括对技术管理工作计划的执行，技术方案的实施，技术措施的施行，技术问题的处置，技术资料的收集、整理和归纳，以及技术开发，对新技术和新工艺应用情况的分析和评价等。

### （三）各专业主要施工方案

按工程项目总进度计划整理和编排总承包项目部所有的主要技术方案和施工组织设计，应确定施工方法、施工方案与专项施工方案，明确编制完成时间、编制人、上报时间和审批人。

危险性较大的分部分项工程的主要方案包括基坑支护、降水工程，土方开挖工程，模板工程及支撑体系工程，起重吊装及安装拆卸工程，脚手架工程，拆除和爆破工程等。下面简单介绍三种分部分项工程方案。

（1）基坑支护方案，其关键在于：放坡土钉墙，适用于有一定黏结性的杂填土、黏性土、粉土、黄土与弱胶结的砂土边坡和地下水位低于开挖层或经过降水使地下水位低于开挖标高的情况；钻孔灌注桩、旋喷桩加预应力锚索，适用于邻近有建筑物或地下管线而不允许有较大变形的基坑支护工程；钻孔柱桩、旋喷桩加内支撑，适用于深基坑及软土地基，支撑设计要考虑栈桥；连续墙、旋喷桩加内支撑，设计时应考虑施工道路等荷载，同样适用于深基坑及软土地基。

（2）模板方案，尤其是高支模方案，必须经过专业技术人员验算复核，经过专家认证后方可实施。竖向模板的选择必须结合实际工程进度，一般选用木模，应特别重视以下情况的施工方案：危险性较大的分部分项工程；重点、难点工程；特殊过程和关键过程；季节性工程施工；容易发生安全事故的过程，如现场临时用电施工、群塔作业、现场防护、达到一定规模的现场消防专业施工等。

（3）脚手架方案。大型的工程项目一定要采用E形悬架，外墙施工根据南北地区特点进行选择。北方外墙砌体量小，优先选用爬架；南方地区外墙砌体量大，优先选用悬挑架。

（四）方案设计及施工优化的要点

（1）基坑支护、桩基的优化。大型工程项目的基坑支护、桩基等方案的设计往往会发生滞后的现象，导致工期延长，而且整个工程的设计变更比较大，经常出现不按照准备图纸施工的情况。

（2）多数工程项目业主出图纸晚，导致集中施工或抢工，这种现象无疑会增加总承包单位对钢管、扣件、脚手架、模板等主要周转料具的投入。因此，如何优化施工以缩短工期显得尤其重要。

（3）多数工程项目对工期的管控是非常严格的，但由于工程项目最大的特点是“三边”工程，因此，总承包单位一定要注意以下两点：主动配合业主并参与设计变更；做好各种变更手续并留好第一手资料以备事后与业主交涉，积极组织施工，如果做到施工先行，就会终止很多因变更而导致的返工。

（4）后续设计补充造成的风险，如环梁支撑、劲性混凝土、斜抛撑采用钢结构等方案，这些设计往往在投标时没有考虑，实际施工时会增加总承包单位的措施费和延长工期，合同应对此部分产生的费用进行调整。上述情况必须引起管理者的高度重视。

（5）加快施工进度的方案优化。基坑支护阶段主要通过增加早强剂缩短工序间歇，通过抗浮锚杆预留套管后施工法解决抗浮锚杆周期长与结构施工发生冲突的问题。工程项目施工组织顺序中，在结构施工阶段，应考虑如何优化施工组织程序、缩短工期。不管是施工竖向结构还是整层施工或装饰阶段，主要涉及各工序如何确定插入点和如何穿插。优化主体结构施工组织，尤其是标准层分段流水施工以减少垂直运输等方面的压力；顶板钢筋绑扎过程中，提前施工上段竖向钢筋，可以为模板施工缩短技术间歇；后浇带模板单独支设，采取水平后浇带加固和竖向后浇带封堵的方法可以减少后浇带施工的影响；通过外脚手架方案优化，使之加大与主体结构的间距，为石材幕墙在脚手架内施工提供条件，缩短外墙施工工期对整体工期的影响；根据现场实际情况，回填土可以优化为细砂、素混凝土等；厨房、卫生间、楼梯间、阳台的墙面和 100 mm 的砌体墙可优化为成品墙板，如 FS-LCM 板、ALC 板；为保证现代工程主体结构的后期砌筑、安装及时穿插，后浇带部位可以采用混凝土防护柱等代替脚手架体系，保持楼层面水平运输通道和管线一次安装到位。

## 七、工程项目中的设计变更管理

根据目前的市场环境和项目特点，大多数工程的规划、设计要同步进行。设计时间短，造成设计人员对使用功能等考虑不全面，出图仓促，并且不按正常程序进行审图。另外，由于业主招商策略和计划等原因，许多商户在开业前2～3个月才进驻现场，之后才进行装修。按照进度要求，此时施工单位已将一、二次结构施工完成，为了满足业主正常营业的要求，必须根据不同商户的需求，对已施工完成的结构局部进行拆改，很多部位需要结构加固。为了最大限度地减少工期损失，总承包单位的项目部必须配置专职技术员对接业主设计部和设计院，尽量减少图纸变化对进度的影响，并对所有已变更图纸及变更资料做发文登记。

## 第六节　工程项目的绿色施工实例分析

### 一、某工程项目概况

某工程项目的建筑物总体布局分为南、北、中3区：北区为5层弧形裙楼，主要功能为银行、市民中心、400人报告厅、城市规划展示馆、企业文化展示馆、多功能厅及配套的餐厅和厨房；南区为32层主楼，主要功能为办公及会议中心；中区为一个5层通高的四季大厅，是主楼和裙楼的共享大厅。本工程项目钢结构桁架主要有3部分，位于D区2–C～2–E轴，横跨2–19～2–22轴，共6榀：HJ–1、HJ–2、HJ–3位于3层，跨度33. 9 m，上、下弦中心线高2 m，重18. 8 t；HJ–4，上穿4、5、6层楼面，跨度32. 9 m，上、下弦中心线高9. 150 m，重75. 5 t；HJ–5位于6层，顶标高23. 4 m，桁架高2. 2 m，重32 t。具体如图4–2所示。

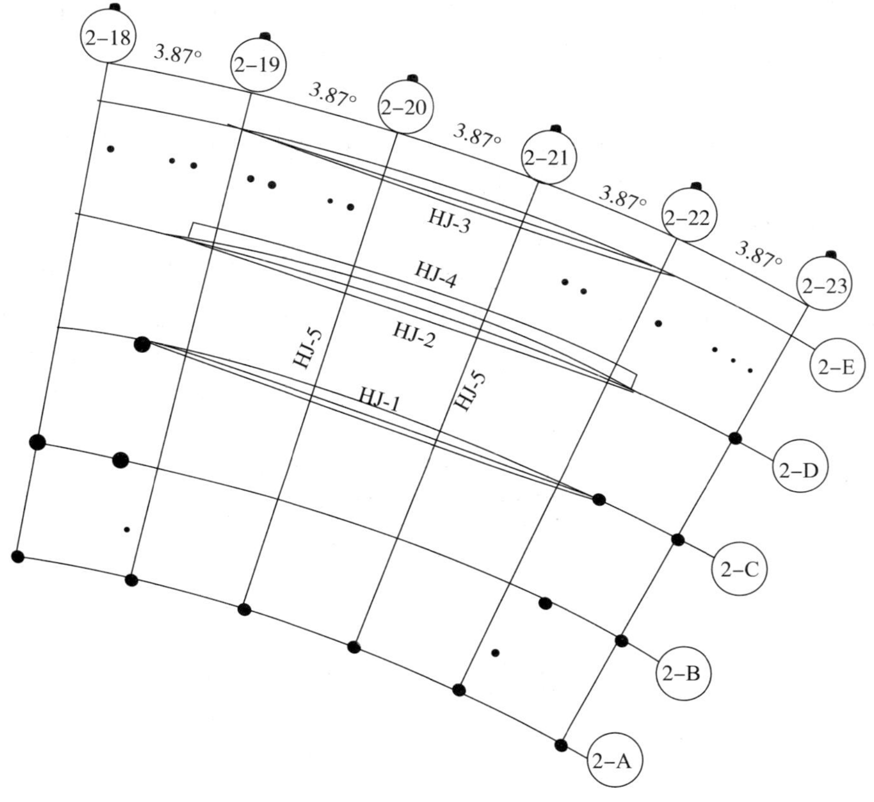


图 4–2　工程项目中钢结构桁架的平面图

## 二、框架结构超大型桁架的技术原理

在需要安装的混凝土结构上预留足够大的通道，轴线 2–F 标高 9.65 m 的混凝土梁需待提升完成后再浇筑施工。钢桁架分段制作，通过汽车吊将构件吊运到混凝土结构楼面上，钢桁架通过自制提升架、提升牛腿，将桁架整体提升就位后，与已经就位的钢桁架端部进行空中焊接。同时，用中型汽车吊将小型汽车吊及构件运送到混凝土结构楼面上，在混凝土结构楼面上用小型吊机对小构件进行安装。

## 三、框架结构超大型桁架的吊装的技术方案与管理

### （一）吊装的顺序

本工程项目钢结构桁架共 6 榀，安装时高空作业多，施工有一定的难度，

只有采取合理的安装方案，才能确保施工工期及工程的安全、质量和经济性。经分析讨论，钢桁架提升次序为单榀提升—HJ-5 整体提升—提升梁顶标高 23.15 m 的钢梁—整体提升 HM、HJ-2、HJ-3—提升梁顶标高 9.65 m 的钢梁。这样可以减少高空拼装工程量和焊接工程量，减少大量的支撑，降低成本，有效地提高工作效率，确保总工期的实现。

1.HJ-4 的吊装

HJ-4 拼装完成后，采用钢绞线进行提升。由于 HJ-4 为弧形桁架，跨中需增设吊点，使桁架侧向稳定，以两端柱子为主吊点，在 HJ-4 与 HJ-5 的节点附近各增设一个辅助吊点。桁架先吊装劲性钢柱，并预留牛腿，待劲性钢柱外包混凝土及周边混凝土梁施工养护完成后，开始吊装桁架，如图 4-3 所示。

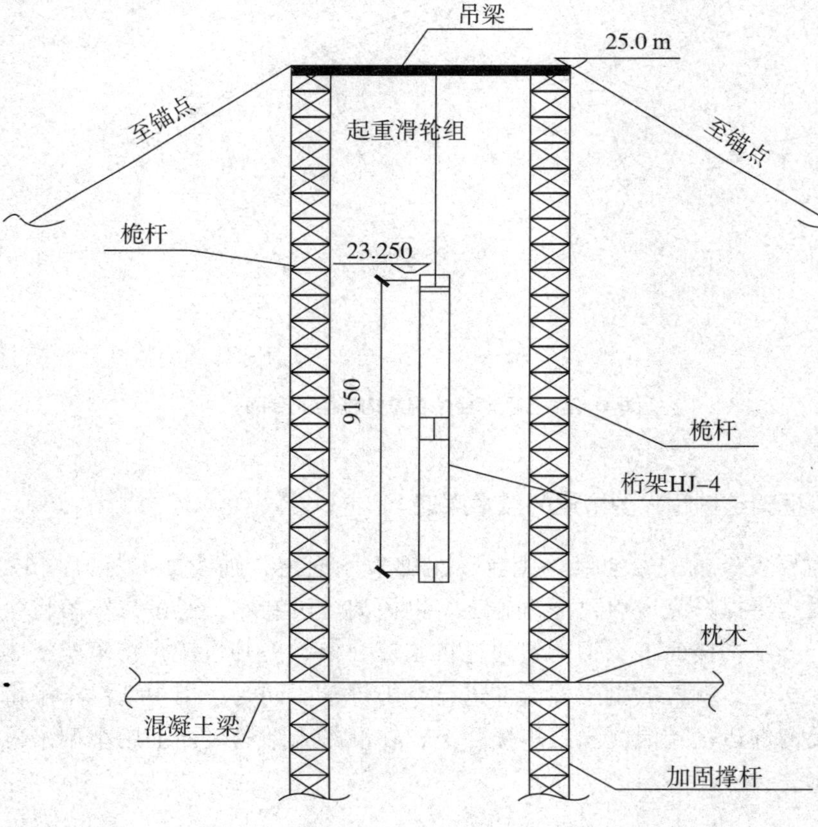

图 4-3　HJ-4 吊装示意图

HJ-4 提升就位后，辅助吊点不卸载，待 HJ-5 及次梁安装完毕后卸载。为更好地保证 HJ-4 的平面外稳定，将 HJ-4 下弦的北侧次梁全部安装，次

梁采用汽车吊吊装，次梁的楼承板应同时铺设，既方便工人施工，又能保证安全。

2.HJ-5 的吊装

HJ-5 连接在 HJ-4 和混凝土柱之间，在 HJ-4 上要设吊点，利用先前的辅助塔架作为支点，另一端支在混凝土柱上。考虑 HJ-5 的跨度大，侧向稳定性差，采用整体并行吊装的方案，即将两榀 HJ-5 用次梁连接，形成一个整体，双 HJ-5 的拼接胎架做成顺台阶坡度的斜面胎架，利用 HJ-4 的两个辅助塔架进行整体提升，如图 4-4 所示。

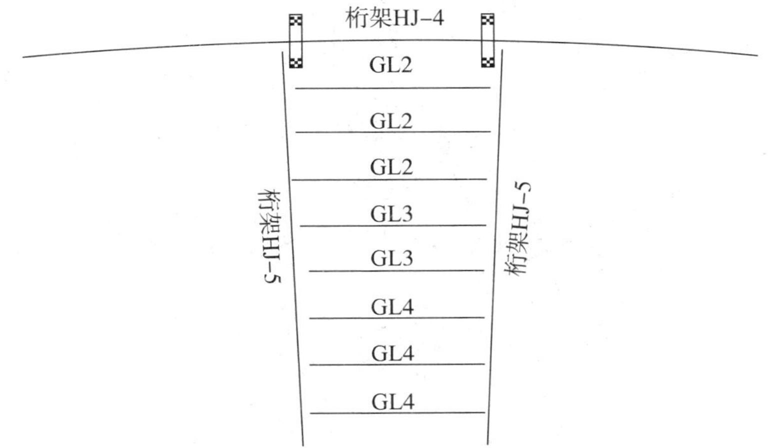


图 4-4 双 HJ-5 整体提升平面图

将两榀桁架用次梁组成整体吊装，既保证了桁架自身的稳定，又减少了高空焊接作业，做到了安全与质量双赢。

3.HJ-1、HJ-2 和 HJ-3 的吊装

HJ-1、HJ-2、HJ-3 的跨度都较大，为保证各桁架吊装时的侧向稳定，将此三榀用次梁连为整体进行整体提升。在各桁架的中间设置辅助吊点，HJ-1 的吊装以两端劲性柱为吊点，中间以两榀 HJ-5 作为辅助吊点，HJ-2 的吊装以 HJ-4 作为辅助吊点，HJ-3 离汽车吊最近，以汽车吊作为辅助吊点，HJ-3 所在位置的二层楼面的板突出轴线，2-22 轴向 2-21 轴方向突出 2.3 m，2-19 轴向 2-20 轴方向突出 1.7 m，导致 HJ-3 在此位置无法通过，如图 4-5 所示。

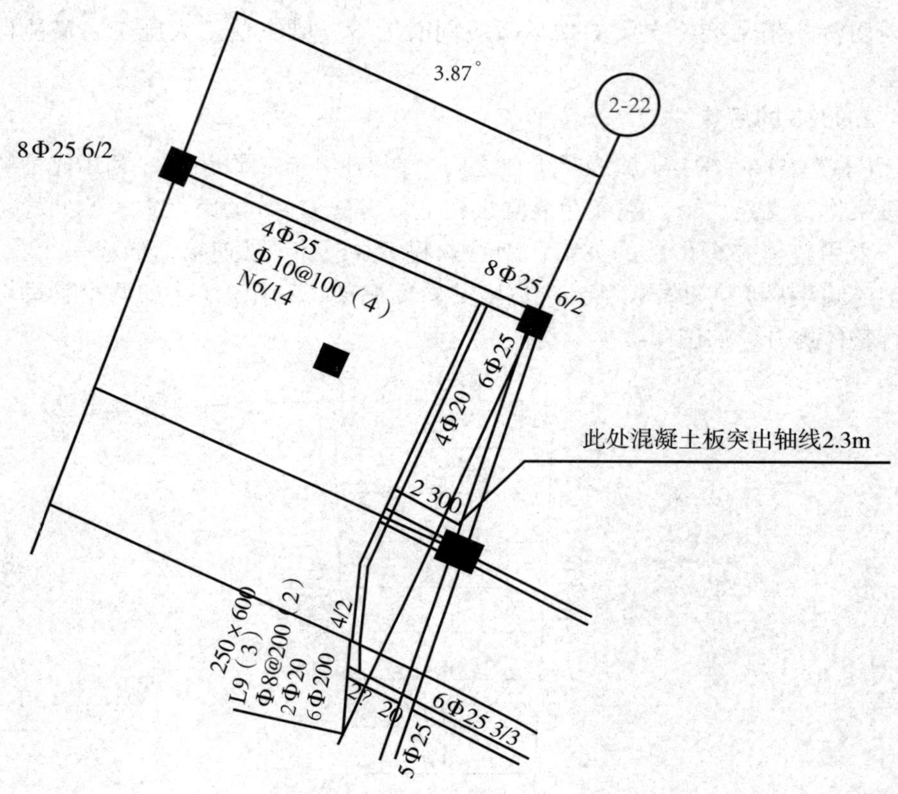


图 4-5　HJ-3 所在位置的二层平面图

### （二）钢桁架截断技术

六榀钢桁架长度均在 30 m 左右，提升时将桁架截断，截断的钢桁架整体提升就位后，与已经就位的钢桁架端部进行空中焊接。每榀桁架的截断如图 4-6 ～ 4-9 所示。需要注意的是，在切口处，并不是将钢梁直接一切到底，腹板与翼缘的断面不应在同一平面内，保证最后的焊缝不在同一垂直线上，并最终保证剪切承载力，合拢段固定在提升段上，待提升完毕后再焊接到位。

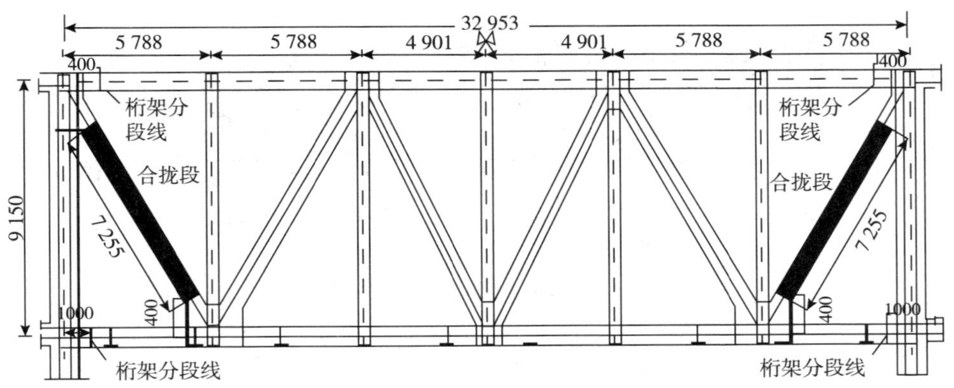


图 4-6　钢桁架 HJ-4 截断示意图

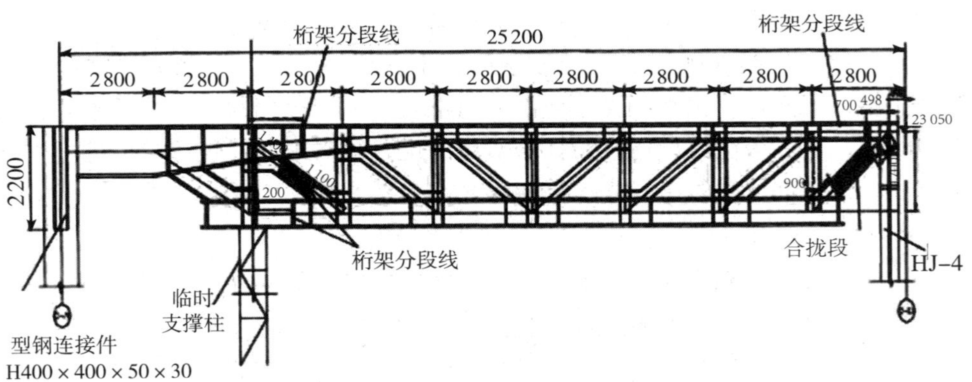


图 4-7　钢桁架 HJ-5 截断示意图

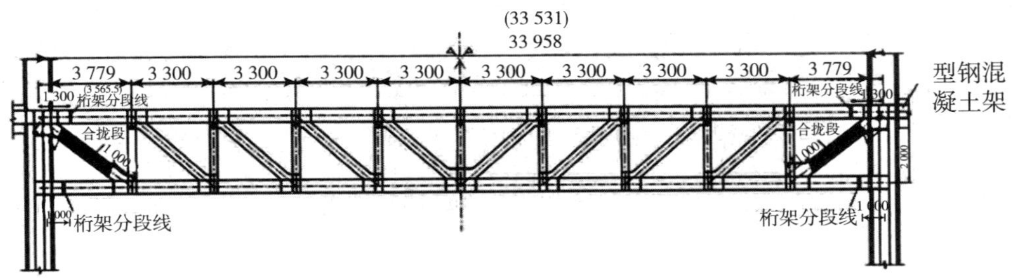


图 4-8　钢桁架 HJ-1、HJ-2 截断示意图

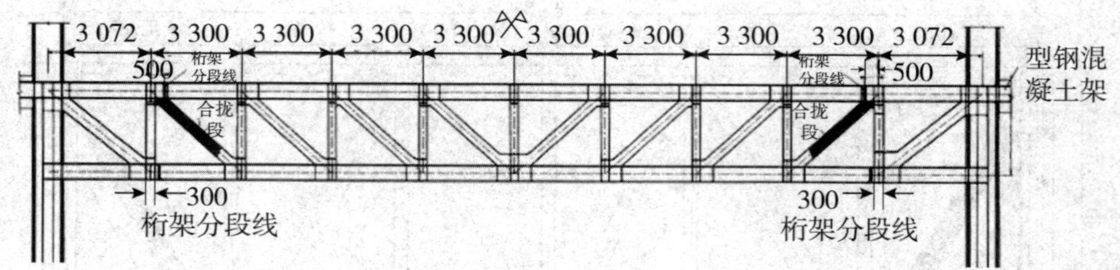


图 4-9　钢桁架 HJ-3 截断示意图

### （三）钢桁架的分段和拼接技术

#### 1. 钢桁架分段制作、运输与工地组拼

钢桁架构件截面为 H 型钢，由于构件长度较大，为保证现场组拼的精度，构件需要在加工厂进行预拼装，检查无误后运至施工现场。

每榀桁架的拼装顺序为下弦—腹杆—上弦。桁架上、下弦分段之间用连接板拼接，桁架下弦设钢板凳支垫点。桁架上、下弦分段及支垫按照桁架分段支点图施工，钢板凳尽量搁在与柱顶对应的位置，对于非柱顶位置应进行地下室加固，使大部分荷载由柱直接传递到基础。

#### 2. 桁架分段图

主桁架散件运到现场，桁架上弦、下弦的分段如图 4-10 ~ 4-13 所示。

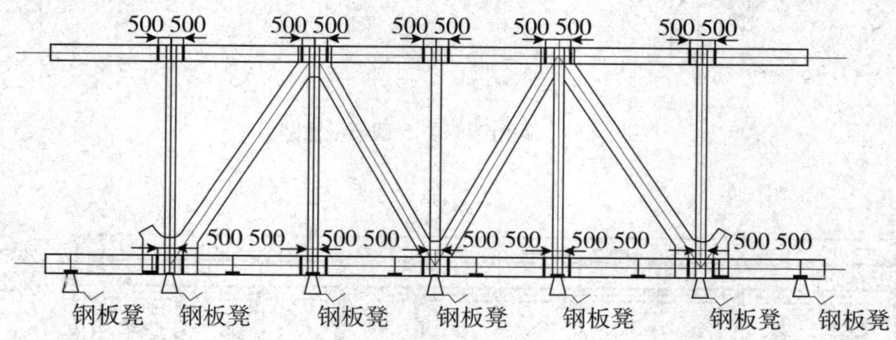


图 4-10　钢桁架 HJ-4 分段支点图

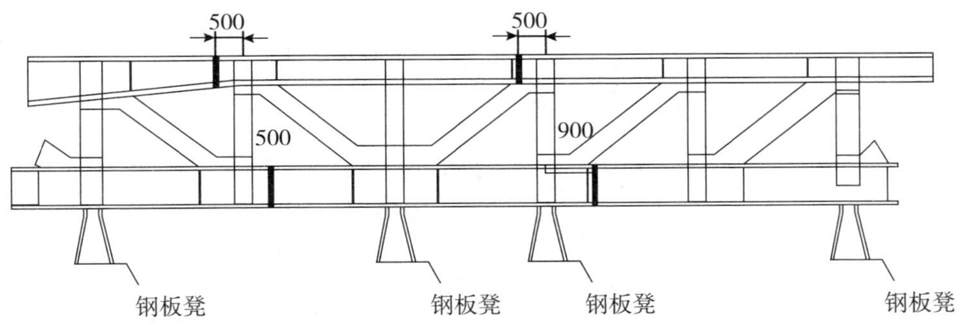


图 4-11　钢桁架 HJ-5 分段支点图

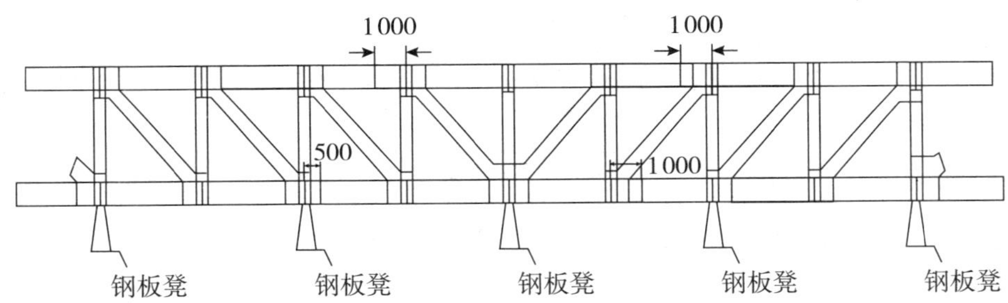


图 4-12　钢桁架 HJ-1、HJ-2 分段支点图

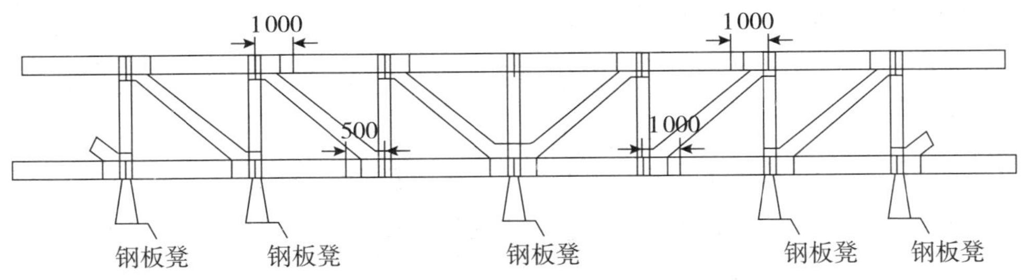


图 4-13　钢桁架 HJ-3 分段支点图

### 3. 桁架杆件拼装

采用汽车吊直接将散件吊装到楼层钢板凳上，选用 70 t 汽车吊（QY70V）。桁架拼装，汽车吊站位在 2-E 轴与 2-F 轴之间，对边坡进行回填、压实，边坡碎石回填土，平整、夯实，其强度达到 10 t/m²，考虑到地下室剪力墙土压力较大，应设置支护结构，支护墙在满堂脚手架穿过位置预留孔洞，在吊装施工过程中，其汽车吊站位如图 4-14 所示。

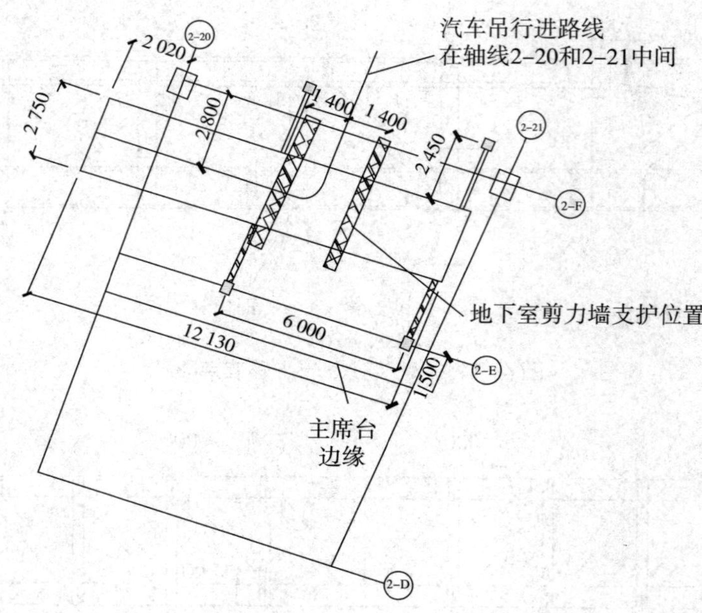


图 4-14　汽车吊装站位平面示意图

4. 桁架杆件拼装时防倾倒支架

由于钢桁架 HJ-4 高度达到 9.9 m，拼接时为防止倾倒，需要搭设防侧支架，其 HJ-4 防侧支架如图 4-15 所示。

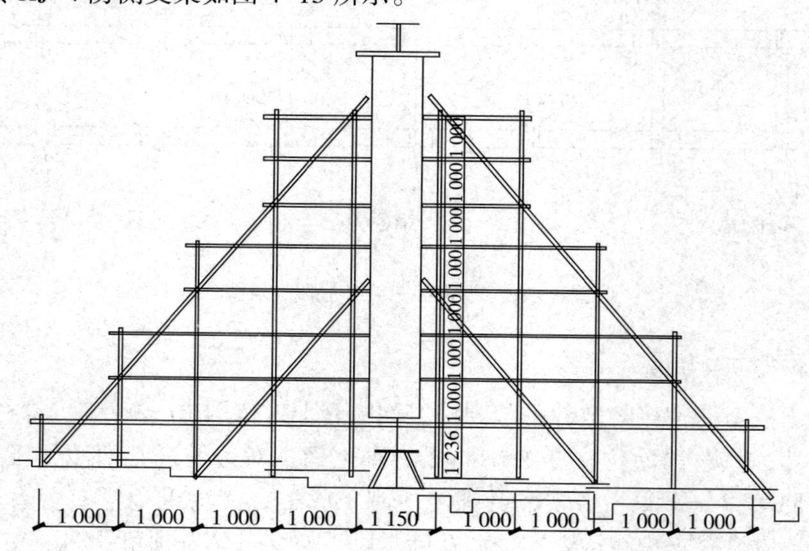


图 4-15　HJ-4 防侧支架示意图

由于支承桁架的柱是劲性钢柱，外包混凝土，桁架与钢柱相连，桁架的重量大，为保证钢柱的稳定，需先进行混凝土劲性钢柱及相连的混凝土梁施工，故桁架与劲性钢柱的节点部位应先挑出牛腿，如图 4–16 所示。

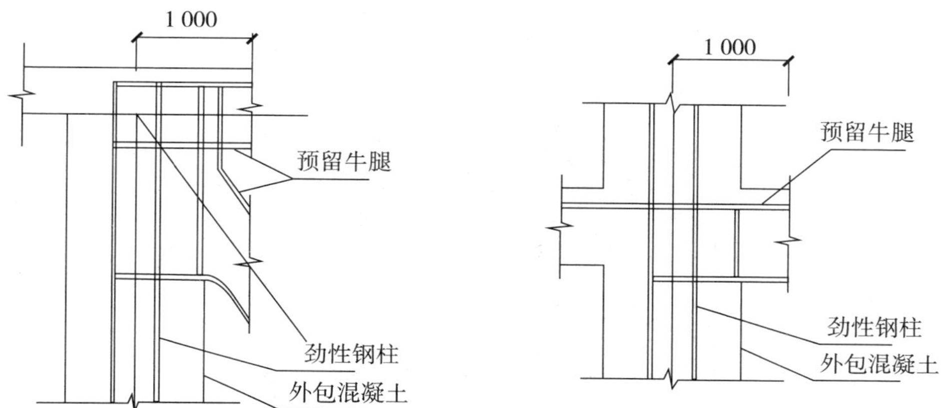


图 4–16　HJ–4 预留牛腿构造图

为保证结构稳定，钢桁架的吊装需等劲性钢柱的混凝土施工并达到 28 天后进行。此外，为了不影响汽车吊工作，报告厅 F 轴的混凝土梁暂不施工，但需预留钢筋。

HJ–4 为弧形桁架，上下弦弧梁由车间制作好，由于现场起重限制，需预留分段接头，运至现场拼接，其接头节点如图 4–17 所示。

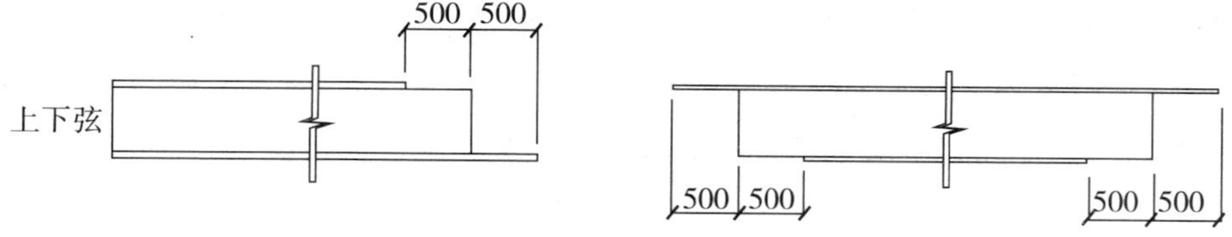


图 4–17　HJ–4 上下弦对接接头节点图

如图 4–18 所示，HJ–4 下弦先按弧形轴线拼装定位，再将腹杆焊接固定，最后安装上弦。

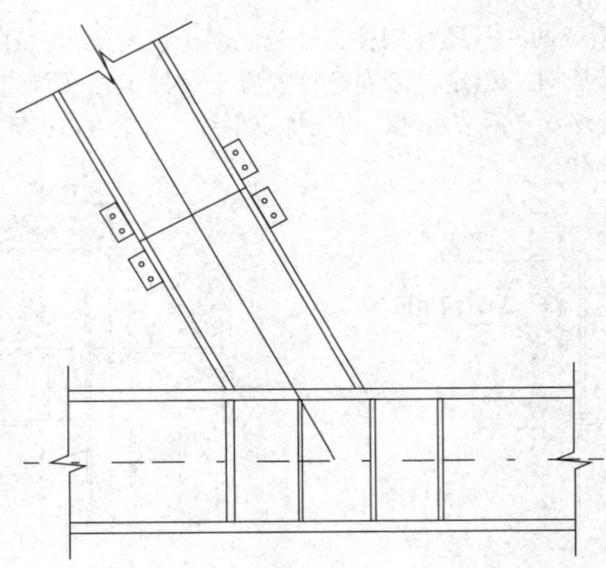

图 4-18　HJ-4 腹杆对接节点大样图

5. 提升牛腿及提升塔架

钢桁架 RI-4 设置 4 个提升点，实施整体提升，其余桁架设置 2 个提升点，根据 Ansys 建立的模型可以得到每个提升点的反力，最大反力位于 HJ-4 中间的提升点，达到 42 t，实际设计时每个提升点布置 1 台 60 t 千斤顶。

HJ-4 中间的提升点用钢塔架作为提升支架，其余提升点在原桁架的上弦钢梁上设置。根据表 4-7 所列数据，提升架相应位置搭设脚手架，进行地下室加固：采用 $\phi$ 48 × 3 脚手钢管搭设，脚手立杆间距 0.5 m，梁下立杆间距 0.3 m，步距 1.5 m，顶部采用可调托，根据脚手架相关要求进行搭设。

表4-7　提升支架的构件规格

| 格构支撑架 | | | | 分配梁 | | |
|---|---|---|---|---|---|---|
| 截面尺寸 /m | 分肢 / mm | 斜缀条 /mm | 水平缀条 /mm | 1/mm | 2/mm | 3/mm |
| 1.2 × 1.2 | 4.80 × 6 | 0.45 × 5 | 0.45 × 5 | 200 × 150 × 8 × 10 | 300 × 200 × 10 × 20 | 400 × 300 × 10 × 20 |

## 四、吊装技术控制的注意事项

### （一）提升的注意事项

大型钢桁架提升前要进行全面细致的检查，保证钢桁架与安装胎架完全脱离。实施试提升，钢桁架脱离钢板凳 200 mm 后锁定，观察一整夜或 12 小时，测量钢桁架的变形。连续提升到位后，锁定千斤顶，然后进行水平方向的调整并加临时固定，合拢时要先外侧后内侧、先上弦后下弦。提升速度控制在小于 3.0 m/h。

### （二）整体提升的测量控制

在试提升时，进行桁架变形的测量，钢桁架拼装、焊接完毕，经检验合格后进行试提升。桁架离开胎具 300 mm 后，锁定所有千斤顶，停留一夜或 12 小时，观察桁架的变形情况。根据规范要求和本工程的实际情况，测量桁架的位移和垂偏变化情况，并和试提升前的结果进行对比。

在整体提升过程中，要注意各点的监控，试提升时要求采用逐渐上调油缸压力的方法进行分级加载，避免桁架产生过大的应力集中。在整体提升过程中，为防止发生意外，每个提升点位下安排一名人员监视该点的行走情况，发现有点位偏移、钢绞线切断、脱锚等现象时，及时通知操作人员发出指令停止提升，进行全面检查和维修后再继续提升。在提升过程中，配备经纬仪、水准仪、全站仪，随时观测桁架的位移及标高情况，以确保提升过程的安全。

整体提升到位后，进行水平位移的调整，提升到位后在钢柱上焊接耳板，用 5 t 手拉葫芦拉桁架调整位移，使其符合设计状态，顺利与钢柱的牛腿合拢，合拢后测量整个桁架的标高和位移，记录桁架最后的安装值。

### （三）整体提升合拢

大型桁架提升到设计标高后，千斤顶的上下锚盘全部锁定，进行桁架的合拢工作。为防止水平方向上因风的影响可能会发生的微小摆动，提升到位后，利用倒链固定桁架，然后进行合拢。

桁架合拢时，如果桁架偏移，可利用千斤顶调整东西方向的位移，利用倒链调整南北方向的位移。合拢过程中可通过倒链调整各杆件的松紧程度，根据实际长度决定两端的焊缝间隙。桁架合拢后安装斜腹杆，拆除临时支撑。

### （四）同步提升控制

提升的同步性控制是提升法施工的关键，要求在钢绞线上做好刻度标记，每隔 1 m 做一个标记，并在提升前记录下各个千斤顶上夹片到最近刻度的距离，作为同步性控制的基准。油泵控制人员采用对讲机，在统一的指挥下进行提升。提升时，在每个千斤顶位置，应有施工人员观测千斤顶上的度量尺，并在油缸提升 200 mm 后及时通知油泵控制人员关闭油阀；夹具的回缩量因千斤顶而异，在提升一定数量的缸数后，也就是 1 m 刻度再次出现时，测量夹片到刻度的距离，依据提升前的记录分析各提升点的同步性，对个别存在偏差的提升点进行调整；采用一台油泵同时给 6 台千斤顶输油，另一台油泵同时出油，这样油泵的出油速度和油泵压力相同，6 台千斤顶的提升速度可以完全一致。

（五）钢桁架的卸载

钢桁架卸荷的前提条件包括钢桁架系统的焊接工作全部完成，各种施工资料齐备，并经四方验收合格。

卸荷过程中总的原则是要充分考虑到系统均匀受力，接近自由状态下增加荷载，要求对角线对称同时卸荷，分级卸载，每次卸荷 25%。提升桁架卸荷采取每提升单元统一卸荷一次，在钢桁架系统整体卸载前，应先测量各支撑点的标高，卸荷顺序采取千斤顶同时卸荷。

卸荷过程中的注意事项有：在卸荷时桁架两边各架一台水平仪，随时对主桁架变形进行观测，若出现不正常，表现为主桁架标高偏差过大，要及时报告技术及生产主管领导，并停止作业，分析情况后报监理、设计及业主单位，在卸荷时，业主将组织设计单位到现场，以便能及时处理可能出现的特殊情况，保证继续进行施工；每提升单元卸载要在一天内完成，并于卸荷 12 小时后进行整体观测。钢桁架系统卸荷事关重大，施工前施工单位必须提前备好卸荷需使用的工具、材料，并对全体参与卸荷人员进行详细交底，施工人员严格按照方案执行，听从现场卸荷总指挥安排，保证卸荷安全有序地进行，确保成功完成卸荷工作。

# 第五章　工程项目的质量控制管理

## 第一节　工程项目质量管理体系

### 一、工程项目质量管理体系概述

近年来，随着工程项目的国际化，在工程项目中使用的质量管理和质量保证体系也趋于标准化、国际化，许多工程项目建设企业为加强自身素质、提高竞争能力，都在贯彻国际通用的质量标准体系——ISO 9000 系列。

#### （一）ISO 9000 系列标准简介

ISO 9000 系列包括质量体系认证和产品质量认证两大部分。质量体系认证包括质量管理、组织结构、职责和程序等内容。我国实行 ISO 9000 系列认证的时间还不长，国家规定 ISO 9000 系列与 GB/T 10300 系列等效采用，与 GB/T 19000 系列等同采用。

#### （二）ISO 9000 系列标准结构

ISO 9000 系列标准结构如图 5-1 所示。

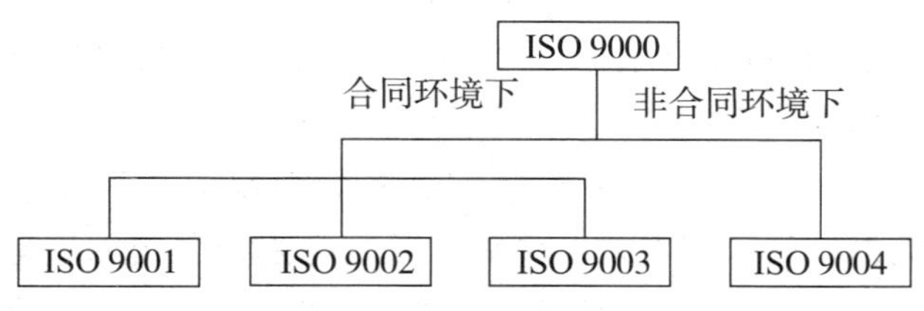


图 5-1　ISO 9000 系列标准结构图

（1）ISO 9000《质量管理体系　基础和术语》，它规定了在该系列内使用和选择质量体系标准的原理、原则、程序和方法，是系列标准中的实施指南。

（2）ISO 9001《质量管理体系　要求》，它是设计 / 开发、生产、安装和服务的质量保证模式。

（3）ISO 9002《质量管理体系　要求》，它是生产和安装的质量保证模式。

（4）ISO 9003《质量管理体系　要求》，它是最终检验和试验的质量保证模型。

ISO 9001、ISO9002、ISO9003 适用于合同环境下的外部质量保证，为供需双方签订含有质量保证要求的合同提供了三种质量保证模式。

（5）ISO9004《质量管理体系　要素业绩改进指南》。该标准从市场经济需求出发，提出并阐述了企业质量体系的原理、原则和一般应包括的质量要素，它为希望开发和实施质量管理体系的组织提供质量管理指南。

## 二、工程项目质量管理体系的要素

《质量管理体系——基础和术语》（GB/T 19000—2016）是目前建立质量管理体系的指导性工具。从项目管理的角度看，工程项目质量管理体系包括以下内容。

### （一）质量方针

质量方针是由质量管理专家制订的、为最高管理者完全支持的、该组织总的质量宗旨和质量方向。质量方针必须表明质量目标，为组织所承认的质量管理层次，体现了该组织成员的质量意识和质量追求，是组织内部的行动准则，也体现了用户的期望和对用户做出的承诺。

质量方针的履行是最高管理者的责任，最高管理者必须遵守诺言。

### （二）质量目标

质量目标是落实质量方针的具体要求，由详细而明确的目标及实现这些目标的时间框架构成。质量目标又是企业经营目标的组成部分，与其他目标（如利润目标、成本目标等）相协调。有关部门应根据质量方针，对实体和工作质量在一定时期内期望达到的水平做出具体规定。

质量目标应先进可行，要分解落实到各职能部门和基层单位，以便质量目标的实施、检查、评价与考核。例如，某水电建设公司的质量目标是：分项工程质量一次合格率为 100%，优良率不低于 75%；单项工程质量一次合格率为 100%，优良率不低于 80%。

### （三）质量保证

质量保证是指为努力确保移交的产品或服务达到所要求的质量水平而计划并实施的正式活动和管理过程。质量保证还包括针对这些过程的外部工作及

为改进内部过程提供必要的信息。努力确保项目的范围、成本和时间等完全集成是质量保证的职能。

质量保证是质量管理的组成部分。项目经理需要建立必要的管理过程和程序，确保和证明项目范围的说明与顾客的实际要求一致，对其项目的质量施加最大的影响。项目经理必须与项目经理部一起确定他们的管理过程，保证项目收益人对项目质量活动的正确履行充满信心，同时必须符合相关的法律、法规要求。

### （四）质量控制

质量控制是在质量管理过程中为达到质量要求所采取的作业技术和活动。这类活动包括持续的控制过程，识别和消除产生问题的原因，使用统计过程控制减少质量波动，增加管理过程的效率。质量控制的目的是保证组织的质量目标的实现。

质量控制贯穿于质量形成的全过程、各环节，要避免这些环节的技术活动偏离有关规范的现象，使其恢复正常，达到控制的目标。

质量控制体系包括选择控制的对象，建立标准作为选择可行性方案的基准，确定控制技术方法，进行实际结果与质量标准的对比，根据所收集的信息对不符合要求的工作过程或材料给予纠正。

### （五）质量审计

质量审计就是有资质的管理人员所做的独立评价，保证项目符合质量要求，遵守既定的质量程序和方针。

质量审计将保证实现项目的质量要求，项目或产品安全适用，遵守相关的法律、法规，数据的收集和发布体系正确、合适，需要时能采取适当的纠偏，能提供改进的机会。

### （六）质量计划

质量计划是由项目经理和项目部成员编制的。项目质量计划是通过将项目的目标分解落实到工作分解结构中编制的，使用倒置的树形图技术。项目的活动被分解成较低级别的活动，直到这些活动要求能明确并能清楚地识别。这样，项目经理就能保证将这些质量要求用文件记录下来，并在以后的过程中执行，项目就能满足用户的要求和期望。

按照 ISO 10006《项目管理质量指南》的规定，为了达到项目质量目标，必须制订整个工程项目的质量体系，在工程实施过程中按照质量体系进行全面控制。企业的质量体系与项目的质量体系既有联系又有区别。一方面，项目的质量体系从属于企业的质量体系，符合企业质量体系的方针政策、质量目标、质量管理、质量策划、质量控制、质量保证等。另一方面，项目的质量体系又与企业的质量体系有所区别。项目是具体的，具有独立的特征，项目质量体系应在企业质量体系的基础上满足业主对项目的质量要求，体现在项目手册的质量执行计划中，项目的质量体系在合同、项目实施计划、项目管理规范、工作计划中有所反映。

## 第二节　工程项目质量控制管理概述

### 一、工程项目质量的特性

质量是一组固有特性满足要求的程度，其主体是“实体”。“实体”不仅指产品，也可以指某项活动或过程、某项服务，还可以指质量管理体系及其运行情况。

特性可以是固有的或赋予的，也可以是定性的或定量的。特性的类型较多，一般包括物质特性、感官特性、行为特性、人体工效特性和功能特性等。

质量特性是固有的特性。所谓的高质量应当是满足多方面的需求，而这种需求应当不仅仅理解为顾客的要求，还有企业自身、原材料供给方、经销商等相关机构的利益追求，以及宏观层面的全社会对资源的充分利用、低碳环保、节能减排等。只有将这些因素充分纳入考虑范围并且达到相应的要求才能称为高质量。

工程项目质量可被解释为工程在满足业主需求、合同要求、国家相关规定、设计规范等方面的程度。工程项目作为供货方和需求方交易的商品，不仅具备一般产品的通用特征，如使用期限、功效性、价值等，还有其独特的属性，具体如下。

#### 1. 安全性

安全性即工程项目竣工并正式投入使用时，保持自身稳定性，避免人身遭到损害的性能。工程在大火、洪水、地震、病毒、辐射等灾难方面的防御能力都可以作为衡量安全性的标准。此外，基本功能构件，如电梯设备、地板、扶手等的设计也必须考虑到使用者的安全，最大限度地减少安全隐患，保障居民不受不利外部环境的冲击。

#### 2. 与环境的协调性

与环境的协调性，即工程与可持续发展方针匹配的程度，如是否以牺牲

生态环境为代价，使用的材料是否环保，建造过程中是否产生了污染环境的物质等。

**3. 适用性**

适用性，即工程项目实现特定要求的各种功效和性能，如隔绝外部冷热、隔音等物理特性，耐化学试剂侵蚀、抗氧化等化学特性，还有结构性能、使用性能和外观性能等。结构性能指工程结构设计必须足够稳固以满足对承载性、持久性、稳定性的要求；使用性能因工程的具体性质不同而异，其所包含的住宅的使用性能通常指工程能够提供舒适住宿的功效，办公区域的使用性能则指其使工作顺利进行的用途，交通道路工程的使用性能则要求其达到提供便利交通的标准；外观性能主要指工程的美学价值，既包括外部造型如色彩、结构设计、形状等，也包括室内的布局、装潢、摆设等。

**4. 耐久性**

耐久性，即工程竣工后在正常情况下实现特定功效的使用寿命。不同建筑物的设计原则、搭建方法、用途和质量等的不同，对耐久性的要求也不同。例如，我国的建筑物耐用期限尚未出台统一的标准，仅仅对小部分建筑物做了明确的规定，如将住宅建筑的使用寿命以最低 15 年为标准分为 4 个等级；道路工程的设计年限通常情况下定位在 10 ～ 15 年，具体因使用材料不同而异；构成建筑物的重要部件如管道、防水台等的使用寿命则因工程的耐用年限和具体的产品性能等多方面的因素不同而不同。

**5. 经济性**

经济性，即整个工程在从规划到耐用期限已满这整个过程中的花费和消耗。它主要包括设计阶段、施工阶段和投入使用阶段 3 个阶段的成本，具体包括从选址、调研、设计、采购、正式动工到设备的更新、维修、能源的损耗等全部过程中发生的费用支出。比较工程售价与所产生的成本能够判断项目是否为企业创造了价值。

以上五大质量特性虽然看似独立，实则紧密联系，而且在实际应用中必不可少，均是建筑工程不得不考虑的因素。不同类别、不同用途的建筑的侧重点不同，如住宅建筑的侧重点应放在安全性上，功能区的重心可能放在适用性上。但所有的建筑都必须满足上述五点质量特性。

## 二、建筑标准化

建筑标准化是指在进行工程建设时制订和执行特定的标准、条例或准则，其目的在于提高资源利用率，加强构件之间的互相替代性，以达到降低原材料支出、增加利润的经济目的。建筑标准化的核心工作之一是建立相关的标准，可以细分到技术、经济和管理三个层面，其中应用最为广泛的是技术标准。技术标准对生产流程中的方法、最终产品及卫生程度都做了统一的规定。

建筑标准化就是要构建一个标准化的技术标准体系，以达到各个机构所生产的产品能够互相替代的目的，其本质上要求建筑构件、使用生产设备甚至细微到原材料均符合统一标准。这种标准化的工作并不与多样化相矛盾，它同样需要不断丰富和完善其标准化体系以实现更多的功能，并与时俱进地满足不断进步的人类文明和社会发展的要求。伴随着工程技术水平的日益提高及建筑工业化推广程度的日益加深，现代综合体建筑标准化扮演着越来越重要的角色，涉及的面也越来越广。根据系统工程方法建立的、服务于整个生产流程的技术标准已经被越来越多的国家采用，同时，其发展过程中出现了许多以预测技术为依托的领先标准，开创了建筑标准化的新时代。

## 三、工程质量控制管理的基本工具及应用

在确定工程质量时，要严格按照工程质量验收标准来实施判断，并按照规定的程序完成。在进行质量判断的过程中，要从客观条件出发，以数据为判断依据，对工程进行全面检查，从而科学准确地判定工程的质量。通过这种方法来对工程质量进行控制是我国当前质量控制的主要方法。工程质量控制管理通常采用以下五种方法。

### （一）因果分析图法

因果分析图法又叫“鱼刺”图法，是工程质量控制管理中最常采用的方法。因果分析图法主要是先提出问题，然后针对提出的问题进行集体商议和讨论，找出解决问题的办法。因果分析图法一般针对“4M1E”（人、机器、物、方法、环境）进行分析，但是在具体的操作过程中不一定要对这些因素进行一一分析，有时要根据具体的情况适当地进行增减，再对影响质量的因素进行由表及里、由浅入深的分析。

### （二）排列图法

排列图是为寻找主要问题或影响工程质量的主要原因所使用的图，它是由两个纵坐标、一个横坐标、几个按高低顺序依次排列的长方形和一条累计百分比折线所组成的图。排列图又称柏拉图，最早由意大利经济学家柏拉提出，用来分析社会财富的分布状况。工程质量控制管理的排列图法的主要作用是分清影响工程质量的主次因素并对这些因素进行统计。排列图法表达的方式比较

直观，它通过横纵坐标，将由高到低排列的矩形图和频率曲线进行组合，形成一个直观的排列图形。运用排列图法作为质量控制管理的工具能够将影响工程质量的主次因素及质量改进的机会清晰地反映出来。

### （三）直方图法

直方图又叫作质量分布图或频数分布直方图。直方图法将产品的质量频数进行图形化处理，根据矩形的分布情况来分析质量分布的规律。通过这种方法可以实现质量标准的制订、明确公差的范围，并对施工的管理情况进行评价，从而判断质量的分布状况。通过直方图法可以观察到工程质量的变化情况以及获取工程质量状况信息，准确地找出工程质量需要改进的部位。

### （四）综合分层法

综合分层法主要是通过对工程质量控制过程中所获得的相关信息进行整合，并将所收集的数据按照一定的目的进行整理和分类处理，然后对这些信息所反映出来的质量特征进行分析，来实现对工程质量的控制。运用这种方法可以将质量控制过程中出现的问题进行及时的反馈，并根据问题的原因采取相应的补救措施，从而达到保证工程质量的目的。

### （五）调查表法

调查表法又叫作调查分析法，它是以表格的形式对所收集的数据进行统计和分析的方法。调查表法可以根据不同的项目质量需要选择不同的形式，并根据选择的形式采用相应的表格或者可以根据自己的需要自制表格。

## 四、工程质量控制的内容与阶段

### （一）工程质量控制的主体

按照质量控制主体的不同，工程质量控制主体可以划分为自控主体和监控主体两个方面。自控主体主要指直接承担质量责任的主体；监控主体则指监控自身以外机构质量责任履行程度的主体。工程质量控制的内容因主体的不同而有不同的控制重点。具体如下。

#### 1. 工程监理单位的质量控制

监控主体为工程监理单位。工程监理单位通常依照建设单位的委托，作为其代理人，对从规划、选址、勘察、设计到正式施工、竣工的整个施工过程实施质量监督，确保委托人所负责的工程项目达到其期望的质量标准。

#### 2. 政府的工程质量控制

监控主体为政府，它通常以国家法律和相关准则规定为基础，通过对工程项目申请的审批、设计图纸的核查、项目动工的许可、完工的验收等实现质量控制的目的。

3. 勘察设计单位的质量控制

监控主体为勘察设计单位。作为自控主体，勘案设计单位通常以国家法律、相关准则要求、双方签订的合同为基础，对勘察设计过程，具体包括工作流程、完工进度、开支及协议中明确具备的功效和用途等实施质量监督，以帮助建造企业在勘察设计方面达到期望的质量标准。

4. 施工单位的质量控制

监控主体为施工单位。作为自控主体，施工单位通常是以设计图纸和技术标准为基础，对施工过程，具体包括准备、执行到竣工阶段等实施质量监督，以达到协议文件中明确提出的质量标准。

（二）工程质量控制的阶段

考虑到工程项目的质量会受到建造过程中各个环节的综合影响，因此，整体项目的质量把控要按照各个阶段的实施顺序来区分，具体如下。

1. 项目决策阶段的质量控制

该阶段包括对工程项目实施地点的选择，其质量控制必须使项目既要满足业主的要求，与其长远的投资计划相匹配，又要与外部的自然环境及社会环境相适应，为项目今后的顺利开展打下坚实的基础并提供有利的条件。

2. 项目勘察设计阶段的质量控制

该阶段包括对合作的勘察设计单位的选择。该阶段的质量控制必须使设计结果与上一阶段的质量标准和要求相一致，同时要在符合相关准则规定和技术要求的前提下，确保以设计图纸为核心展开的施工进程的合理性、有效性，以及工程竣工时能够达到业主的要求。

3. 工程施工阶段的质量控制

这一阶段的重点：一方面是选择施工单位；另一方面是对施工单位进行监督，保证其工程的进行以图纸为总指导，不偏离协议文件中对质量的要求。例如，某工程在建设过程中，楼板的施工净高设计标准为 160 mm，但施工过程中由于偷工减料，实际施工厚度只有 120 mm。在验收时，检测人员发现不合格，只能重新推倒重建，因此造成了巨大的经济损失和时间浪费。

就整个工程质量控制阶段而言，勘察设计阶段的控制极为重要，勘察为设计提供了极为重要的基础，勘察设计的结果构成施工的指导条件，使衡量工程项目质量高低的过程变得明确具体。因此，勘察设计质量的好坏对工程项目的实施、用途及其潜在的经济价值有着直接的影响。通常所说的设计的质量可以从两个方面来分析：一方面，设计必须满足业主的要求，无论是用途、价值还是投资目的，而这反过来又受到外部条件如技术发展水平、宏观经济环境、资源稀缺程度等的制约，进而影响到项目质量；另一方面，设计必须与当前社会对安全、环境、长期发展方面的要求相协调，否则项目的质量也就无从谈起，而勘察工作意在为设计工作奠定基础、提供依据，因此，勘案工作需要科学严谨。

## 第三节　工程项目质量控制管理的方法与对策

### 一、工程领域分包质量控制的问题

工程领域分包工程的质量问题可以分为分包前工程的质量问题、已分包的工程质量问题、竣工验收后的工程质量问题和由分包而产生的新的质量问题。不论是分包前、分包中，还是竣工验收后，都属于工程分包的一般性问题；由工程分包而产生的新问题是指在工程没有分包的情况下不常出现的问题。

#### （一）分包前工程的质量控制问题

分包前大多数企业对工程的质量控制水平较低，且均进行粗放型的经营。与此同时，在投标竞争过程中，企业为了取得头筹，还会将投资预算中相关的数据做到最低，这就直接导致了其本身所拥有的利益空间非常小，分包前的工程质量得不到保证，尤其在质量控制的各个方面存在着问题。具体体现在以下几个方面。

##### 1. 施工队伍素质整体较低

建筑行业具有劳动密集型的特点，生产环境因为露天及高空作业等因素而变得较差，同时具有较高的危险性，但是对于技术的要求不高，因此原始资本积累的成本实现较为容易，而行业的准入门槛则更低。这个行业内有大量的剩余劳动力进入，所以建筑行业本身所具有的特点客观导致了施工企业整体队伍素质较低。虽然也有一些具有较高素质的质量控制人员进入企业，但因为整体队伍的素质较低，使得工程质量无法得到保证。

企业职工队伍多为民工，队伍的构成水平参差不齐，使得现场呈现粗放式控制，机械设备使用效率非常低且材料也不能物尽其用，而施工的技术含量更是无法保证，企业的整体质量控制水平非常低下。一些建筑施工企业甚至无法与时俱进，质量控制观念陈旧，其施工的技术含量也非常低，没有保证施工质量的控制与技术等方面的投入，更谈不上创新，生产力低下，质量安全事故也较易发生。

**2. 忽略了网络技术在施工进度规划中的重要作用**

施工项目开始执行后，不少从业人员包括小部分管理层都对网络技术在规划进度中的应用有一定的误解，对其可靠性和有效性持怀疑态度。当前，我国的施工企业中仍有不少企业采用传统的主要依赖经验的人工编绘横道图的方式。究其原因，是这些企业对网络技术在规划施工进度中的重要作用及其隐藏的潜在经济利益缺乏认知。由于缺乏对项目执行情况的实时追踪和及时调整，这往往导致了横道图从施工前就一成不变，无法达到控制工程施工进度的目的。

**3. 规模小，信用级别低，口碑差**

部分施工企业的规模有限，信用级别较低且贷款能力有限，资金周转缓慢，资本创造能力较低，投资回报率高的项目较少，特别是某些中小型的企业，因为其前期项目投入资金不足，盈利能力也不强，最终创造的利润自然不甚乐观。另外，由于信誉度不高，企业很难竞得优质的工程项目，所接项目通常规模有限、投资回报率不高，不利于施工企业建立起良好的口碑。有着良好口碑的施工企业往往拥有更多的客户资源和资金支持来源，从而更易发展壮大，而口碑较差的企业难以持续经营。

**4. 忽略较隐蔽方面的工程质量**

施工企业关注的重心往往放在外露的质量问题，较隐秘的方面则常被忽略。工程建设中，混凝土除试块试压外，真正的牢固程度、设备方面真正的使用寿命和安全系数、钢筋的使用数目等都容易被忽略和遗漏，这就导致部分表面质量看似较高的工程实际存在很多安全隐患，表现为混凝土不够牢固、钢筋质量残次、连接件质量不过关、部分区域内出现渗水或提前风化等情况。

**5. 忽略配套设备的工程质量**

工程项目部关注的侧重点往往在土地建筑的质量，而配套设备的质量往往被忽略，在评估工程质量时工程质量问题的考察也通常集中在土地建筑等要素上，而缺乏对防水、防火、防震、抵御辐射病毒等功效实现情况的核查，其后果是配套设备和很多设计的质量问题在真正使用后才开始暴露。例如，潜水泵功能异常出现的高层用水断断续续，电压供应不稳定，供暖时好时坏等情况，这些问题在工程竣工验收时很容易被忽略。

#### 6. 施工企业的施工能力不高

施工能力是指为完成施工项目所采取的各种直接活动的能力。如果施工企业人员的综合素质不高，施工组织设计力量较低，施工经验不够丰富，施工企业的施工能力就会较低。

#### 7. 工程项目部忽略了对整体项目的统筹规划

工程项目部易忽略整体，较容易出现部分工程的施工因资源调配或其他方面引发冲突，最终导致整体项目迟迟不得完工。例如，某综合体工程项目的结构工程虽然已提前保质保量地完成，但是由于室内装修的设计方案迟迟未定，总工程仍然未能按期竣工。这种各大工程计划前后衔接不上、段差较大的情况就会影响项目整体的效率。因此，在规划施工进程时，必须妥善合理安排各个工程环节，以保障整体项目的顺畅完工。

#### 8. 施工前的准备工作不充分

工程项目部易忽略施工前的准备阶段。这就要求在施工规划阶段就对整个施工过程包括准备阶段可能出现的质量问题进行全面综合考虑并做好防范措施，同时对质量问题进行定期抽查，一旦有威胁质量的安全隐患，及时采取应对办法。在实际施工过程中，由于某些项目的人力资源不足，施工前期准备工作并不充分，如原材料的供应暂时不足或未及时补给，使用设备未提前试运行、检验结果未按期出具等，这些都可能导致施工过程出现问题，甚至导致重大安全问题的发生。因此，提升工程质量的必备条件之一是前期的准备工作充分。

### （二）分包后的质量控制问题

当前，总承包单位对分包企业在施工过程中的质量控制不够严格，总承包单位对施工过程中的作业活动没有全方位的监督与检查，使得施工质量无法得到保证。在分包工程施工过程中，施工准备工作在正式开展作业技术活动前，不能严格按预先计划的安排落实到位，包括配置的人员、材料、机具、场所环境、通风、照明、安全设施等未落实，这使得作业技术准备状况的检查不到位，不利于实际施工条件的落实。总承包单位、分包单位做好技术交底工作是取得好的施工质量的条件之一，为此，每一分项工程开始实施前均要进行交底。作业技术交底是对施工组织设计或施工方案的具体化，是更细致、更明确、更具体的技术实施方案，是工序施工或分项工程施工的具体指导文件。为做好技术交底，项目经理部必须由主管技术人员编制技术交底书，并经项目总工程师批准。技术交底的内容包括施工方法、质量要求和验收标准、施工过程中需注意的问题和可能出现意外的措施及应急方案。技术交底要紧紧围绕和具体施工有关的操作者、机械设备、使用的材料、构配件、工艺、方法、施工环境、具体管理措施等方面进行。交底中要明确做什么、谁来做、如何做、作业标准和要求、什么时间完成等内容，但是在现实的分包中，总承包单位往往对上述问题不予以重视，所有的环节只是停留在表面层次，这导致了分包工程质量得不到严格的控制，使得整体的施工质量得不到保障。

自建筑工程项目管理体制改革推行以来，国内的项目工程施工形成了以施工总承包为龙头、以专业施工企业为骨干、以劳务作业为依托的企业组织结构形式。不过，这样的组织结构形式并没有在现代工程实际施工中取得预想的成效。现代工程的大部分施工作业还是由建筑总承包的工程公司自行完成，仅有很少一部分的施工任务由专业施工分包企业来完成。然而，这样的管理模式已经远远不能满足当前建筑工程施工的需求，特别随着国外建筑企业的加入，国内建筑行业的竞争将会日趋激烈，这就需要不断地完善建筑工程项目分包管理，以适应当今建筑行业的发展。

例如，2010 年 11 月 15 日 13 时，某市教师公寓综合楼正在进行节能改造工程，工人在北侧外立面进行电焊作业，14 时 15 分，金属熔融物溅落在大楼电梯前室北窗 9 楼平台，引起堆积在外墙的聚氨酯保温材料碎屑燃烧，火势迅速蔓延，因烟囱效应引发大面积立体火灾，最终造成 58 人死亡、71 人受伤的严重后果，建筑物过火面积 1.2 万 $m^2$，直接经济损失 1.58 亿元。事故原因分析的结论包括以下内容。

**1. 直接原因**

（1）焊接工人无证上岗且违规操作，同时未采取有效的防护措施，导致焊接熔融物溅到楼下聚氨酯保温材料上引起失火。（2）工程中采用的聚氨酯保温材料不合格。硬泡聚氨酯是新一代的建筑节能保温材料，其导热系数是目前建筑保温材料中最低的，其燃烧性能要求不低于 B2 级，而 B2 级的含义也就是不能被引燃，但此案例中被引燃的聚氨酯保温材料在燃烧性能上达不到标准要求。

**2. 间接原因**

（1）装修工程违法、违纪、违规，层层分包，导致安全责任落实不到位，工程由某建设公司总承包，全部转包给某建筑装饰工程公司，再分包一部分给某物业管理有限公司施工；（2）施工作业现场管理混乱，存在明显抢工期、抢进度和突击施工的行为；（3）事故的安全措施不到位，违规使用了大量的尼龙网、毛竹片等易燃材料，导致大火迅速蔓延；（4）监理单位、施工单位、建设单位存在隶属关系和利害关系；（5）有关监督部门监管不力，违规选用材料。

最终调查报告显示，这是一起典型的工程分包中监控缺失、管理混乱和无序施工引发的惨案，既体现了工程事前分包工程存在不合法的现象，又体现了工程施工作业中的各种不规范行为。

### （三）分包工程与非分包工程的质量控制特点对比

#### 1. 分包工程的特点

工程项目分包在宏观上可分为分包前、中、后三种情况，分包单位在分包模式下的质量控制行为和内部控制机制是微观因素。探究工程中分包工程的质量控制，必须从这些微观因素出发，研讨工程分包之后分包工程的管理者和实施者之间角色的微妙转变，这种转变是影响工程质量的重要因素。

总分包是指业主将工程整体发包给总承包单位，是相对于业主来说，总承包是指总承包单位通过竞争接到业主发包的总体工程，是相对于总承包单位来说。这是一个概念的两个面，即看相对于谁而言。相对业主而言，分包工程分为平行分包模式和总分包模式。例如：平行分包就是建设单位的行为，由其将建设工程分解发包给若干个资质单位；而对于总分包模式，业主将工程整体发包给总承包单位，总承包单位可以将其中的部分专业的工程发包给专业的施工单位和劳务公司。

具体来说，平行分包模式是指业主将建设工程的设计、施工及材料设备采购的任务经过分解，分别发包给设计单位、施工单位和材料设备供应单位等，并分别与各方签订合同。分解任务与确定合同数量、内容时，应考虑工程情况、市场情况、贷款协议要求等因素。其优点体现在：有利于缩短工期，设计阶段与施工阶段形成搭接关系；有利于质量控制，合同约束与相互制约使每一部分能够较好地实现质量要求；有利于业主选择承建单位，合同内容比较单一、合同价值小、风险小，无论大型承建单位还是中小型承建单位都有机会竞争。其缺点则是：合同关系复杂，组织协调工作量大；投资控制难度大，总合同价不易确定；工程招标任务量大，施工过程中设计变更和修改较多。

总分包模式是将工程项目全过程或其中某个阶段的全部工作发包给一家符合要求的承包单位，由该承包单位将若干专业性较强的部分工程任务发包给不同的专业承包单位，并统一协调和监督各分包单位的工作。这样，业主只与总承包单位签订合同，而不与各专业分包单位签订合同，易于发挥总承包单位的管理优势，有利于降低造价。采用总分包模式的优点包括：有利于项目的组织管理，由于业主只与总承包单位签订合同，合同结构简单，同时，由于合同数量少，使得业主的组织管理和协调工作量小，可发挥总承包单位多层次协调的积极性；有利于控制工程造价，由于总包合同价格可以较早确定，业主可以承担较少风险；有利于控制工程质量，由于总承包单位与分包单位之间通过分包合同建立了责、权、利关系，在承包单位内部工程质量既有分包单位的自控，又有总承包单位的监督管理，从而增加了工程质量监控环节；有利于缩短建设工期，总承包单位具有控制的积极性，分包单位之间也有相互制约作用。此外，在工程设计与施工总承包的情况下，由于设计与施工由一个单位统筹安排，使两个阶段能够有机地融合，一般均能做到设计阶段与施工阶段的相互搭接。对业主而言，总分包模式的特点是选择总承包单位的范围小，一般合同金额较高；对总承包单位而言，总分包模式的特点是责任重、风险大，需要有较高的管理水平和丰富的实践经验，当然，获得高额利润的潜力也比较大。

**2. 非分包工程的特点**

非分包工程不是一个绝对的概念，总承包单位可以将接到的总体工程发包给专业的施工单位和劳务公司，但主体工程必须由总承包单位自行完成，因此非分包工程是整个总承包工程的核心，这也是传统的总承包模式。

非分包工程的特点在建筑工程领域较为鲜明，主体工程主要是指在地基基础之上，接受、承担和传递建设工程所有上部荷载，维持结构整体性、稳定性和安全性的承重结构体系，其组成部分包括混凝土工程、砌体工程、钢结构工程等，这些工程都是建筑工程质量控制的主要部分和重要部分。在总承包模式下，主体核心工程必须由总承包单位自行完成，这种工程具有以下特点。

（1）资质等级要求高。

工程的资质要求与总承包单位的资质等级对应，总承包单位必须要有大于等于工程资质要求的资质等级，方能承揽该项工程。

（2）单向管理。

分包工程一般要接受自身和总承包单位的双重管理；而非分包工程都由总承包单位自行完成，其管理都是单向自我管理。同样，由于管理方面的便捷性和指令传达路径不长，不易出现管理松散和指令滞后的现象。

**3. 分包模式下的分包单位的质量控制行为分析**

所有工程项目的承包单位都是由一个或者多个分包单位构成的，总承包单位和分包单位的行为对工程质量会产生直接影响。分包模式推行以来，分包单位自身的责任和义务发生了一定的改变。在分包模式下，总承包单位的首要任务是将工程实行分包，选择合适的分包单位来实施分包工程的设计、施工并对其进行监控，这既是分包单位的权利，也是分包单位的职责和义务。因此，对总承包单位来说，在进行企业自身管理的同时，还要对所选择的分包单位的具体行为实施管理和监督。分包单位在具体的工程实施过程中，要接受总承包单位的监督和管理。总承包单位的承包的总体工程包含了众多的分承包单位，所以工程质量主要是受不同分包单位质量控制行为的影响。因此，工程质量控制行为是多方面共同作用的结果，要想保证工程的质量，必须协调各方面的质量控制行为。

从以上的分析中可以看出，传统总承包模式下的质量控制行为和现行的分包模式下的工程质量行为的主要目的都是保证工程质量的实现，但是承包单位具体的质量控制范围及其组织控制质量行为的形式和手段发生了很大的变化，见表5-1列。

表5-1　传统承包和总承包模式下承包单位质量控制行为的对比

| | 传统总承包模式下的承包单位 | 总分包模式下的承包单位 | |
|---|---|---|---|
| | | 总承包单位 | 分包单位 |
| 质量控制行为的具体表现 | 承包单位的自身行为 | 总承包单位的自身行为、总承包单位与各个分包单位的互动行为 | 分包单位的自身行为、各分包单位之间的互动行为、总承包单位与各个分包单位的互动行为 |
| 质量控制行为的实施范围 | 各承包单位内部 | 总承包单位内部、总承包单位与各个分包单位之间 | 各个分包单位内部、总承包单位和各个分包单位之间、各分包单位之间 |

与传统总承包模式相比，分包单位的质量控制行为发生了较大的变化，虽然分包单位的地位没有发生任何改变，但是其质量控制的责任明显提高。分包单位在进行质量控制时，还要对其他分包单位的质量控制行为进行管理，这一特点是传统总承包模式所不具备的。从分包单位对其他分包单位质量管理的过程中可以看出，分包单位对其他分包单位的质量管理活动主要表现在以下三个方面。

（1）审查其他分包单位的工程设计方案、施工技术，并对其工程的进度和质量进行严格控制，设立明确的资金使用机制。

（2）对其他分包单位工程建设过程中出现的一些问题及困难进行及时的帮助和支持，保证分包工程的正常进行。

（3）严格执行分包合同，对其他分包单位出现的违约行为进行严厉的惩罚。

在总分包模式下，分包单位的地位发生了很大的变化，但是分包单位和传统总承包模式下的承包单位还有着较为紧密的联系，现在的分包单位大多数是由以前的总承包模式下的工程建设和设计单位转变而来的。传统模式下，工程设计单位、施工单位与建设单位之间直接签订工程设计和施工合同，对建设单位负责；而在现行的分包模式下，设计单位和施工单位转变为分包单位的角色，它们的行为受到上属分包单位的管理和约束，对上属分包商负责。从上面的分析中可以看出，在分包体制实行以后，工程建设和设计的主体没有发生根本的改变，但是其地位和角色发生了很大的改变，其权利、义务、责任和传统总承包体制下的发生了根本的变化。

**3. 分包单位质量控制行为影响因素分析**

影响分包单位工程质量主要有两个方面的因素，即内因和外因。分包单位的内因往往相同就是工程项目所需要的成本、企业的内部劳动规则完善程度、工程完成的工期与工程造价的合理性，这些都与分包单位质量控制行为有直接关系。

而影响分包工程质量的外因主要体现在以下几方面。

（1）分包单位自身情况。一项普通工程的分包单位从几家到几十家，而项目较大的工程有成百上千个分包单位也屡见不鲜。数目众多的分包单位不可能都具有很高的专业素养、操作技能及职业道德。一些分包单位会暗中投机谋取暴利，这也在所有的分包单位中起消极作用，进而影响整个工程的质量。如果分包单位都具有良好的职业操守，就会从源头上解决分包单位不符合规范的行为。

（2）二级市场的完善程度。所谓二级市场，是工程的总承包单位把专业性强的工程发包给有资质的分包单位和将所承包工程中的施工劳务承包给有资质条件的劳务分包单位的市场统称。由于分包单位鱼龙混杂，素质参差不齐，不具备相应的专业素养，不能保证所承包工程的质量等。

（3）分包单位质量控制行为的规范程度。分包单位相当于工程项目的第二负责人，分包工程质量达不到标准，将直接阻碍工程的整体质量达标。总承包单位要对分包单位进行监督，时刻提醒分包单位保证工程质量。分包单位对质量监督的执行力度充分反映出其对工程的总体质量重视程度，如果分包单位具有很强的专业素养和职业道德，那么分包工程质量就毋庸置疑。如果分包单位不把施工质量放在首位，而暗中降低产品质量，或者暗中削减工料、降低用料质量，其具体行为将对所承包工程的质量产生消极影响。

## 二、工程领域分包工程质量控制的对策

分包工程从阶段上划分为分包前、中、后三期，在提出对策方面，也从这三个阶段一一展开。工程分包前，施工分包商的遴选尤为重要，而分包以后将从材料进场、现场管理、施工过程中监控等方面进行质量控制；在竣工验收阶段，主要加强竣工资料和隐蔽工程的检查，而且对分包工程产生的新问题也提出了相应的解决方案。

### （一）分包工程前的质量控制对策

#### 1. 严格审核分包单位的资格

对工程项目的分包单位的选择对分包工程质量和施工中的管理有重要影响，而且《中华人民共和国合同法》和《中华人民共和国建筑法》等对分包单位的资格也有明确的规定。总承包单位开展分包工作时，在严格遵守法律规定的同时，应做好以下工作。

（1）总承包单位的合同管理部门对分包单位实施统一管理，可为每家分包单位建立档案，对首次分包工程的单位，应做好以下资格审查：第一，严格审查分包单位的营业执照、资质证书和安全资格证书等，确定分包单位可分包工程的类别；第二，严格审查分包单位的人员素质、机械设备、资产负债状况，了解分包单位的施工实力，判断分包单位是否具有履约能力；第三，调查分包单位以前的业绩，了解分包单位以前施工的工程类别、工程质量、履约信誉等情况，以判断分包单位是否可以承包本企业分包工程及能够承包哪些工程。通过以上调查，收集到资料后，合同管理人员整理好资料，并召开合同管理小组会议来分析评价。合同管理小组做出合格评价后，分包单位可进入合格分包单位名录，供企业选择使用。

（2）加强对分包单位的管理，定期考核其履行合同的表现，将考核结果记入其档案，并根据考核结果做出好、中、差的分类，评价为好的以后可较放心地使用，评价为差的应禁止再使用。

（3）采用模拟招标选择具体的施工队伍。在确定了分包项目后，应将工程有关情况同时通知几家单位，由他们对价款、施工组织、投入的人员和设备、质量保证措施、工期保证措施、安全保证措施等做出明确的表示，企业择优选择。

（4）建立合同管理文档系统，收集分包合同资料。管理分包工作将会产生大量资料，如协议书、图纸、变更设计、验收记录、工程隐蔽记录、结算付款单、往来的信件、交底资料及索赔资料、会谈纪要等，这些资料均是分包

合同的组成部分。企业应对这些资料的审查、保存做出相应规定，并按要求妥善保管，这样不仅可以弥补自己工作中的不足，还可以有效地应对分包方的索赔，对保证分包合同的顺利履行及减少合同纠纷和维护企业利益也具有重要作用。

（5）加强过程控制，确保分包合同认真履行。分包工作要想按照预期的目标进行，必须对分包合同的签订、履约进行全过程控制。

**2. 选择有资质和信誉好的分包单位**

国务院建设行政主管部门对施工承包企业和分包单位的资质划分和经营范围都有明确的规定，这样就从根本上维护了建筑市场的正常有序运行，并且加强了管理，保障了承包企业和分包单位的合法性，也维护了双方的合法权益，同时可以控制分包单位的工程质量。这些建筑企业和单位按照不同的承包能力可以分为三种等级标准，分别是施工总承包、专业承包和劳务分包这三个级别，在每一个级别中又有详细的经营范围的界定。企业和单位在承揽工程的时候，必须严格按照所规定的范围经营和承揽项目进行，不得超范围经营。此外，在管理方面，行政主管部门对企业和单位的资质也实行动态式管理，定期进行与之资质相符的考核，以确定资质的升级或者资质的不足。

从质量控制的角度讲，在前期选择分包单位或者队伍的时候，必须考虑其资质和信誉，这样才能从根本上杜绝工程质量的问题，应考虑的因素有：该单位的资质是否符合分包工程的要求，是否超范围经营；该单位中的主要技术和管理人员是否有相关的经验和基本的能力；该单位的口碑和信誉如何，是否有不良的口碑和记录；之前该单位是否与本单位有过合作，合作的情况如何。具体来讲，对分包单位进行审查的内容包括营业执照、企业资质等级证书、特殊行业施工许可证、国外（境外）企业在国内承包工程许可证等；对专职人员和特种作业人员进行审查的内容包括资格证、上岗证等。进行上述基本的审查后，选择两三家单位进行全方位的考察和比较，最后才能确定分包单位。

确定分包单位之后，一定要有详细的书面合同和协议书，这是必须且非常重要的程序之一，因为双方合作关系长久良好而用口头合同取代书面协议的做法是坚决禁止的。不仅如此，还应当在分包合同中明确具体工程的实施范围、质量要求、技术标准、完工期限、双方的权利和义务，以及竣工时的合格标准。此外，总承包单位的相关部门需要在施工过程中参与现场管理，而参与的具体手段如定期安全抽查、工程协助、质量评估等，需要提前在协议书中明确。

### 3. 组织分包单位参加施工图会审

建设单位要在工程施工前对施工图进行全部审核和组织分包单位进行图纸现场核对与会审。施工图审查的主要内容：①是否符合工程建设强制性标准；②地基基础和主体结构的安全性；③勘察设计企业和注册执业人员以及相关人员是否按规定在施工图上加盖相应的图章和签字；④其他法律、法规、规章规定必须审查的内容。设计单位还要就建设单位提出的关于施工图纸中的问题进行详细答复和解释。

施工图的现场核对是完全有必要的，因为施工图是工程施工的直接且重要的依据，分包单位只有充分掌握和完全了解此次工程的各方面要求和思路，全面掌握施工的工程特点和工艺设计，才能最大限度地减少图纸的差错，以免在开工之后进行更多的工程变更，影响工期、增加成本。

施工图现场核对的主要内容有：①对施工图纸的合法性进行详细认定，审查其是否经过设计单位正式签署，按有关规定经过审核部门认真审批的，建设单位是否同意认可；②图纸和说明书应保持高度一致和齐全，如果是分期出图，则图纸的供应必须要满足施工的要求；③地下室构筑物、障碍物、管线等是否已经探明清楚并详细在图纸中标明；④图纸中有无差错、遗漏或者互相矛盾的地方；⑤图纸中提到的材料是否都能保证充足的供应，或者是否有替代品，所需的新材料和采用的新技术是否符合国家的相关规定，标准是否合适；⑥图纸中所提及的施工工艺和方法是否合理、切合实际要求，是否存在不便于施工的现象；⑦施工图或者说明中所涉及的所有标准、图册及国家的相关规范和规程，承包单位是否完全具备。

分包协议签订完成后，总承包单位应尽快将施工图分发到分包单位手中，并邀请其参加相关的图纸会审。分包单位因故无法参加时，总承包单位应当要求相应项目的项目经理和技术负责人就施工图开展严密的核查工作，对任何有疑问的或者明显错误的问题，在与总承包单位讨论并达成一致意见后，由总承包单位负责在相关会议上提出，经研究和修正的问题，听取相关设计人员或者监理人员的意见。

对图纸进行审核之后，就将分包单位设计的施工组织设计或工作方案交给总承包单位的技术性人员审核。在进行该步骤时，应该看分包单位的相关工作详细信息是否与设计图纸、审核要求、合同规则符合。在工作期限将至之时，必会用到交叉作业，在这种情况下，应看解决方法是否得当，是否遵守了法律、法规和相关的技术要求，如有不妥，则应该向分包单位发出提醒，要求其做好。分包单位完善相关任务之后，总承包单位可以重新审核，再同意其正式开工。在分包工作开始之前，总承包单位的相关部门还需对分包工作的重要工作人员和工作设施进行检查。检查主要按照分包单位的施工组织设计或工作方案来进行，看实际进场人数和设施是否与施工组织设计或工作方案的规定符合。若有问题，总承包单位的相关部门可以向分包单位发出提醒，要求其对相关情况做出调整和改善，直至达到要求。

### （二）分包工程中的质量控制

要掌控分包工程的质量，总承包单位要有优秀的现场管理人员，以便对分包工作的每个细节和各个层面的工作情况进行监控。若要实现掌控分包工程的质量，需把握以下方面。

#### 1. 工作技术准备情况的控制

工作技术准备情况指的是在开始工作之前，各方面、各层次的相关工程准备情况，如参与工作的人员、原材料、设备、工作环境、安全性等。对工作技术准备情况的控制主要是看其是否已经达到预计要求。要对作业技术准备情况实行检查，推进落实工作条件，使得现实与计划不至于有很大的偏差，使承诺和行动相符合。质量控制体系在改善工作质量中扮演着非常重要的角色，如重要技术、关键地方、有待改进的层面、难以掌握和缺少经验的工作项目、新兴的技术和设施等，都需要利用质量控制体系进行掌控。

制订质量控制体系是使工作质量达到要求的前提条件。在工作开始之前，技术人员就要提出要求，让工作单位必须要按照质量控制体系的要求工作，并把质量控制体系的相关文件公开出来，文件中要有各个质量控制项目的名称和相关要求、检查的标尺和手段等，然后由监管人员审核。监管人员在制订工作计划之时应慎重。简而言之，制订的质量控制体系要有准确实用，为达到这一点，一是可以让有经验的专业技术人员来制订；二是可以总结众人的提议和方法。用这两种方法来制订质量控制体系需注意：对所要求的重点质量属性进行控制尤为重要，要提前选取重要地方、工作步骤作为质量控制的重点。

#### 2. 进场材料构配件的质量控制

总承包单位应检查施工工程中的非成品、原材料和设施。这三个方面是工程质量最基本的结构，因此对这三个方面的检查一定要严格，若这些不能达到要求，那么工程质量将会受到很大的影响，甚至还会出现工程安全事故。总承包单位在工作的过程中必须对非成品、原材料和设施的质量有很好的把握，要提醒分包单位在对供应商或者产品的选取时必须注重质量，如果是国家规定要进行复检的产品或者原材料，必须清楚地看到检验过程，通过检查之后才能

使用。应该依照非成品、原材料、设施等的属性及其对环境的要求，将它们在适当的环境中保存，以免其质量受到损害。例如，存放水泥应该特别注意防潮问题，存放的时间一般来说不可以超过 3 个月，不然水泥会结块；若硝铵炸药的湿度超过 3%，就很容易结块而丧失性能，所以其存放时应该特别注意防潮；胶质炸药（硝化甘油）的冰点温度可以达到 +13 ℃，冻结后极为敏感易爆，保存时应控制好温度；还有一些化学原料可能需要避免光照；一些金属材料和设备应该防止生锈等。若存放条件不佳，监管人员可以向承包单位发出提醒，要求其进行相关的改善直至达到标准。监管人员可以在规定的时间周期对存放材料进行检查以掌握其质量情况。另外，在使用设施、材料等之前，监管人员要进行检查，若有检查不合格的，如水泥由于长时间存放而结块，则不可以使用。

### 3. 环境状态的控制

（1）控制施工质量管理环境

承包单位的质量控制体系和工程质量的自我检查体系的系统状态统称为工程质量监管环境，这个管理体系主要包括制度条例、体系架构、检查规范、队伍建设等，确保责任到人的制度的实行。工程监理必须完成对承包单位的工程质量监管状态的检查工作，这也是保证工程质量的基础条件。

（2）控制施工作业环境

电力设施、供水设施、灯光照明设施、人身安全保障设施、通道和工地的空间环境、进出口道路的基本路况等统称为施工环境。工程项目是否能够按时完成和工程质量的优劣受施工条件影响的。如果照明不好，高精度作业难以完成，工程质量难以得到保障；工程施工现场的道路条件不佳会妨碍施工，延误工期。此外，一个工地上往往有很多个工程施工队伍或者一个工程项目由不同公司承包，应防止在混合交叉施工过程中相互影响，出现安全事故，影响工程质量。为防范这类情况的发生，工程监理人员应检查施工单位工程施工条件的安排是否符合标准和施工规范。

（3）控制现场自然环境条件

工程监理人员负责检查承包单位。在施工作业阶段，外界的自然因素可能会影响工程质量，承包单位应提前做好防范，确保施工质量不受影响。例如，寒冷条件下应防止冻结，高温条件下应预防温度过高；高地段基坑应预防积水，细砂基础应预防细砂流失。此外，地基深的主建筑竣工之后有没有出现不符合一般情况的下沉，附近是否有有毒或易燃气体，施工单位应有相应的预案。

（4）控制进场施工机械设备的性能及状态

总承包公司需对施工队伍的工程设施进行不定时检查，尤其需要检查的是升降传送设施，只有具备拆装方案且经符合规范的机构组装检验合格的设施才能使用，要确保工程设备与机械设施的工作状态处于正常情况。所以，施工监理人员的职责是检查和监管承包单位，保证正常工作的设备和设施进入工程施工现场。承包单位向工程监理部门送交进入施工现场的设备的数目、型号、大小、工作参数、装备情况、进入的时间，这些是在设备进场之前要完成的。当设施进入工地后，监理人员根据承包单位提交的材料进行审核，检查报表和工程的施工计划是否有出入；检查机械设备工作状态。对设备的使用和保养进行登记及技术参数的检查是工程监理的职责范围。大功率的推土机、开凿装备及大型的压路机这样的重要机械设备应当多次检查，检查内容包括启动和行进，同时工程监理人员要不定期检查工程设施，并督促承包单位进行维护，以确保设备的工作性能。特殊设备如塔式起重机这样有特别要求的机械，必须经过安全机构检验合格且办理合法手续后方能进入作业现场。

**4. 施工作业过程中的监控**

施工的过程包含了一系列复杂的作业活动，所以，控制工程质量应对工程施工流程进行监督。在整个施工过程中，对工程质量的控制要做到以下几点：监理人员要在现场做好检查及监督工作，检查工作要以原始记录为凭证，对监理日记等资料要做到积极准确地记录和规范管理，采用灵活多变的监理手段对工程进行及时恰当的控制。施工作业过程中的监控最常用的就是调查分析法。例如，混凝土试件的取样，有以下情形的都必须进行采样检查。

（1）每拌制 100 盘但不超过 100 $m^3$ 的同配合比的混凝土，取样次数不得少于一次。

（2）当一次连续浇筑超过 1000 $m^3$ 时，同一配合比的混凝土每 200 $m^3$ 取样不得少于一次。

（3）每工作班拌制的同一配合比的混凝土不足 100 盘时，其取样次数不得少于一次。

（4）同一楼层、同一配合比的混凝土，取样不得少于一次。

（5）每次取样应至少留置一组标准养护试件，同条件养护试件的留置组数应根据实际需要来确定，如果试件检测不合格，该批次的混凝土将视为不合格。

在施工进度的管理方面，各工段的承包单位要严格按照总承包单位的施工组织设计中的工程总进度安排，严格控制各个环节的工程进度，使工程进度符合合同要求。在施工过程中，遇到影响工程进度的极端天气或者其他因素时，分包单位必须以书面形式向总承包单位提出申请，获得批准方可对工程进度进行调整。

做好对施工流程的质量监管工作，规范工程的施工流程，总承包单位要做好相应的监管工作，可以安排专人进行定期或者不定期的检查，主要着重检查以下几点：一是施工流程是否符合相关的审批方案；二是施工的工序是否按设计图纸的要求进行；三是施工流程是否符合当前的行业标准及法律规范。对一些关键部位的施工流程，总承包单位更要做好监管。对于一些隐蔽工程，相关的监管人员要参与隐蔽工程的验收工作，在此基础上还要督促分包单位及时做好签收手续的办理工作。在检查过程中，如发现不符合要求的，要立即下令停工整改，直到符合规范要求方可重新施工。

总承包单位应监督施工单位文明施工、安全施工，总承包单位的施工现场安全人员要对每个分包单位进行安全技术交底，要定期或者不定期地对施工现场进行安全检查，可按《建筑施工安全检查标准》对施工过程进行评分，提出需要进行整改的安全隐患并做好整改的验证工作；对于不能进行立即整改的安全隐患，要递交安全隐患整改通知书，督促分包单位限期整改，整改完成后，安全人员还要做好复查工作，直到符合要求。

### （三）分包工程竣工验收的控制

总承包单位负责验收分包工程，分包工程竣工验收包括以下几个方面。

#### 1. 实物质量验收

分包单位履行完承包合同中的义务后，总承包单位应当要求分包单位做好自检工作，自检合格填写工程竣工报告，并递交总承包单位。实物质量的验收工作由总承包单位组织进行，检查的内容包括实物质量、工程质量是否符合图纸要求，实物质量是否满足施工方案、施工组织计划的要求等。在验收过程中发现问题的，要责令分包单位进行整改，直到符合规范要求。

#### 2. 竣工资料检查验收

分包单位要做好所承担工程项目中的技术资料、竣工资料等的整理工作，资料整理应符合工程所在地的档案管理要求，整理完成后要提交总承包单位，由总承包单位的相关人员对其进行检查、核实。检查过程中发现有虚假信息或者漏报的，总承包单位可要求分包单位补全资料或者填写真实信息、工程保修书。工程完工后，分包单位向总承包单位交付工程时要附带工程保修书，其内容必须符合《建设工程质量管理条例》的相关规定，并且要明确保修期限及保修范围。分包工程实物质量和竣工资料都通过验收并符合相关规定，才能进行分包工程的移交工作，移交手续办理之后，再进行工程结算。

3. 加强分部分项工程的检测

建设行政主管部门、安全监督机构对工程项目施工现场应做到跟踪监督、过程控制，确保工程建设过程可跟踪、可控制，工程竣工资料真实可追溯，发现问题及时追究问责、及时整改。在工程项目验收中，全面应用科学先进的检测仪器和设备，在工程建设过程中和工程项目竣工验收中实地取样检测或者全面检测，发现检测不合格或者达不到质量要求、合同要求的，绝不能放任不管或是任其蒙混过关。

（四）分包工程新问题的解决措施

1. 建立健全相关法律和制度

应完善法规和制度来科学配置权力，把相关的建设管理部门及其工作人员掌握的行政审批权、许可权、验收权等权力压缩到合理的限度，从源头上制约公共权力对工程建设的过多干预；应明确建设管理部门及其工作人员的权限和职责，完善审批、检查、检测程序并向社会公开以增加透明度。不论是政府和建设管理部门，还是检测机构，抑或是发包方、设计方、监理方和承包方，都应该通过廉洁教育，提高相关人员的廉洁意识，促使相关人员遵纪守法。

2. 完善管理体系机制

完善管理体系机制，建立质量管理的 PDCA 循环，并在计划、实施、检查、处置各个环节充分实施。在计划环节的职能包括确定或明确质量目标和制订实现质量目标的行动方案两方面；在实施环节的职能是将质量的目标值，通过生产要素的投入、作业技术活动和产出过程，转换为质量的实际值；在检查环节的职能是指对计划实施过程进行各种检查，包括作业者的自检、互检和专职管理者专检；在处置环节的职能是对在质量检查中发现的质量问题，及时分析原因并采取必要的措施予以纠正，保持工程质量。在质量方针的指导下，制订组织的质量手册、程序性管理文件和质量记录，合理配置各种资源，明确各级管理人员在质量活动中的责任分工与权限界定等，完善组织质量管理体系的运行机制，以保证整个体系的有效运行，从而实现质量目标。

3. 建立合理分包制度，规范管理分包作业

在不影响工程质量、工期进度、造价成本的情况下，尽量避免不必要的分包。在现代综合体工程项目实施中，总承包单位很可能不具备所有的承包条件，即不具备专业工程的施工能力，在这种情况下，可通过分包的形式弥补其在技术、人力、设备、资金和管理等方面的不足。同时，总承包单位通过这种

分包的形式扩大经营范围，承接自己不能独立承包的项目。

分包从经济方面考虑是需要的。分包的形式可以使专业化程度更高，总承包单位向管理方向分化，分包单位则向专业施工分化。总包单位在技术上对分包单位的依赖度进一步增加，具体施工任务要寻找不同的分包单位来完成，分包单位将专注于其专业核心竞争力和技术支持，同时分包单位会将一些不重要的辅助性工作外包，由更专业的分包单位来完成。分包在法律上是否可行，其关键是法律是否允许将这些工程分包出去及分包单位的资质是否符合要求。

进行分包的经济可行性分析和风险性分析。经济上是否可行可通过静态或者动态的分析自行实施，风险性分析主要分析分包之后的风险是否可控。风险性分析可以采用风险分析工具进行，首先对风险因素的具体内容进行识别；然后对风险内容进行风险度量；最后进行风险决策，并选择合适的风险应对措施。

确实需要分包的工程，首先，要选择具备相应资质的分包单位。其次，在实际的管理过程中，要加强对分包单位的管理。在工程的进行过程中，总承包单位要经常派监管人员去施工现场，对整个工程的施工进行相应的管理，制订明确的管理制度，并与各方面及时交流和沟通，以保质保量地如期完工。最后，在合同中明确要求分包单位承担协调配合整个工程的义务，并对现场的管理采用激励的措施，促使分包单位配合总承包单位的管理，使分包单位树立项目整体质量控制观念。

## 三、综合工程项目的质量保证

城市工程项目对工期的要求非常严格，有时会因为拆迁及设计不到位等造成开工时间延迟、前期进度延误。项目部为抢工期，不得不采取人海战术、减小工序间歇等措施，从而影响工程质量。为此，必须采取有针对性的技术措施，严格实施过程控制，执行国家、行业、企业的质量管理规定，以确保质量目标的实现。

### （一）建立质量管理小组

总承包项目部应做好现场工程的施工质量控制与管理，建立健全质量管理体系，制订相应的质量监控体系与管理措施。质量管理体系分为总承包管理体系与区段管理体系，并分区段成立 PDCA 质量管理小组，针对现场质量问题进行现场控制与管理，成立以项目经理为首的质量管理领导小组。总承包单位设立质量总监，进行质量监督。项目总工程师和质量管理负责人按时组织项目部经理、项目工长、各有关业务部门人员、各施工队队长、主管工程师和专业工程师进行检查，最终形成内外贯通、纵横到位的质量管理组织机构。

（二）编制质量控制计划

根据工程质量目标，编制详细的质量控制计划，包括总体质量目标、分项工程质量计划等，并根据计划编制详细的质量保障方案，主要涉及人、机、材、法、环、测等六方面；编制关键过程、特殊过程监控计划及专项方案，加强过程监控；明确影响质量的关键环节和关键因素，确定项目管理人员质量管理的职责，确定施工过程中的质量检验和试验活动；制订工程质量验收标准；确定保证质量计划采取的措施。

全面实施质量管理制度，项目经理、各专业责任工程师及管理人员应签订质量管理责任书，有时也要和各施工单位签订具有针对性的质量管理责任书。质量责任制要层层落实，明确质量目标，建立重要控制点，实施奖罚制度。项目部对各质量要素进行管控，从管理人员到操作工人，从进场材料到机械设备，从方案的制订、审批到施工环境、施工工序的控制，要严控每一个工作环节，强化责任意识，保证工程施工质量。

项目部应组织每周一次的质量检查评比，不仅要把各分包的名次和存在的问题张榜公布，还要向各分包方的上级主管抄送一份综合检查的名次和检查存在问题的书面材料，以引起各专业分包主管领导和单位的重视与支持。区段要定期进行工程质量检查，及时总结通报工程质量检查情况，奖优罚劣。各级质检人员坚持做好常规性质量检查监督工作，及时解决施工中存在的质量问题。

（三）编制现代工程质量创优策划

根据准备阶段的施工组织设计和质量计划工程创优经验，编制施工组织设计和质量计划，内容主要包括施工部署、资源配备、职责分工、管理措施等，对施工中难点和重点做到有效的预控，并最终保证产品的质量，达到项目管理的程序化、施工过程中的规范化的管理效果。同时，准备阶段应根据施工组织设计和规范、规程来编制施工方案，实施阶段应针对该工程的特点进行各分项、特殊工程、关键过程技术交底，指导工人严格按照施工方案进行施工，以达到设计及验收规范要求。

（四）实施技术交底及检验制度

每个分项工程开工前，由该项工程的主管工程师对各工艺环节的操作人员进行技术交底，明确设计要求、技术标准、定位方法、功能作用、施工参数、操作要点和注意事项，使所有操作人员心中有数，并做到以下要求。

**1. 坚持工艺过程三检制度**

每道工序均严格进行自检、互检和交接检；上道工序不合格，下道工序不接收。

**2. 坚持工艺试验制度**

项目采用的新工艺、新设计、重要的常规施工工艺等，在施工前均安排进行工艺试验，坚持“一切经过试验、一切用数据说话”的原则，优选施工参数，优化资源配置。

**3. 坚持隐蔽工程检查签证制度**

凡是隐蔽工程项目，在内部三检合格后，按规定报请监理工程师复检，检查结果填写表格并双方签字。

**4. 坚持“四不施工”“三不交接”制度**

“四不施工”即未进行技术交底不施工，图纸及技术要求不清楚不施工，测量控制标志和资料未经换算复核不施工，上道工序未进行三检不施工。“三不交接”包括三检无记录不交接，技术人员未签字不交接，施工记录不全不交接。

### （五）实施过程监控和样板制

过程监控的要求包括实施多种监控方式，落实交底制度；实施施工方案交底、技术交底和施工班组交底；加强培训和考试；实施分级抽查、随机抽验、分项和分批检验验收；全面贯彻三检制（自检、互检、专检）的落实，全方位、全过程执行三检制；实施挂牌制度，要求每一区段注明施工操作班组及工作人员，加强操作人员的责任感；实施奖惩制度，主要是针对基础、主体、装修等施工阶段建立健全奖罚制度并在施工过程中严格执行。针对过程控制，定期开展专项治理质量活动，包括质量问题分析、不合格品处置和质量整改等。实施样板制，设置样板区，对各分项工程制作样板，明确具体分项做法，以样板引路。

### （六）实施成品保护以强化质量

成立成品保护小组，小组应对需要进行成品保护的部位列出清单，并制订措施，特别是在后期装修阶段。在施工组织设计阶段，应对工程成品保护的操作流程提出明确要求，严格按顺序组织施工，先上后下，先湿后干。地面装修完工后，各工种的高凳、架子、台钳等工具原则上不许再进入房间。喷涂油漆及安装灯具时，操作人员及其他人员进楼必须穿软底鞋，完一间，锁一间。上道工序与下道工序之间要办理交接手续，上道工序完成后方可进行下道工序，后道工序施工人员负责对成品进行保护。各楼层设专人负责成品保护。在装修安装阶段，要设置专门的成品巡查小组，各专业队伍也必须设专人负责成品保护，发现成品破坏情况必须严厉处罚。

成品保护小组每周举行一次协调会，集中解决发现的问题，指导、督促各单位开展成品保护工作，并协调好各自的成品、半成品保护工作，加强成品保护教育，质量技术交底必须有成品保护的具体措施；建立质量挂牌印章制度，每一处成品标明施工人员姓名、所属单位，实现人、企业的名誉与产品挂钩，以加强质量管理力度。

# 第六章　新时代数字化工程项目管理方法的创新与应用

建筑信息模型（BIM）是当今建筑工程领域一种新兴的数字化项目管理方法，它具有可视化、协调性、模拟性、优化性、可出图性等特征，可帮助项目管理人员较好地控制工程项目中的各种相关活动。本章主要介绍建筑信息模型（BIM）的基本概念、应用现状及相关软件等。

## 第一节　数字化项目管理方法概述

### 一、建筑信息模型基本概念

建筑信息模型（building information modeling，BIM）是在当前建筑企业中逐步推广的一项新技术。美国关于 BIM 的标准解释是：对一个建筑工程项目的物理和功能特性的数字化表达，一个信息共享的平台，一个实现建筑工程全生命周期管理的信息过程，一个实现建筑项目不同阶段信息插入、提取、更新以及修改的协同化作业平台。

实际上，BIM 涵盖了以下三个方面的内容。

#### （一）建筑（building）

在 BIM 里，建筑指的是通常意义上的正在筹建、修建及运行管理中的建筑，一般以三维模型直观真实地展示出来。

#### （二）信息（information）

BIM 最重要的内容之一就在于信息。一般而言，在没有使用二次开发的 CAD 软件的情况下，由相关设计人员通过 CAD 软件画出来的施工图其实质只是线条和文字的组合，所含信息太少。而利用 BIM 技术建立建筑模型，不仅能够显示建筑模型、结构模型、管线等，还可以收录光照、采暖、碳排放等信息，进而为设计、施工、运行管理提供重要依据。

（三）模型（modeling）

在 BIM 中，工程项目相关人员在 BIM 的相关软件中录入一些有关设计和施工的信息，再使用 BIM 的特定软件。以可视化的方式展示出来，方便业主、设计方、施工方等各工程相关人员查阅。

总而言之，BIM 是一项基于计算机技术，应用于建筑设计、建造、运行管理方面的新技术。它涵盖了建筑、结构、机电、给排水、暖通等专业，也展示了几何学、空间关系、地理信息系统、各种建筑组件的性质及数量等详细信息。最特别的是，在整个建筑生命周期，包括设计过程、施工过程及运营过程，都可以利用 BIM 来实现项目的全方位管理。

## 二、BIM 的特点

BIM 是一座连接建筑行业各个专业的桥梁，能够方便不同专业和领域的工程人员进行有效的沟通、减少设计失误、节约施工成本。BIM 有以下几个特点。

（一）协调性

BIM 的协调性是指在建筑物施工前期就对各专业的碰撞问题进行协调，从而提高设计效率，节省资源。众所周知，工程建设的质量、投资、进度目标并不是完全重合的，且建设项目各参与方的利益也不是完全一致的。为此，在建设过程中必然存在大量需要协调的工作，如协调业主和承包单位之间的关系，协调各个承包单位之间的关系，协调设备材料供应商之间的关系，甚至包括协调建筑工人同雇主之间的关系。这些协调工作不仅仅是简单地强调各相关方必须按照规范或合同履行职责，还需要考虑他们工作的可行性、可获得的利益及利益分配的公平性，需要项目管理人员在原则性和灵活性之间进行权衡。对于这些问题，通过 BIM 的协调性服务就可以处理。

（二）可视化

可视化是一切使用图像、图表或动画来进行信息沟通的技巧和方法。BIM 中的可视化是一种能够同构件之间形成互动性和反馈性的可视技术。由于 BIM 包含项目的几何、物理和功能等完整信息，可以直接从中获取需要的几何、材料、光源、视角等信息，所以不需要重新建立可视化模型，就可以将工作资源集中到提高可视化效果上来，而且可视化模型随着 BIM 设计的改变而动态更新，保证了可视化与设计的一致性，保障了构建之间的互动性和反馈性。由于整个过程都是可视化的，若将 BIM 的信息与各类分析计算模拟软件进行集成，不仅可以展示效果图及生成报表，还可以保证项目设计、施工、运营过程中的

沟通、讨论、决策都在可视化的状态下进行。

### （三）模拟性

BIM 的模拟性并不仅仅能够模拟建筑物，还可以模拟不能够在真实世界中进行操作的事物。在设计阶段，BIM 可以对一些设计进行模拟实验，如节能模拟、紧急疏散模拟、日照模拟、热能传导模拟等；在招标投标和施工阶段，可以根据施工的组织设计对实际施工进行 4D 模拟，帮助确定合理的施工方案以指导施工，还可以进行基于 3D 模型的造价控制——5D 模拟，实现成本控制；在后期运营阶段，可以模拟日常紧急情况的处理方式，如地震人员逃生模拟及消防人员疏散模拟等。

### （四）优化性

整个设计、施工、运营的过程就是一个不断优化的过程，BIM 技术虽然与优化无实质性的必然联系，但基于 BIM 技术能更好地进行优化。在 BIM 中，优化主要受三方面的制约：信息、复杂程度和时间。BIM 可提供建筑物的实际信息，包括几何信息、物理信息、规则信息等，还可提供建筑物变化以后的信息。当建筑模型复杂性高到一定程度，参与人员本身的能力无法掌握所有的信息时，必须借助一定的科学技术和设备的帮助，以及与其配套的各种优化工具，实现对复杂项目进行优化的可能。

目前，基于 BIM 的优化可以做下面的两类工作。

#### 1. 项目方案优化

把项目设计和投资回报分析结合起来，设计变化对投资回报的影响可以实时计算出来，这样业主对设计方案的选择就不会停留在对形状的评价上，而可以使业主知道哪种项目设计方案更有利于自身的需求。

#### 2. 特殊项目的设计优化

例如，在裙楼、幕墙、屋顶、大空间到处可以看到异型设计，这些内容看起来占整个建筑的比例不大，但是其所占投资和耗费工期的比例往往较大，通常也是施工难度比较大和施工问题比较多的地方。对这些内容的设计方案和施工方案进行优化，可以带来显著的工期和造价方面的改进。

### （五）可出图性

通常情况下，与建筑设计院相比，BIM 技术并不是为了给出建筑设计图纸和一些构件加工的图纸，而是对建筑物进行可视化展示、协调、模拟、优化，进而给出综合管线图、综合结构留洞图、碰撞检查侦测报告和建议改进方案。

## 三、BIM的国内外应用现状

### （一）BIM的国外应用现状

BIM起源于美国，之后逐渐在欧洲的一些发达国家和日本、韩国得到广泛应用。目前，BIM在这些国家的发展态势和应用水平都达到了一定的程度，其中，又以在美国的应用最为广泛和深入。

#### 1.美国

在美国，关于BIM的研究和应用起步较早。如今,BIM的应用已粗具规模，各大设计事务所、施工公司和业主纷纷主动在项目中应用BIM，政府和行业协会也出台了各种BIM标准。有统计数据表明，2009年，美国建筑业300强企业中80%以上都应用了BIM技术。

早在2003年，为了提高建筑领域的生产效率，支持建筑行业信息化水平的提升，美国总务管理局（GSA）就推出了国家3D-4D-BIM计划，在GSA的实际建筑项目中挑选BIM试点项目，探索和验证BIM应用的模式、规则、流程等一整套全建筑生命周期的解决方案。美国陆军工程兵团的BIM战略以最大限度和美国国家BIM标准（NBIMS）一致为准则，因此，对BIM的认识也基于两个基本观点：BIM是建设项目物理和功能特性的一种数学表达；BIM作为共享的知识，为项目全生命周期范围内各种决策提供一个可靠的基础。

在一个典型的BIM过程中，BIM作为所有项目参与方不同建设活动之间进行沟通的主要方式，当BIM完全实施以后，将发挥如下作用。

（1）提高设计成果的重复利用度（减少重复设计工作）。

（2）提高电子商务中使用的转换信息的速度和精度。

（3）减少数据互用不适当的成本。

（4）实现设计、成本预算、提交成果检查和施工的自动化。

（5）支持运营和维护活动。

2007年，美国建筑科学研究院（NIBS）发布美国国家BIM标准（NBIMS），旗下的building SMART联盟负责研究BIM，探讨通过应用来提高美国建筑行业生产力的方法。

美国国家BIM标准的现有版本主要包括信息交换和开发过程等方面的内容。美国国家BIM标准由为使用BIM过程和工具的各方定义、相互之间数据交换要求的明细和编码组成。

美国威斯康星州是第一个要求州内新建大型公共建筑项目使用BIM的州。威斯康星州国家设施部门发布实施规则，要求从2009年7月1日开始，州内

预算在 500 万美元以上的所有项目和预算在 250 万美元以上的施工项目，都必须从设计开始就应用 BIM 技术。

2009 年 8 月，得克萨斯州设施委员会也提出州政府投资的设计和施工项目应使用 BIM 技术的要求，并提出制定详细的 BIM 导则和标准。

2010 年 9 月，俄亥俄州政府颁布 BIM 协议。

#### 2. 日本

在日本，BIM 应用已扩展到全国范围，并上升到政府推进的层面。

日本的国土交通省负责全国各级政府投资工程，包括建筑物、道路等的建设、运营和工程造价的管理。国土交通省的大臣官房（办公厅）下设官厅营缮部，主要负责组织政府投资工程建设、运营和造价管理等具体工作。

2010 年 3 月，国土交通省的官厅营缮部门宣布，将在其管辖的建筑项目中推进 BIM 技术，根据今后施行对象的设计业务来具体推行 BIM 的应用。

#### 3. 韩国

在韩国，已有多家政府机关致力于 BIM 应用标准的制定，如韩国国土海洋部、韩国教育科学技术部、韩国公共采购服务中心等。其中，韩国公共采购服务中心下属的建设事业局制定了 BIM 实施指南和路线图。具体路线图为：2010 年，1 ～ 2 个大型施工 BIM 示范使用；2011 年，3 ～ 4 个大型施工 BIM 示范使用；2012—2015 年，500 亿韩元以上建筑项目全部采用 4D 的设计管理系统；2016 年，实现全部公共设施项目使用 BIM 技术。

韩国国土海洋部分别在建筑领域和土木领域制定 BIM 应用指南。其中，《建筑领域 BIM 应用指南》于 2010 年 1 月完成并发布。该指南是建筑业主、建筑师、设计师等采用 BIM 技术时必需的要素条件及方法等的详细说明文书。

building SMART 在韩国的分会也表现得很活跃，它和韩国的一些大型建筑公司和大学院校正在共同努力，致力于 BIM 在韩国建设领域的研究、普及和应用。

### （二）BIM 的国内应用现状

在我国，一向是亚洲潮流风向标的香港地区，已经将 BIM 技术广泛应用于各类型房地产开发项目中，并于 2009 年成立香港 BIM 学会。

而在我国内地，BIM 技术的推广应用情况具体如下。

（1）大多数业内人士对 BIM 的认识较浅，仅仅将其当作一种应用软件。

（2）BIM 技术逐渐渗透到软件公司、BIM 咨询顾问、科研院校、设计院、施工企业、地产商等建设行业相关机构。

（3）2010 年，中国房地产业协会商业地产专业委员会组织研究并发布了

《中国商业地产 BIM 应用研究报告》，用于指导和跟踪商业地产领域 BIM 技术的应用和发展。

（4）建设行业现行法律、法规、标准、规范对 BIM 的支持和适应只有一小部分被提上议事日程，大部分还处于静默状态。

（5）由于建筑业企业对 BIM 人才的需求，BIM 人才的商业培训和学校教育已经逐步开始启动。

## 第二节　BIM 软件介绍

### 一、BIM 软件概述

BIM 技术应用在工程建设行业，往往涉及不同应用方、不同专业、不同项目阶段，需要的不仅仅是一个或一类软件，而是诸多不同软件的相互协调，因此涉及的应用软件数量非常多，组成了一系列的 BIM 软件系统，如图 6–1 所示。

中心位置是 BIM 核心建模软件，也是 BIM 技术得以实现的基础软件，其他各类软件是 BIM 技术实现在不同领域应用的工具。BIM 技术能否成功应用是由基础软件决定的。BIM 核心建模软件所建模型的适用性、科学性决定了 BIM 技术能否在建筑工程中成功实现。其他应用性软件是在 BIM 核心建模软件的基础上实施的，需要核心建模软件与应用软件共用一套标准的数据格式，从而让建筑信息能在不同软件之间顺畅传递。

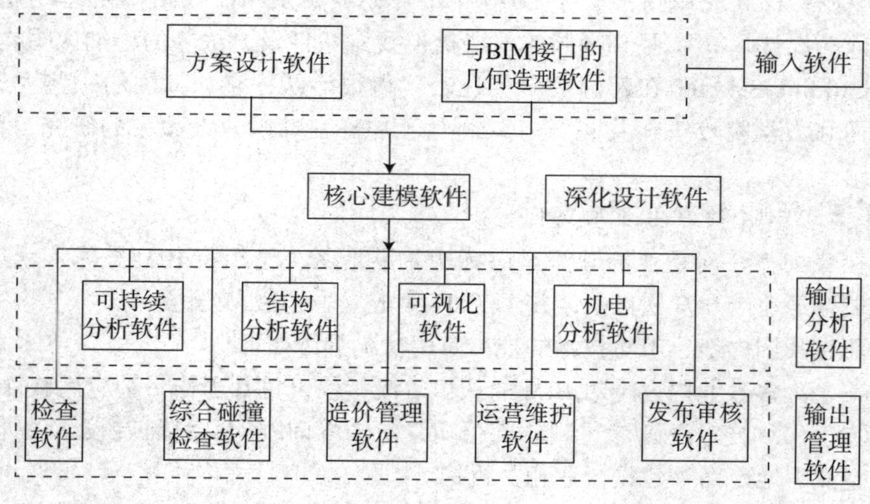


图 6–1　BIM 软件

## 二、BIM 软件分类

### （一）BIM 核心建模软件

BIM 核心建模软件，是 BIM 技术的基础。BIM 核心建模软件是由 Autodesk、Bentley、Nemetschek、Dassault 四个公司提供的，每一个公司的核心建模软件的侧重点不同，具体对比信息见表 6-1 所列。

表6-1　BIM核心建模软件

| 公司 | 软件 | 应用市场 |
|---|---|---|
| Autodesk | Revit Architecture | 侧重点在民用建筑市场，市场份额较大 |
| | Revit Structure | |
| | Revit MEP | |
| Bentley | Bentley Architecture | 在工厂设计（石油、化工、电力、医药）和基础设施（道路、桥梁、水利等）领域使用较多 |
| | Bentley Structure | |
| | Bentley BMS | |
| Nemetschek Graphisoft | Archi CAD | 国内建筑业使用普遍 |
| | AIIPLAN | 德语区使用较多 |
| | Vector works | 美国使用较多 |
| G r e y Technology Dassault | Digital Project | 基于 CATIA 面向工程建筑行业 |
| | CATIA | 高端机械设计制造软件，在航空、航天、汽车等领域具有垄断地位 |

### （二）BIM 方案设计软件

在设计初期，BIM 方案设计软件主要是通过参数化建模将业主设计任务书中的数字化描述的项目转化为三维几何形体的建筑方案，用于业主和设计师之间的沟通和方案论证，它可以帮助设计师验证设计方案与业主设计任务书中的项目要求是否匹配。BIM 方案设计软件创建的参数模型可以导入 BIM 核心建模软件，根据项目需求进行进一步的深化设计，并继续验证满足业主要求的情况。目前，BIM 方案设计软件有 Sketchup、Rhino 和 FormZ 等。

### （三）BIM可持续分析软件

可持续分析软件可以使用BIM的信息对项目进行日照、风环境、热工、景观可视度、噪声等方面的分析。这类主要软件有国外的Echotect、IES、Green Building Studio及国内的PKPM等。

### （四）与BIM接口的几何造型软件

BIM核心建模软件包含几何造型的功能，但由于BIM核心建模软件侧重的是参数模型整体的创建与管理，导致某些不常用的功能无法实现及整体操作复杂。在设计初期的形体、体量研究或者遇到复杂建筑造型的情况时，使用几何造型软件会比直接使用BIM核心建模软件更方便、更高效。因此，将实用高效的几何造型软件的成果输入BIM核心建模软件，能进一步完善几何造型效果。目前，与BIM接口的几何造型软件有Sketchup、Rhino和FormZ等。

### （五）BIM结构分析软件

结构分析软件是最早与Revit等BIM核心建模软件对接，实现设计、管理、研究一体化的产品。BIM系统最初是为建筑结构分析设计的，两者在信息的双向交互上具有先天的优势。Revit等BIM核心软件拥有建筑结构子系统，结构分析软件能够直接获取系统下的模型及数据，进行结构分析，而结构分析软件内进行的参数修改也可以在BIM核心软件内实现自动更新。目前，BIM结构分析软件有PKPM、Robot、STAAD和ETABS等。

### （六）BIM机电分析软件

水、暖、电等设备和电气分析软件国内产品有鸿业、博超等，国外产品有Designmaster、IES Virtual Environment、Trane Trace等。

### （七）BIM可视化软件

BIM可视化软件能减少可视化建模的工作量，提高模型的精度及与设计（实物）的吻合度，可以在项目的不同阶段及各种变化情况下快速产生可视化效果。常用的可视化软件包括3DS Max、Artlantis、AccuRender和Lightscape等。

### （八）BIM模型检查软件

BIM模型检查软件既可以用来检查模型本身的质量和完整性，如空间之间有无重叠、空间是否被适当的构件围闭、构件之间有无冲突等；也可以用来检查设计是否符合业主和规范的要求等。目前，具有市场影响力的BIM模型检查软件是Solibri Model Checker。

### （九）BIM造价管理软件

造价管理软件是利用BIM提供的信息进行工程量统计和造价分析。由于 BIM 参数化和结构化数据的支持，基于 BIM 技术的造价管理软件可以根据工程施工计划动态提供造价管理需要的数据。目前，BIM 造价管理软件有 Innovaya、Solibri 和鲁班。

### （十）BIM 综合碰撞检查软件

BIM 综合碰撞检查软件的基本功能包括集成各种三维软件（如 BIM 软件、三维工厂设计软件、三维机械设计软件等）创建的模型，进行 3D 协调、4D 计划、可视化、动态模拟等，属于项目评估、审核软件的一种。常见的 BIM 综合碰撞检查软件有 Autodesk Navisworks、Bentley Projectwise Navigator 和 Solibri Model Checker 等。

### （十一）BIM 造价管理软件

BIM 在建筑运营阶段具有强大的推动力，不仅能提供建设方案，还能为建筑物的运营管理提供支持。市场上有影响力的 BIM 运营管理软件有 Archibus 和 Navisworks。

### （十二）BIM 发布审核软件

最常用的 BIM 发布审核软件包括 Autodesk Design Review、Adobe PDF 和 Adobe 3D PDF。BIM 的成果可通过静态的、轻型的、包含大部分智能信息的、不能编辑修改但可以标注审核意见的、更多人可以访问的格式如 DWF/PDF/3D PDF 等来发布，以供项目其他参与方审核或利用。

# 第三节　基于 BIM 软件的建筑模型在工程项目管理中的应用价值分析

## 一、BIM 的价值

BIM 的出现是建筑行业的一次革命性改变，将 BIM 与传统建筑行业的各个方面相比较，就能得出 BIM 的优势、价值与发展潜力。BIM 是一种创新性的建筑设计、施工、运营和管理方法。在建设项目各个工作环节运用 BIM 技术，让信息得到最大限度的使用，减少重复工作，提高生产效率，工作过程和成果直观可视，可有效控制工程造价，降低项目风险。BIM 技术对各建设相关单位都有应用价值，体现在质量、成本、时间、风险等方面。

BIM 信息集成的最终要求是涵盖建筑全生命周期所有数据信息，但数据信息的积累和工程项目建设的过程是紧密相连的。从工程勘察设计开始到产品运营管理，直至建筑报废，这是一个漫长的过程，每个环节都会产生相应的数据信息。随着工程项目的推进，数据信息也在不断积累，并螺旋式上升，最终形成全信息模型。因此，BIM 的价值贯穿整个项目。

## 二、BIM 在设计阶段的价值

将 BIM 技术应用在虚拟建筑中，建筑师就可以集中精力设计，解决建筑师将大量时间浪费在图纸的绘制和文本图表的制作上，没有足够的时间用于设计的问题。利用 BIM 技术只要虚拟建筑模型建立起来，在任何一个设计阶段，都可以自由地生成相关的建筑图纸、文档、图表，而直观生动的三维模型使得建筑师可以自由地与他人交流、沟通。虚拟建筑设计方法的强大优势不仅仅在于其充分利用计算机的高速性和智能性，还保证了图纸的准确性，减少了错误，从而提高了工作效率。

### 1. 概念设计阶段

在前期概念设计中使用 BIM 技术，在完美表现设计创意的同时，还可以进行面积分析、体形系数分析、商业地产收益分析、可视度分析、日照轨迹分析等。

### 2. 方案设计阶段

此阶段使用 BIM 技术，特别是对复杂造型设计项目将起到重要的设计优化、方案对比和方案可行性分析的作用。同时，建筑性能分析、能耗分析、采光分析、日照分析、疏散分析等都将对建筑设计起到重要的优化作用。

### 3. 施工图设计阶段

对复杂造型设计等用二维设计手段无法表达的项目，BIM 是最佳的工具。当然，在目前 BIM 人才紧缺、施工图设计任务重、时间紧的情况下，设计者应基于 BIM 成果，利用 Auto CAD 深化设计，采用 BIM-Auto CAD 的模式，以尽可能保证设计质量。

### 4. 专业管线综合

对大型工厂、机场与地铁等交通枢纽、医疗体育剧院等公共项目的复杂专业管线设计，BIM 是彻底、高效解决这一难题的有效工具。

### 5. 可视化设计

效果图、动画、实时漫游、虚拟现实系统等可视化设计是 BIM 应用的一部分。

## 三、BIM在造价管理中的价值

BIM技术用于项目造价管理又称为BIM的5D应用。我国建设工程造价方式从手工绘图计算，凭经验估价到电脑绘图算量，采用定额模式、清单模式估价，经过了几十年的发展，造价管理方式不断完善，但是整个工程造价行业发展水平仍然不高。这种情况制约着我国工程造价准确性和效率的提高，一定程度上影响了我国建筑工程行业的健康发展，而BIM技术的发展和应用给造价管理带来了革命性变化。

### （一）传统工程造价中存在的问题

（1）工程造价模式与市场脱节。

（2）工程计价存在区域性问题。

（3）项目造价数据难以实现高效共享。

（4）造价数据延后性明显。

（5）造价人员流动带来损失。

（6）价格数据统计量大。

### （二）BIM在造价管理中的应用价值

#### 1.BIM数据库的时效性

BIM这种富有时效性的共享数据平台，改善了沟通方式，使拟建项目工程管理人员及后期项目造价人员及时、准确地筛选和调用工程基础数据成为可能。也正是这种时效性，大大提高了造价人员所依赖的造价基础数据的准确性，从而提高了工程造价的管理水平，避免了传统造价模式与市场脱节、二次调价等问题。

#### 2. 造价数据的积累与共享

BIM技术可以让工程数据形成带有BIM参数的电子资料，便于存储，也便于调用、分析、共享和借鉴。

#### 3.BIM形象的资源计划功能

使用BIM软件快速建立项目的三维模型，利用BIM数据库赋予BIM内各构件时间信息，通过自动化算量功能，计算出实体工程量后，我们就可以对数据模型按照任意时间段、任一分部分项工程细分其工作量，也可以细分某一分部工程所需的时间，进而结合BIM数据库中的人工、材料、机械等价格信息，分析任意部位、任何时间段的造价，由此快速地制订项目的进度计划、资金计划等，合理调配资源，并及时准确掌控工程成本，高效地进行成本分析及进度分析。

4. 项目的 BIM 模拟决策

BIM 数据模型的建立，结合可视化技术、模拟建设等 BIM 软件功能，为项目的模拟决策提供基础。在项目投资决策阶段，根据 BIM 模型数据，可以调用与拟建项目相似工程的造价数据，高效准确地估算出规划项目的总投资额，为投资决策提供准确依据。

5.BIM 各维度多算对比

在造价管理过程中，不仅要求能分析一个时间段的费用，还能够将项目实际发生的成本拆分到每个工序中。而项目经常按施工段、按区域施工或分包，这又要求我们能按空间区域统计、分析相关成本要素。从这三个维度进行统计及分析成本情况，需要拆分、汇总大量实物消耗量和造价数据，这仅靠造价人员人工计算是难以完成的。只有基于 BIM 数据库处理中心，使用 BIM 相关软件，才可以实现多维度多算的快速、精准对比。另外，可以对 BIM-3D 模型各构件进行统一编码并赋予工序、时间、空间等信息，在数据库的支持下，以最少的时间实现 4D、5D 任意条件的统计、拆分和分析，保证了多维度成本分析的高效性和精准性。

## 四、BIM 在施工阶段中的价值

目前，单一的 BIM 软件还只能在建筑设计阶段进行专业的 BIM 建模，而不能与施工阶段无缝连接。这不但增加了项目的设计成本，而且该模型传递到施工阶段，没有合适的平台和工具添加和集成施工信息，无法形成支持施工及管理的信息模型，加上缺乏配套的 BIM 施工软件，致使 BIM 在施工阶段的应用存在建模困难、成本增加、应用软件不配套等诸多问题，严重影响了 BIM 技术在施工阶段的实际应用和价值体现。但是基于 BIM 的集成项目交付（Integrated Project Delivery，IPD）模式能有效地解决这个问题。

IPD 基本思想是集成、并行地设计产品及其相关过程，将传统的序列化的、顺序进行的过程转化为交叉作用的并行过程，强调人的作用和人与人之间的协同工作关系，强调产品开发的全过程。美国推行的 IPD 模式是在工程项目总承包的基础上，在设计阶段把工程项目的主要参与方集合在一起，着眼于工程项目的全生命期，基于 BIM 协同工作，进行虚拟设计、建造、维护及管理，共同理解、检验和改进设计，并在设计阶段提出施工和运营维护可能存在的问题，预测建造成本和时间，共同探讨有效解决问题的方法，以保证工程质量，加快施工进度，降低项目成本。IPD 与 BIM 的结合使得原本专业性过强的 BIM 技术能够在实际工程中实现最大的价值。

BIM 技术应用于施工阶段是 BIM 应用的第二重要维度，能够为业主、承包单位、监理方的项目进度管理、施工现场管理、虚拟施工管理、施工资源管理、文档和信息管理等提供高效管理平台，为减少项目变更带来的浪费和提高项目管理效率提供技术支持。

#### 1. 项目进度管理

BIM 技术用于项目进度管理又称为 BIM 的 4D 应用，BIM 软件群有较好的接口技术，群内软件沟通顺畅。BIM 技术用于项目进度管理主要依托项目管理软件（如 Microsoft Project、P3 等）与 Revit 系列软件的有效对接。

#### 2. 施工现场管理和虚拟施工管理

BIM 技术用于施工现场管理和虚拟施工管理是基于 4D 技术和 BIM 平台，主要为工程项目施工前提供现场设施的碰撞检查、拟安装设备的碰撞检查及施工方案的虚拟演示，将施工管理中的复杂因素以可视化方式展示出来，降低工程变更率。

#### 3. 施工资源管理

依托 BIM 软件群中的项目管理软件，可实现工程项目资源管理。综合应用 4D CAD 技术和 BIM 技术，构建施工阶段的 4D 施工资源信息模型，开发基于 BIM 技术的 4D 资源动态管理系统，实现施工过程的工程量动态查询，人、材、机等施工资源的动态管理，施工成本的实时监控及工程进度款的支付与管理。

#### 4. 文档和信息管理

在工程项目管理过程中会产生大量的工程文档及各种信息。随着我国建筑业对工程项目信息电子存档要求越来越严格，工程信息管理无纸化、电子化要求也越来越迫切，BIM 在文档和信息管理上模式的应用也越来越广泛。

## 五、BIM 在运营阶段中的价值

### （一）优化节能运营

目前，解决建筑能耗问题主要依靠提高建筑节能水平。BIM 将更好地利用能耗测算软件进行建筑节能化运营，模拟建筑及系统的实际运行状况，预测年运行能耗，找到重要的耗能点，为节能寻找依据。一般来说，建筑能耗模拟软件主要有以下四种功能。

（1）系统模拟。空调系统的空气输送设备、风机盘管及控制装置等功能设备。

（2）负荷模拟。模拟计算建筑在一定的时间段中的冷热负荷，反映建筑围护结构和外部环境、内部使用状况在能量方面的相互影响。

（3）设备模拟。模拟为系统提供能源的锅炉、制冷机、发电机等设备。

（4）经济模拟。评估建筑在一定时间段为满足建筑负荷所需要的能源费用。

BIM 正是用对象化的方式将建筑信息各组成部分及其相互关系按照一定的标准进行描述的数据模型，它使得建筑信息在各建筑专业间实现真正的共享成为可能。由国际协作联盟（Industry Alliance for Interoperability，IAI）开发制定的 IFC[①] 是 BIM 的主流标准，其 2x platform 版本已被 ISO 组织接纳为 ISO 标准讨论稿（ISO/PAS 16739）。IFC 提供了一个描述建筑各方面信息的完整体系，它可以全面地描述建筑的组成和层次、建筑构件间的拓扑关系、构件的几何形状、类型定义、材料属性等信息。由于这些信息完全采用面向对象的方式进行描述和组织，所以通过相应的面向对象的程序设计，可以较为容易地萃取 IFC 标准数据（即满足 IFC 标准的数据）中的各种信息，包括能源建筑模型所需的信息。

### （二）优化安全运营模式

BIM 数据将大大优化运营模式、安全模式的调优性，在建筑本体运营的各阶段都是便捷、安全的运营模式调优工具。运营管理过程中，BIM 能直观对比各设施、各步骤的方式、方法和成效，增加运营环节的便捷性和易用性，避免各种意外的发生。在 BIM 中，演算各种常态及临界状态下的运营模式，可以较直观地将实际操作环节中的问题暴露在虚拟运行结果之中，这样既有利于运营过程各环节的规范化管理，又可以对原有模式中存在的风险进行适当的估算，从而指出不合理的步骤并修改，达到优化安全运营模式的目的。

建筑本体运营方案的选择有一定的局限性，它主要取决于决策者的运营管理经验和知识水平，而且运营过程又都没有可模拟性，也就决定了建筑运营过程的差异性。运营管理方式在 BIM 信息框架下进行虚拟仿真，可以直观、科学地展示不同运营方法和组织措施的效果，可以定量地完成运营工作成效对比，真正实现运营优化。通过 BIM 信息框架还可以模拟新技术、新材料、新工艺应用后的效果，有助于运营管理，能够提前发现运营管理中的质量、安全等方面的隐患。管理人员可以采取有效的预防、加强措施，提高工程运营质量

---

① IFC 全称为 Industry foundation classes，用来实现系统集成、数据交换与共享而定义的一种建筑业的公共语言。

和管理效果，主要体现在以下几个方面。

**1. 评价运营安全情况**

在运营过程中出现危险事故的原因主要有人的不安全行为、物的不安全状态、环境隐患和组织管理不力等。管理人员可以根据这四个因素的重要程度进行安全价值分析，制订不同的安全管理方案，达到资金与安全程度的最大优化。

**2. 进行事故发生过程模拟**

有经验的运营管理人员了解运营过程中哪些部位容易出现隐患，哪些部位容易发生爆炸、坍塌、坠落等事故，利用 BIM 的信息，可协助建立安全事故发生过程三维动态仿真模型，为以后类似的事故的分析、运营管理者的安全教育提供有力的工具支撑。

**3. 各种运营过程中设施的操作训练**

某些重要部分中要采用先进的特种设备，而这些设备是不允许出现失误且需要不断反复地操作训练的。采集 BIM 中相应设备（设施）的构件信息，开发相应的设备模型，用户通过各种传感器及输入装置与虚拟场景的交互，使之通过虚拟的设备进行仿真训练，还可以观察操作过程中存在的不规范操作，提前改正，并可发现一些设备的操作隐患，以采取相应的措施进行预防。

**4. 进行安全教育**

由于基层运营工作者的素质、能力参差不齐，故而采用各种真实的或者能引起人们兴趣的手段才可以保证学习效果，如安全事故过程的仿真、设备操作的虚拟等。BIM 信息框架和现场实时获取的工况组态就提供了很好的现场信息支撑。

**5. 模拟紧急逃生演练**

BIM 中的信息使用户和系统之间可以交换信息。通过建立建筑物的事故模型，可以训练现场人员在事故发生时如何自救、如何选择逃生路线和实施应急行动，以此来降低事故发生时的损失。

BIM 为安全运营提供了建筑原始信息，为运营模式的调整与优化提供了完备的技术支撑，通过更广领域建筑关联信息的链接，可以帮助运营管理者实施更优化的建筑安全运营管理方案。

### （三）应急管理

BIM 技术的优势是管理没有任何盲区。在人流聚集区域，对突发事件的响应能力非常重要。传统的突发事件处理仅仅关注响应和救援，而基于 BIM 技术对突发事件实行的管理包括预防、警报和处理等。

以消防事件为例，基于BIM的运营管理系统可以通过喷淋感应器感应信息，如果着火，在BIM界面中，就会自动发出火灾警报；BIM系统对着火的三维位置和房间立即进行定位显示；控制中心可以及时查询相应的周围情况和设备情况，为及时疏散人群和处理事故提供信息支撑。类似的还有水管、气管爆裂等突发事件，通过BIM系统可以迅速定位阀门的位置，避免了在一堆图纸中寻找资料甚至找不到资料的情况。

# 参考文献


[1] 刘汉章．建设工程项目评估[M]. 北京：北京理工大学出版社，2017.

[2] 邹艳．房屋建筑施工现场技术质量管理与控制探讨[J]. 建筑工程技术与设计，2016（14）：3392.

[3] 杨玉芳，王伟伟．信息技术在工程项目管理中的应用[J]. 科技创新与应用，2020（23）：180–181.

[4] 戎家晨．论建筑工程项目全过程造价控制及管理[J]. 智能城市，2020，6（14）：75–76.

[5] Scientia Potentia Est LLC; Patent Issued for Use Of Blockchain-Based Distributed Ledger To Reference Construction Metadata And To Use Smart Contracts For A Construction Project （USPTO 10，713，737）[J]. Journal of Engineering，2020.

[6] Abbas Mahde Abd，Ali Hussein Hameed，Balqees Mohi Nsaif. Documentation of construction project using integration of BIM and GIS technique[J]. Asian Journal of Civil Engineering，2020（prepublish）.

[7] 倪宏．BIM 技术在房建工程项目施工建设中的应用实践[J]. 建材与装饰，2020（21）：1，3.

[8] 曹宏．建筑工程项目全过程成本控制研究[J]. 中国市场，2020（21）：124–125.

[9] 宗世忠．建筑工程项目管理优化研究[J]. 大众标准化，2020（14）：185–186.

[10] 胡智伟．建筑工程项目质量管理现状及影响因素研究[J]. 城市建设理论研究（电子版），2020（20）：34–35.

[11] 安晓清，王琳，仲崇红．建筑工程项目造价的动态控制研究[J]. 工程建设与设计，2020（13）：250–251，254.

[12] 邓铁军．工程项目经济与管理[M]. 长沙：湖南大学出版社，2015.
[13] 雷年华．论建筑施工工程的质量管理与控制[J]. 绿色环保建材，2020（07）：142-143.
[14] POVETKIN K，ISAAC S. Identifying and addressing latent causes of construction waste in infrastructure projects[J]. Journal of cleaner production，2020，266：122024.
[15] 高建丽，常小飞．试论建筑工程经济在工程管理中的应用[J]. 中国住宅设施，2020（06）：78-79.
[16] 郑浩平．建筑工程项目建设全过程造价咨询管理研究[J]. 建筑与预算，2020（06）：15-17.
[17] 刘宇平．计算机应用技术在工程项目管理中的应用[J]. 电子技术与软件工程，2019（24）：120-121.
[18] 雷建国，李忠伟．浅析建筑工程项目施工阶段成本控制方法[J]. 水利水电施工，2019（04）：166-168.
[19] 陈小顺．建筑工程绿色施工管理探讨[J]. 建筑与预算，2019（12）：26-29.
[20] 董青．建筑安装工程项目成本管理的常见问题及对策[J]. 产业创新研究，2019（12）：103-104.
[21] 闫淑娟．建筑工程监理过程中的监理安全管理责任探讨[J]. 中国建材科技，2019（06）：121+141.
[22] 丁庆亮．探析建筑外幕墙工程施工技术[J]. 中国标准化，2019（24）：20-21.
[23] 骆中华，王永灵．建筑企业工程项目物资管理[M]. 成都：西南交通大学出版社，2017.
[24] 姜波．绿色建筑施工技术应用探索[J]. 建筑技术开发，2019，46（23）：94-95.
[25] 韩艳．加强建筑工程质量管理的有效途径研究进展[J]. 建材与装饰，2019(34)：205-206.
[26] 张定青，刘星，张硕英，等．基于“项目设计”土建类专业联合教学的建筑学专业实践教学探索[J]. 中国建筑教育，2018（02）：41-48.
[27] 姚昂．工程项目管理的基本原理在 PPP 模式全生命周期管控中的应用研究[J]. 水利水电施工，2018（06）：133-139.

[28] 索军利．工程项目管理的综合控制方法及应用[J]. 中国住宅设施，2017(12)：118-119.

[29] 贾庆云．在工程项目建设中提升党建价值创造力初探[J]. 中国水利，2017(S1)：136-138，150.

[30] 林韩．国际工程项目EPC总承包合同拆分浅谈[J]. 中国建设信息化，2017(24)：76-77.

[31] 冯烨，何丽波，胥应龙，等．基于项目管理的风景园林工程虚拟实验项目建设研究[J]. 工程建设与设计，2017(24)：203-204.

[32] 蔡云峰．建筑工程造价管理存在的问题及应对措施分析[J]. 江西建材，2017(24)：240+243.

[33] 戴斌宏，傅雨．石油工程项目造价分析与应用探讨[J]. 化工设计通讯，2017，43(12)：15+23.

[34] 王正芬，陈桂珍．建设工程项目经济分析与评价[M]. 成都：西南交通大学出版社，2016.

[35] 贾玲．基于BIM技术的工程项目信息管理模式与策略[J]. 工程技术研究，2017(12)：144-145.

[36] 庞剑.BIM在电力工程中的应用[J]. 工程技术研究，2017(12)：167-168.

[37] 丁卫平．建筑工程施工管理及质量控制分析[J]. 建筑技术开发，2017，44(24)：63-64.

[38] 张海宇．政府采购EPC工程总承包项目工程造价管理中存在的问题探讨[J]. 建筑与预算，2016(12)：5-7.

[39] 王伟明，张帆．工程项目材料风险管控[J]. 建筑与预算，2016(12)：22-25.

[40] 方世昌．精细化管理在工程项目施工管理的应用分析[J]. 工程建设与设计，2016(18)：179-180.

[41] 秦安鸿，沈秋雁．代建工程项目各方安全责任落实的探索与研究[J]. 建材与装饰，2016(53)：168-170.

[42] 郭晓波．建设工程监理现状及改进措施[J]. 建材与装饰，2016(53)：145-146.

[43] 马仁平．工民建施工现场管理质量控制探究[J]. 科技创新与应用，2016(36)：276.

[44] 刘杰．建筑施工项目风险管理[J]. 工程技术研究，2016(08)：164+，166.

[45] 陈炳炎，许欢欢，夏美珠．工程项目招投标与合同管理[M].成都：四川大学出版社，2016.

[46] 江兴伟.基于全过程动态控制的建筑工程进度管理措施[J].中国新技术新产品，2016（24）：108.

[47] 王萍．工程项目地质勘察中水文地质危害探讨及对策[J].科学技术创新，2020（24）：108-109.

[48] ZHANG X，MOHANDES S R. Occupational Health and Safety in green building construction projects： A holistic Z-numbers-based risk management framework[J]. Journal of cleaner production，2020，275：122788.

[49] JEONG J，WANG Y D，GHANBARI A，et al. Pavement performance predictions using performance-volumetric relationship and evaluation of construction variability： Example of MaineDOT shadow project for the development of performance-related specifications[J]. Construction and building materials，2020，263：120150.

[50] 张笃霖.PPP项目中全过程造价控制实施探索[J].工程建设与设计，2020（15）：224-226.